はじめに

　1990年代以降，折に触れて議論される"社会保険と租税"という文脈に関連して，「社会保険は負け戦」という人がいる。「社会保険に明日はない」のかもしれない。年金記録が消えたり，作為的な資格喪失届が調査されることもなく受理されたり，社会保険に不信感を抱かせる出来事が先行している。このこと自体，決定的な事実ともいえる。
　たしかに理論的な妥当性のほかにも，現実対応力の面で，社会保険制度そのものが見直される可能性を否定することはできない。ただ，社会保険に代わるものとして，いかなるシステムが想定されているかについても，また十分に明らかにされているとはいえない。かくして本稿では，負け戦としても，社会保険はいかなるものであるかを検討しようとするものである。社会保険自体，十分な研究が蓄積されているとはいいがたいからである。

　本稿では，社会保険を，加入者（被保険者）全体が保険料を負担することによって，個人の自助努力では対応の難しいリスクを加入者全体に分散し，個々の加入者の保険料負担の軽減と給付水準の向上を可能とするシステムと定義する[1]。
　こうして社会保険は「リスク分散」と「所得再分配」という2つの機能をもつ。
　「リスク分散」機能は，保険に固有の機能ということができる。そして，このリスク分散機能は，公的扶助や社会手当にはみられないものである。また，「所得再分配」機能は，私保険には妥当しないものである。私保険では，被保険者のもつリスクと保険料の間には「給付反対給付均等」が成立し，同じ保険集団に帰属する被保険者であっても他者のリスクを一方的に引き受けさせられることがないからである[2]。こうして，リスク分散に重点を置き保険の考

---

[1]　岩村正彦『社会保障法Ⅰ』（弘文堂，2001年）43頁。
[2]　倉田聡『社会保険の構造分析』（北海道大学出版会，2009年）326頁。

え方を強調する「保険的要素」「保険原理」と，所得再分配に重点を置き，遭遇した事故に対して必要十分な給付を提供する「扶助原理」「社会的要素」という2つの原理の対抗関係ないし2つの要素のポリシーミックスが社会保険の特徴，言葉をかえれば社会保険の妙味ということになる[3]。

以上のような社会保険の定義および特徴に加えて，次に，本稿の検討対象となる社会保険制度を概観しておきたい。

介護保険を第5の社会保険ということから明らかなように，わが国には現在，医療保険，年金保険，労災保険，雇用保険および介護保険の5種類の社会保険が存在する。これらは保険給付の内容に関連する呼称であり分類ということができる。そして，以下のような事象が保険事故とされている。まず，被保険者またはその被扶養者に対する「偶然に発生する事象」として，傷病・出産・死亡，障害，要介護状態，失業およびそれに準ずるできごと，次に，被保険者の老齢または死亡である[4]。

これに対して，被保険者の資格をどのように付与するかという観点から，労働者保険，住民保険に分類することもできる[5]。労働者保険はさらに，歴史的沿革などから健康保険・厚生年金保険を総称する被用者保険，そして労働者災害補償保険と雇用保険とからなる労働保険とに分けることができる。他方，国民健康保険や後期高齢者医療制度，介護保険は住民保険に該当する。国民年金法に基づく基礎年金制度，特にその1号被保険者は，2号被保険・3号被保険者にも該当しない日本国内に住所を有する者とされていることから，住民保険に分類することができる。

以上が一般的な分類である。しかし，労働者保険と被用者保険とを区別する基準が曖昧であることもあり，本稿では，以下のように制度分類する。すなわち，被保険者資格を付与する際，一定の業種や職種に就いていることに着目して被保険者資格を付与する社会保険を職域保険，地域住民であること

---

3) 島崎謙治「わが国の医療保険制度の歴史と展開」池上直巳・遠藤久夫編著『医療保険・診療報酬制度』（勁草書房，2005年）所収，38頁，岩村・前掲『社会保障法Ⅰ』43頁。
4) 岩村・前掲『社会保障法Ⅰ』56頁以下参照。
5) 戸田典子「非正規雇用者の増加と社会保障」レファレンス平成19年2月号21頁以下。

により被保険者資格を付与する社会保険を地域保険とする。職域保険に該当するのは，健康保険，厚生年金保険，雇用保険および労働者災害補償保険である。さらに私立学校教職員や国家公務員，地方公務員のための共済組合がこれに加わる。このうち，労働者災害補償保険と雇用保険は，これらの保険料の徴収に関する法律名から労働保険と総称することもできる。

地域保険に該当するのは，典型的には国民健康保険，後期高齢者医療制度，介護保険である。先に述べた理由から国民年金の1号被保険者に関するシステムも地域保険に分類することができる。基本的に都道府県の区域内で同一の業種に属している者を被保険者として組織されることが多い国民健康保険組合は，職域保険と地域保険の性格を併有しているシステムということができる。

本書では，社会保険において当然の前提とされている強制加入ないしは強制適用に着目して，検討を進めてゆきたい。

国民年金法や厚生年金保険法あるいは医療保険各法など社会保険に関する実定法に，強制加入ないし強制適用に関する定義規定は存在しないし，具体的に強制加入という言葉が用いられているわけではない。法律の適用あるいは適用事業所という用語などが存在するだけである。したがって，強制適用という表現を用いることが適切かもしれない。しかし，国民・被保険者の視点からいえば，加入を強制され負担を強いられるという意味で，本書では強制加入という言葉を用いることとしたい。

日本国憲法の体系では，意に反する苦役からの自由など強制の契機は極力排除されているにもかかわらず，社会保険における強制加入は至極当然のこととされている。他方，強制加入は加入者の組織化すなわち相互扶助の母集団を最大化することを可能にする。それは，私保険には加入できない高リスク者の加入を可能とすると同時に，保険料の徴収権限を付与することによって財政基盤の確立に資することとなる[6]。

人は，実定法の枠組に基づいて被保険者資格を付与され，一定の保険集団

---

6) 堤修三『社会保障——その既在・現在・将来』(社会保険研究所, 2000年) 12-13頁。

に組み込まれる。こうして形成される保険者と被保険者との関係のなかで保険料を徴収され，一定の保険事故に遭遇した場合に保険給付が支給される。これが社会保険の基本形であるとすれば，本書は，強制加入を中心的な補助線として，社会保険のありようを4部構成で検討するものである。

　第Ⅰ部社会保険総論では，やや大上段ではあるが，収支相等の原則，給付反対給付均等の原則との関係で，社会保険とはなにか（第1章）を考察し，次いで強制加入の合憲性が争われた小城町国保事件（第2章，第3章）を検討する。

　第Ⅱ部被保険者は5章構成である。制度的な対応が後手にまわったために職域保険の基盤を崩しかけている非正規雇用労働者の取り扱い（第4章），これと密接に関連する被保険者資格の得喪（第5章）および届出義務（第6章），国民健康保険における被保険者資格の問題を不法滞在外国人（第7章）とホームレス（第8章）を題材に検討した。前半は被用者保険，後半は地域保険における被保険者問題の検討といえる。

　第Ⅲ部は保険者論である。保険者の位置づけ（第9章），保険者自治論（第10章）に続き，いわゆる裁定的関与に関する大阪市（柳沢）事件最高裁判決について検討する（第11章，第12章）。

　第Ⅳ部保険料は，まず旭川市国保料事件を中心に，保険料の強制性（第13章）およびけん連性（第14章）を視点として考察する。最後は，後期高齢者医療制度に関する後期高齢者支援金など財政調整のあり方を検討する。財政調整はさまざまな分類の仕方があり，必ずしも保険料と同視し得ない問題もある。しかし，後期高齢者支援金，前期高齢者交付金は特定保険料という名目で賦課徴収されていることから，ここでの検討対象とした。

　以上のような構成から明らかなように，本書は『社会保険　核論』と名乗りながら，保険給付を正面からは扱っていない。理由は2つある。ひとつは，加入ないし適用の強制性に着目する場合，検討の矛先は社会保険の骨格ともいうべき保険者のあり方，被保険者の資格付与あるいは保険料の徴収権限などに向けられ，このような問題関心の下では，保険給付のありかたや給付水準の問題はやや後景に退くこととなるからである。このこととも密接に関連するが，いまひとつは，保険給付の問題はそれ自体大きな領域を形成してお

り，社会保険制度の血肉ともいうべき保険給付をめぐる問題は，それ自体研究の蓄積が進んでいる一方，法改正により変化の激しい領域でもあるからである。そのため，骨格部分とあわせて取り上げることはできなかった。

　当初は，各章200字原稿50枚くらいで書き揃えることを念頭に取り組んだ。結果的には，4部構成の各部，さらには各章の分量がまちまちでバランスの悪いものとなっている。本書の内容を暗示するともいえるが，社会保険研究，ひいては社会保障法の研究に一石を投じることができれば幸いである。

社会保険 核論—目次

はじめに 3

第Ⅰ部　社会保険総論

第1章　社会保険とは何か——社会保険 vs 私保険 ——— 17

はじめに 17
1 社会保険とは何か 18
　(1) 大数の法則，給付反対給付均等の原則および収支相等の原則 18
　(2) 社会保険は保険か 19
2 給付反対給付均等の原則からの逸脱 20
　(1) 保険給付 21
　(2) 保険料 22
　(3) けん連関係ないしけん連性 23
3 収支相等の原則は妥当するか 24
　(1) 肯定説 24
　(2) 時間軸 25
　(3) 否定説 26
　(4) 必要説 27
　(5) 私見 28
4 財政規整としての収支相等の原則 30
　(1) 国民年金法4条の2，厚生年金保険法2条の3 30
　(2) 公的医療保険における財政規整 31
若干のまとめ 32

第2章　強制加入と逆選択の防止 ——— 33

はじめに 33
1 小城町国保事件 34
2 給付請求権の普遍性ないし財政基盤の強化 36

8

3　逆選択防止　38
　若干のまとめ　41

第3章　強制加入の合憲性ーーーーーーーーーーーー43

　はじめに　43
　1　憲法19条（思想および良心の自由）について——意に反する加入強制　43
　　(1)　作為としての労務の提供　43
　　(2)　作為としての金銭的負担　44
　2　職業選択の自由　46
　3　結社の自由　47
　4　強制加入＝強制徴収は憲法29条に違反しないか　49
　若干のまとめ　51

第Ⅱ部　被保険者

第4章　非正規雇用労働者・被扶養者ーーーーーーーー55

　はじめに　55
　1　使用関係　56
　2　非正規雇用労働者の取り扱い　59
　　(1)　80年内翰　59
　　(2)　80年内翰に関する判例・学説　60
　　(3)　年金機能強化法　62
　3　被扶養者　63

第5章　被保険者資格の取得・喪失と確認ーーーーーー67

　はじめに　67
　1　被保険者資格の得喪とその届出　67
　　(1)　被保険者資格の得喪　68
　　(2)　被保険者資格に関する届出　69
　2　被保険者資格の確認　73
　　(1)　確認規定の導入経緯　73

（2）　確認請求の意義　75
　（3）　確認の効果　76
　（4）　被保険者証の交付等　79

第6章　届出義務をめぐる問題 ―――――――――――――――― 81

はじめに　81

1　届出義務の懈怠　81
　（1）　健康保険　82
　（2）　雇用保険　83
　（3）　厚生年金保険　84

2　届出義務をめぐる裁判例　85
　（1）　届出義務懈怠に関する裁判例の概観　85
　（2）　届出義務の性格　86
　（3）　加入放棄に関する労使の合意　88

3　老齢厚生年金に関する損害賠償請求　89
　（1）　損害算定不能論　90
　（2）　損害算定論　90
　（3）　確認請求に関する過失相殺　91

若干のまとめ　93

第7章　不法滞在外国人に関する被保険者資格 ―――――――― 97

はじめに　97

1　住所・住民の概観　98
　（1）　民法における生活の本拠　98
　（2）　地方自治法上の住民―住民たる地位の強制性　99
　（3）　住民基本台帳法における住所と被保険者資格　100
　（4）　国民健康保険における住所　100

2　不法滞在外国人をめぐる裁判例　102
　（1）　下級審裁判例　103
　（2）　平成16年最判　104

3　不法滞在外国人をめぐる裁判例の検討　104
　（1）　国保アプローチ　105

(2)　住民アプローチ　107
　(3)　平成16年最判に関する若干のまとめ　108

第8章　被保険者資格を付与する基準——ホームレス—— 111

　はじめに　111
　1　被保険者資格に関連して住所を有するかが争われた裁判例　111
　(1)　下級審裁判例　112
　(2)　平成20年最判　113
　2　裁判例の検討　114
　(1)　大阪市（柳沢）事件，大阪市（上林）事件について　114
　(2)　平成20年最判について　116

第Ⅲ部　保険者

第9章　保険者の位置づけ 123

　はじめに　123
　1　保険者の位置づけ——健康保険組合・全国健康保険協会の位置づけ　124
　2　健康保険組合代行論　125
　3　全国健康保険協会の位置づけ　128

第10章　保険者自治論 131

　はじめに　131
　1　保険者自治に関する言明　131
　2　意思決定機関としての正当性　132
　3　保険者としての自主立法権・自主行政権・自主財政権　134
　(1)　自主財政権　135
　(2)　自主立法権＝規則制定権のあり方　137
　(3)　規則制定権をめぐる紛争事案　138
　若干のまとめ　140

第11章　保険者としての市町村 143

はじめに　143
1　保険者の取消訴訟における原告適格　144
2　国保保険者と国保審査会との関係　147
　（1）　国保法 91 条にいう「不服がある者」　147
　（2）　審査会と保険者の関係　148
　（3）　行政不服審査法体系　149

第 12 章　裁定的関与と行政主体性 ──────────── 153

はじめに　153
1　国民健康保険事業の性格　153
　（1）　団体委任事務および地方自治との関係　153
　（2）　国民健康保険事業　155
2　社会保険における保険者像　156
3　小括　159

第Ⅳ部　保険料

第 13 章　保険料の強制性 ──────────────── 165

はじめに　165
1　旭川市国保料事件　166
2　強制性　168
　（1）　学説　168
　（2）　裁判例　170

第 14 章　保険料のけん連性あるいは対価性 ─────── 175

はじめに　175
1　旭川市国保料事件と関連裁判例　176
　（1）　本件判旨　176
　（2）　関連裁判例　177
2　学説　179
　（1）　社会保障法学における学説　179

（2）　けん連性に疑問を呈する学説　181
　　（3）　具体的対価性と抽象的対価性　182
　3　本件最判の意義　184
　　（1）　「けん連性」ないし対価性について　184
　　（2）　直接適用説と趣旨支配説　185

第15章　後期高齢者医療制度等における財政調整　——189

　はじめに　189
　1　老人保健制度における拠出金　191
　2　老人医療費拠出金の意義　192
　　（1）　共同事業説　192
　　（2）　財政調整説　193
　3　老人医療費拠出金の立法理由・法的性格　194
　　（1）　立法当局・政府答弁　194
　　（2）　学説　196
　4　後期高齢者医療制度における財政調整　198
　　（1）　後期高齢者支援金　199
　　（2）　前期高齢者納付金・交付金の概要　201
　　（3）　後期高齢者支援金・前期高齢者納付金をめぐる財政状況　203
　5　後期高齢者支援金・前期高齢者納付金の立法理由・法的性格　206
　　（1）　後期高齢者支援金の立法理由・法的性格　206
　　（2）　前期高齢者納付金・交付金の立法理由・法的性格　210
　6　後期高齢者支援金・前期高齢者納付金の賦課徴収に関する規律　213
　　（1）　特定保険料の意義　213
　　（2）　保険者における後期高齢者支援金等の意義　216
　むすびにかえて　219

　書き終えて　221
　参考文献　227
　判例索引　230
　事項索引　235

法令等の略称

[法律]

介保（法）：介護保険法
憲法：日本国憲法
健保（法）：健康保険法
高確（法）：高齢者の医療の確保に関する法律
厚年（法）：厚生年金保険法
高年（法）：高年齢者等の雇用の安定等に関する法律（高年齢者雇用安定法）
国保（法）：国民健康保険法
国年（法）：国民年金法
雇保（法）：雇用保険法
自治法：地方自治法
住基法：住民基本台帳法
身障者法：身体障碍者福祉法
精福（法）：精神保健及び精神障害者福祉に関する法律
生保法：生活保護法
労基法：労働基準法
老健：老人福祉法
労災保険法：労働者災害補償保険法
労徴法：労働保険の保険料の徴収等に関する法律

＊なお，施行令・施行規則は，上記略称の「法」に代えて「令」，「則」を付します。

[行政解釈]

保発：厚生労働省保険局長名通知
保文発：民間に対して出す厚生労働省保険局長名通達
保険発：厚生省保険局医療課長名通知
庁保発：社会保険庁医療部長または保険部長名通達
庁保険発：社会保険庁医療部長または保険課長名通達
自治振発：自治省行政局振興課長通知
厚労告：厚生労働省が発する告示

判例集・雑誌の略称

民集：最高裁判所民事判例集
高刑集：高等裁判所刑事判例集
下民集：下級裁判所民事裁判例集
行集：行政事件裁判例集
訴月：訟務月報
労民集：労働関係民事裁判例集
判時：判例時報
判タ：判例タイムズ
ジュリ：ジュリスト
賃社：賃金と社会保障
労判：労働判例
判例自治：判例地方自治
法セ：法学セミナー
法時：法律時報
曹時：法曹時報

第Ⅰ部 社会保険総論

ここでは，社会保険に関する総論ともいうべき問題を扱う。
　まず，収支相等の原則や給付反対給付均等の原則に着目して，私保険との比較から社会保険の特徴を検討する（第1章）。学説に基づく分析といいかえることもできる。次に，強制加入の合憲性が争われた小城市国保事件（最大判昭33.2.12民集12巻2号190頁）をもとに，強制加入の正当化根拠を考察し（第2章），憲法各条項に基づく合憲性を検討する（第3章）。これら2章，3章は裁判例に基づく考察ということになる。

第 1 章　社会保険とは何か——社会保険 vs 私保険

はじめに

　社会保険とは何か。

　本書の一貫したテーマであるが，明快な解答を導き出すことは難しい。社会保険は保険なのか，この問いに関する前提として，そもそも保険とは何なのか。このような問題関心が本章の出発点である。

　保険の定義に関する定説は存在しないと断りつつも，一応の定義として「特定の偶然事故に関連する経済上の不安定を除去・軽減するために，多数の個別経済主体が結合し，合理的計算に基づく拠出によって，計画的に共通準備財産を形成する経済制度である」とするものがある[1]。また，近藤文二は「保険とは，危険にさらされている多数の場合を集めて全体としての収支が均等するように共通の準備金を形成し，そのことによって危険の分散を図る技術」である[2]という。同様に，保険学においても保険は明確に定義されていないとしながら，堀勝洋は「大数の法則に基づいて一定の集団内でリスクを分散し，そのリスクによって生じた事態に対応する仕組み」とする[3]。さらに島崎謙治は「保険とは，ある共通の偶発的な事故の危険（リスク）にさらされている者が集まって1つの団体（保険集団）をつくり，各自があらかじめ保険料を出し合ってお金を集積しておき，事故が起きた場合にはそこから保険金を支払うことにより事故に遭った人の経済的損失を補塡する仕組み」と説明する[4]。これらの系譜とは異なり，社会保障法学における社会保険の定義を意

---

[1] 大谷孝一編著『保険論（第2版）』（成文堂，2008年）21頁（江澤雅彦執筆）。なお，大隅健一郎等編『判例コンメンタール13下　商法Ⅲ下　保険・海商・有限会社法』（三省堂，1985年）663-664頁，近見正彦他著『現代保険学』（有斐閣アルマ，1998年）11頁も参照。
[2] 近藤文二『社会保険』（岩波書店，1963年）68頁。
[3] 堀勝洋『年金保険法（第3版）』（法律文化社，2013年）23頁。
[4] 島崎謙治「社会保険の原理と意義」河野正輝・中島誠・西田和弘編『社会保障論』

識するのが新田秀樹であり，そこでは「社会保障制度のうち，（保険の概観を備え，かつ）給付と負担の間に対価性が存在するような制度設計が行われているもの」とされる[5]。

ここでは，私保険を構成する重要な要素である大数の法則，給付反対給付均等原則および収支相等の原則を補助線に，社会保険のありさまを明らかにしてゆきたい。

1 社会保険とは何か

保険の定義はさておき，保険が成立するためには大数の法則が妥当しなければならず，給付反対給付均等の原則，収支相等の原則によって保険が成立する。以下ではまず，これらの法則と原則を概観する。

(1) 大数の法則，給付反対給付均等の原則および収支相等の原則

試行を n 回行い，その事象の起きる回数が r 回であるとき，試行回数 n が大きくなるにつれて比率 r/n は確率 w に近づく，というのが大数の法則である[6]。これは，偶然と思われる事象も大量に観察すれば一定の確率つまり大数の法則がみられることを示している。

給付反対給付均等の原則（$P = wZ$）とは，加入者個人の負担する保険料（P）は，その偶然に受け取ることのあるべき保険金（Z）の数学的期待値に等しいという原則である。ここにいう保険料は，保険事業を運営するための費用（付加保険料）を除いた「純保険料」をいい，数学的期待値とはリスクの発生確率（$w = r/n$）のことであるから，$P = r/n \cdot Z$ と表すことができる。すなわち，ある個人に保険事故の発生する確率（$w = r/n$）はまちまち

（法律文化社，2007 年）所収，195 頁。また，「保険とは，同様な危険にさらされた多数の経済主体による，偶然な，しかし評価可能な金銭的入用の相互的充足である」と定義するものもある（椋野美智子・田中耕太郎『はじめての社会保障（第 9 版）』（有斐閣，2012 年）220 頁）。

5) 新田秀樹「介護保険の『保険性』」菊池馨実編『社会保険の法原理』（法律文化社，2012 年）所収，182 頁。

6) 大数の法則に言及する裁判例として，水戸地判平 15.10.29 判時 1849 号 106 頁，大阪高判平 16.5.27 金商 1198 号 48 頁参照。

であるから，保険事故の発生確率の高い者あるいは受け取るべき保険金を高額に設定したい者は，発生確率や保険金に応じた保険料を負担しなければならないことになる。このように，この原則は個々の保険契約者に関する原則である。

これに対して，収支相等の原則（nP = rZ）とは加入者全体（n）が支払う保険料（P）の総額（nP）は，事故発生件数 r にそれぞれに事故に支払われる保険金 Z すなわち支払われるべき保険金総額（rZ）に等しいという原則である。いいかえると，保険事業を行う場合には，大数の法則が成立する事象を保険事故とし，その保険事故が発生する確率計算に基づいて保険金の支払額を定めれば，そこから加入者が支払うべき保険料の総額が算定されることになる。このように，収支相等の原則は保険事業を行う場合のマクロ的な視点に関する原則である。

こうして，私保険では，給付反対給付均等の原則と収支相等の原則とが妥当することから，加入者個人および保険集団全体のいずれのレベルにおいても，保険料と保険金の収支の均衡が成立していることになる。

(2) 社会保険は保険か

それでは，社会保険は保険なのだろうか。

判例は，きわめて端的に，社会保険を「個人の経済的損害を加入者相互において分担する」システムとしている[7]。これは，冒頭で示した保険の定義に類似している。

次に，学説はどうか。保険学者である近藤文二は，社会保険もまた保険であるとする。社会保険では「給付反対給付均等の原則」も，保険料はすべてその危険に応じて定められるべきであるという「保険技術的公平の原則」[8]も貫徹されないが，「収支相等の原則」は確守されており，この意味で社会保険

---

7) 小城町国保事件・最大判昭 33.2.12 民集 12 巻 2 号 190 頁，旭川市国保料事件・最大判平 18.3.1 民集 60 巻 2 号 587 頁。
8) 保険技術的公平の原則とは加入者平等待遇原則ともいわれ，各被保険者の保険料率は，すべてその危険（年齢，性別あるいは有病率など）に応じて定められることを意味する。このことから近藤は，「保険技術的公平の原則は保険料率個別化の原則を導くから，給付反対給付均等の原則とは峻別される」という（近藤・前掲『社会保険』71頁）。

もまた保険技術を前提としているという[9]。

これに対して岩村正彦は，保険技術に厳密にはこだわらないところに「社会保険の妙味」があり，強制加入の手法を用いることによって，相互扶助の母集団を最大化することを可能とし，「個々の加入者（被保険者）の保険料負担の軽減と給付水準の向上」を実現することができるとしている[10]。また倉田聡は，民間保険では，ある意味「完全な応益負担原則」が妥当しているが，社会保険の本質は完全な応益負担原則によらないことを原理的に許容した点であると述べる[11]。倉田のこのような理解は，給付反対給付均等の原則を応益負担原則と読み替えることによって，社会保険では給付反対給付均等の原則が成立しないことを示唆する。

他方，堀勝洋は，先のP＝wZについて，保険金は保険料の対価であること（対価性）と，保険料額と保険金額が確率的にではあるが等価であること（等価性）をも表しているという[12]。そして，社会保険においても「社会保険である以上，給付反対給付均等の原則に従った仕組みが導入される」例として傷病手当金をあげている。しかし，社会保険にあっては「対価性は必要不可欠であるが，福祉政策的目的をもつ所得移転をも行う必要があるので，厳密に等価性を貫く必要はない」という[13]。したがって，ここでも社会保険にあっては給付反対給付均等の原則が厳密に成立することは前提とされていない。

2　給付反対給付均等の原則からの逸脱

給付反対給付均等の原則とは，被保険者の負担する保険料の大きさは保険事故が発生したときに受け取る保険給付の支給額に対応すること，逆に言え

---

9) 近藤・前掲『社会保険』76頁。
10) 岩村正彦『社会保障法Ｉ』（弘文堂，2001年）43頁。この言明は，ある意味では強制加入の正当化論理と評価することもできる。
11) 倉田聡『社会保険の構造分析』（北海道大学出版会，2009年）203頁。
12) 堀勝洋『社会保障・社会福祉の原理・法・政策』（ミネルヴァ書房，2009年）72頁。
13) 堀・同上39頁。なお，堀『現代社会保障・社会福祉の基本問題』（ミネルヴァ書房，1997年）97頁では，「私的保険の原理である給付反対給付均等の原則にとらわれない制度設計が必要なため社会保険にする必要がある」と述べている。

ば，保険給付の支給額を大きくしようとすれば，負担すべき保険料が大きくなることを意味する。しかし，社会保険の領域では，給付反対給付均等の原則は妥当しない。その具体例は保険料および保険給付双方に見られる。

(1) 保険給付

　医療保険における「療養の給付」の場合，保険料額の大小は給付の内容や支給範囲に反映されない。負担している保険料額の範囲を超えた時点で，手術が中断されることはないし，保険の適用が終了して自由診療に切り替わることもない。また高額療養費は，被保険者等の所得と療養の給付に要する費用の大きさに応じて，支給額が決定される。他方，傷病手当金や出産手当金などの所得保障給付は，当該被保険者の標準報酬日額に応じて算定される。さらに，出産育児一時金，埋葬料などは保険料の負担額や標準報酬月額に関係なく，定額で支給される。

　この点，健康保険事業に関連して保険料，保険給付について次のように述べる最判がある[14]。「健康保険事業における費用の主たる財源は保険料収入に求められているものではあるが，右保険料の負担は，保険事故の危険度に応じて定められているものではなく，各被保険者の標準報酬月額に比例して機械的に定められ，かつ，保険の利益を享受しない事業主もまた右保険料の二分の一を負担することとなつており，また，保険給付の内容も，必ずしも保険料の負担と比例するものではない」。

　これに対して，年金保険における給付は負担した保険料額に基本的に対応する。

　まず，老齢基礎年金は，保険料納付済み期間の長短により年金額が増減する。また，老齢厚生年金は，被保険者であったすべての期間の平均標準報酬額に一定の乗率を乗じて算定される[15]。さらに，障害基礎年金や遺族基礎年金は，支給要件を満たす限り，保険料納付済み期間の長短に関わらず，同一額が支給される。このほか，これら年金給付は物価の変動に応じて給付額も変

---

14) 被保険者資格の喪失と保険給付が争われた最判昭 49.5.30 民集 28 巻 4 号 551 頁。
15) ここで平均標準報酬額とは，保険料の算定根拠とされる標準報酬等級によって求められる。

第 1 章　社会保険とは何か　21

動するスライド制が採用されているほか[16]，世帯単位で制度設計された関係で，老齢厚生年金には加給年金が加算され（厚年 45 条），障害厚生年金には最低保障額というシステムが存在する（厚年 50 条 1 項）。

雇用保険における基本手当も，賃金日額と年齢に応じて支給額を算定する（雇保 16 条，22 条）。また，介護保険の保険給付は，要介護認定を受けた要介護状態区分に応じたサービスの中から被保険者が受給すべきサービスを選択することができる。

(2) 保険料

基本的に，職域保険の保険料は報酬に比例する定率制を採用している。とくに，所得保障給付の場合，その支給額は負担した保険料の大きさに対応するが，標準報酬等級に基づく上限・下限が設定されている。雇用保険の場合には，当該年度にかかる労働者の賃金総額に保険料率を乗じて概算保険料を算定する（労徴 12 条，15 条）。概算保険料を徴収し，翌年度に保険料を確定するというシステムは労災保険においても採用されている（労徴 15 条，19 条）。しかし，ここで重要なことは，これら職域保険の保険料は報酬比例制を採用するものの，被保険者の年齢や健康状態あるいは性別や家族構成などを考慮していないことである[17]。

これに対して，地域保険における保険料は，保険料の減額や免除が認められる点に最大の特徴がある（国保 77 条，国年 89 条等参照）。無職者や所得のない者をも被保険者とする地域保険にあっては，保険料の負担能力に大きな格差が存在するからである。とくに，国民年金法には，法定免除と申請免除があり，後者では全額から 4 分の 1 免除までの 4 段階の免除措置が存在するほか，学生納付特例制度や若年者納付猶予制度が設けられている。地域保険においても，被保険者の年齢や健康状態あるいは性別や家族構成などに着目して保険料を設定されていない点が重要である。

---

16) 2004（平成 16）年の国民年金法等改正により，完全自動物価スライド制からマクロ経済スライド方式に変更した。
17) 労災保険では，災害発生率を保険料と関連させるメリット制が採用されている。

(3) けん連関係ないしけん連性

　以上のように,給付反対給付均等の原則は社会保険の領域では妥当しない。やや繰り返しになるが,以下のような3点に要約できる[18]。第1に,保険料を支払っていなくても保険給付が支給されることがある。国民年金の保険料免除や国民健康保険における保険料の減免がこれに該当する。第2に,社会保険では個々の被保険者について,負担する保険料と受給する保険給付との間に,保険学でいうところの数学的な対応関係の成立を予定していない。第3に,これも地域保険に顕著であるが,国,都道府県,市町村が財政負担をする場合がある。これらの財政負担は,事業主負担に相当する負担,低所得者層の保険料負担の肩代わりなど,さまざまな要請から導入されている。

　以上のような保険料と保険給付との関係については,給付反対給付均等の原則は妥当せず,緩やかな対応関係があるにすぎない。このような保険料と給付との間の緩やかな対価関係を,最高裁は"けん連関係"ないしは"けん連性"と表現する[19]。

　このようなけん連関係ないしけん連性に関する考え方は,旭川市国保料事件の大法廷判決にも引き継がれている。1審旭川地裁が,国民健康保険は①強制加入制であること,②その保険料または保険税は選択的とされ,いずれも強制的に徴収されるものであること,③その収入の約3分の2を公的資金でまかない,保険料収入は3分の1にすぎないことから,「国民健康保険は保険というよりも社会保障政策の一環である公的サービスとしての性格が強く,その対価性は希薄である」としたのに対して[20],最高裁大法廷は,国民健康保険事業に要する経費の約3分の2が租税などの公的資金によって賄われていても,「そのことによって,保険料と保険給付を受け得る地位とのけん連性が断ち切られるものではない」との判断を示した[21]。

---

18) 岩村・前掲『社会保障法Ⅰ』41頁参照。
19) 沖縄医療生協事件・最判平 11.10.22 民集 53 巻 7 号 1211 頁,最判平 12.11.14 民集 54 巻 9 号 2683 頁（遺族厚生年金）および最判平 12.11.14 判時 1732 号 83 頁（軍人恩給）参照。
20) 旭川地判平 10.4.21 判時 1641 号 29 頁。
21) 最大判平 18.3.1 民集 60 巻 2 号 587 頁。

3 収支相等の原則は妥当するか

それでは，社会保険において，保険料総額と保険金総額とが等しいという収支相等の原則は妥当するのであろうか。純保険料における原則とはいえ，この原則は結局のところ収入と支出が等しくなければならないことを意味するから，あらゆる経済活動に妥当する原則であり，社会保険においても当然に成立する原則といえるが，国，都道府県ならびに市町村あるいは各種保険者が支出する負担金，補助金あるいは各種拠出金をどのように理解するかにより結論が異なる。ここではまず，肯定説の立場をとる近藤文二説から学説の検討を進める。

(1) 肯定説

近藤文二は，社会保険では給付反対給付均等の原則は貫徹されないが，「『収支相等の原則』は確守されているのであって，その意味において，社会保険もまた，保険技術を前提としている」とする[22]。そしてさらに「あらかじめ保険料額がきまっていればこそ「収支相等の原則」が貫かれるのであって，事後的に結局，収支が相当するというのでは「収支相等の原則」は貫かれない」とも述べる[23]。

近藤以外に肯定説に立つものとして，福田素夫は「社会保険の保険料にはもともと個々の給付の対価という意味での対価性はないが，給付総額については，一般の行政サービスと異なり収支相等の原則が求められる」とし[24]，新田秀樹は「給付・反対給付均等の原則の不成立の一方で，収支相等の原則は一応成立する」としている[25]。「社会保険料率（額）の遡及的引き揚げの可否については，社会保険のように年度内で収支の均衡が図られなければならな

---

22) 近藤・前掲『社会保険』76 頁。
23) 近藤・同上 83 頁。
24) 福田素夫「国民健康保険条例の保険料の賦課総額や料率を定めた規定が憲法 92 条，84 条，国民健康保険法 81 条に違反するとされ，それに基づく国民健康保険料の賦課処分が取り消された事例」季刊社会保障研究 34 巻 4 号（1991 年）421 頁以下，425 頁参照。
25) 新田・前掲「介護保険の『保険性』」171 頁。

い制度については，社会保険料率（額）の改定等を行い年度内の遡及適用を行うことが柔軟でなければならない」という柴田洋二郎もこの立場に近い[26]。ただし，これらは結論を述べているに過ぎないものもあり，後に検討する必要説に立っていると理解することも可能である。

(2) 時間軸

近藤が「事後的に」と述べていることにも関連して問題となるのは，収支相等の原則が適用される時間軸ともいうべき問題である。公的医療保険の会計運営は保険料の賦課徴収からも明らかなように1年を単位としている。最高裁は，旭川市国保料事件において，国民健康保険の保険料は「国民健康保険事業に要する費用に充てるために徴収されるものであるから，当該年度の費用から収入（保険料を除く。）を控除したその不足額の合理的な見込額を基礎として賦課総額を算定」し，「賦課総額の算定基準及び賦課総額に基づく保険料率の算定方法は，本件条例によって賦課期日までに明らかにされているのであって，この算定基準にのっとって収支均衡を図る」と述べている。この場合，会計年度ごとに収支相等の原則が妥当しているかが検討されることになる。また，介護保険では，3年を財政均衡期間としている（介保129条3項）。

これに対して，長期保険たる年金保険ではどのように考えるべきか。これについては，国民年金法4条の2および4条の3に関連して，賦課方式と積立方式とで2通りの考え方がある。世代間扶養ともいわれる賦課方式の場合には，1カ年あるいはごく短い期間ごとに，収支相等の原則が成立するよう財政計画をたてることになる[27]。

他方，積立方式の場合には，長期間にわたる総収入と総支出とがバランスするように，その財政を計画することになる。また急激な経済変動もあり得るため，少なくとも5年ごとに国民年金事業の財政に係る収支について，そ

---

[26] 柴田洋二郎「社会保障と税」社会保障研究第2号（信山社，2013年）41頁以下，同「公的医療保険の財源」日本社会保障法学会編『新・講座社会保障法第1巻　これからの医療と年金』（法律文化社，2012年）所収，153頁以下も参照。
[27] 山崎圭『国民年金法のしくみ』（日本国民年金協会，1982年）243頁以下参照。

の現況および財政均衡期間における見通しを作成しなければならないと規定されている（国年 4 条の 3）。さらに，積立方式では，利子収入も総収入に組み入れられるが，利子収入の変動は年金財政の均衡に大きな影響を及ぼすことから，「予定された通りの利子収入があることが年金財政の均衡を保つ上に絶対に必要である」とされる[28]。

(3) 否定説

ここではまず，医療保険について，旭川市国保料事件最判における滝井補足意見が，次のように述べていることに注目したい。いわく保険料の総額は「給付内容が決まらない年度当初には給付内容の見込みによって決めざるを得ないものであるから，その額（保険料総額；筆者注）は明確に定めておくべき要請があるとはいえ，もともと保険給付をベースにした財源の調達という性格上，あらかじめ明確に定めておくこととは矛盾する」との認識を前提に，「当初の見込額との間に差の生ずることは避けられない」という。このことは，近藤のいう「事後的に収支が相当するというのでは収支相等の原則は貫かれない」という見解と真っ向から対立する。

この点，保険法や近藤と同じ土俵に立つ保険学の立場においても，社会保険においては収支相等の原則も成立していないとする考え方が示されている。すなわち，加入者から保険料を徴収して需要が発生すれば保険金を支払うという意味で，社会保険もまた保険の仕組みを用いている。しかし，「社会保険の保険料がリスクや保険金にではなく所得額に比例する場合には『給付反対給付均等の原則』は成り立たないし，国庫等からの財政援助がなされる場合には『収支相等の原則』も成立しない」というものがある[29]。

社会保障法の研究者においても，収支相等の原則について否定的な見解が示されている。古くは，西原道雄が公費負担の存在によって「保険料等の名

---

28) 小山進次郎『国民年金法の解説』（時事通信社，1959 年）310 頁。
29) 山下友信・竹濱修・洲崎博史・山本哲生著『保険法（第 3 版）』（有斐閣アルマ，2010 年）18 頁（洲崎博史）。裁判例ではあるが，国民健康保健制度につき「その収入の約三分の二を公的資金でまかない，保険料収入は三分の一にすぎないのであるから，国民健康保険は保険というよりも社会保障政策の一環である公的サービスとしての性格が強」いとする説示も，ある意味で収支相等の原則が成立していないとの認識に基づいているといえる（旭川地判平 10.4.21 判時 1641 号 29 頁以下）。

目による直接の拠出の総額が給付の総額に及ばず，各個人について給付反対給付間の等価性がないばかりでなく全拠出についての収支相等の原則さえ成立していない」と述べている[30]。また，台豊も，明確に収支相等の原則が成立しないことを主張する。台は，医療保険の財源構造をマクロで見た場合，「事業主負担および公費負担・補助があることから，収支相等の原則が成立していないことがわかる」と述べる[31]。事業主負担の存在も含めて，収支相等の原則は成立しないという点が台説の特徴といえる。この点については，私見は社会保険における保険料負担者をどのように設定するかという立法裁量の問題であると考える。

また，収支相等の原則という表現は用いていないが，「保険料拠出と保険給付の量的対応関係（公的資金によりこの量的均衡は破れている）」という見解も，社会保険には収支相等の原則は妥当しないということを意味しているものと思われる[32]。

(4) 必要説

時間軸とも関連するが，社会保険も経済活動である以上，収支バランスを保つことが要請される。ここに必要説ともいわれる立場が成立する。

倉田聡は「賦課方式の社会保険における「収支相等」の実現は，実支出に合わせて収入を決定することによって達成される」とする[33]。また，堀勝洋は，「公的保険においても収支相等の原則が守られる必要がある。そうしないと，保険財政が破綻するため，保険給付額を引き下げるか，保険料額を引き上げる必要が生ずる。ただし，公的保険においては，公費負担がなされることがあるため，保険料のみで保険給付を賄うという，厳密な意味での収支相等の原則は守られないことがある。」という[34]。菊池馨実も，収支相等の原則は「本来の保険と異なり公費負担を含めた上で守られていると言い得る」と

---

30) 西原道雄「社会保険における拠出」契約法大系刊行委員会編『契約法大系Ⅴ』（有斐閣，1963 年）337 頁。
31) 台豊「医療保険料（被保険者負担）と保険者による給付の間の『対価性』について」青山法学論集 51 巻 1-2 合併号（2009 年）682 頁。
32) 藤谷武史『別冊ジュリ 207 号 租税判例百選（第 5 版）』(2011 年) 8 頁。
33) 倉田・前掲『社会保険の構造分析』302 頁。
34) 堀・前掲『年金保険法（第 3 版）』42 頁。

する[35]。

　収支相等の原則における収入部分を保険料に限定すると，収支相等の原則が成立しない可能性のあることを示唆する点で興味深い。この立場に近いものとして，土田武史は，社会保険も制度の運営を安定的に確保していくためには保険財政の安定が不可欠であり，「収支相等の原則に準拠して総収入と総支出の均衡が図られているが，総収入の中には保険料以外に租税等による収入（公費負担）が含まれる場合もある」として，この点が民間保険と異なることを指摘する[36]。また，島崎謙治も短い説示ながら「社会保険では保険集団として収支相等の原則を守ることが要請される」と述べている[37]。

(5) 私見

　ここで簡単に収支相等の原則に関する私見を整理しておきたい。結論からいうと，収支相等の原則は 2 段階で考えるべきではないかと考えている。

　必要説も 2 段階で収支相等の原則を考えていると思われるが，純保険料という限定をつけたうえで，保険集団内部での保険料収入と給付総額とが等しいことが第一義的な収支相当の原則である。このような第一義的な収支相等の原則では，保険集団における保険料負担能力に応じて，保険料や給付水準に格差が発生する。このような格差の発生は，健康で文化的な生活水準から要請される国家の責務や生命健康に関連する給付の性格から，公費負担や財政調整が求められることがある。これら公費負担や財政調整による拠出金等を含めた場面が，第二義的な収支相等の原則を判定する次元ということになる。

　ここで留意しなければならないのは，収支相等の原則の成否が，当該制度の法的評価にただちに結びつくものではないことである。この点，給付反対給付均等の原則および収支相等の原則は「あくまでも保険経営が成り立つための経営上の技術であって，それ自体法的な意味でのルールではない」とい

---

[35]　菊池馨実『社会保障法』（有斐閣，2014 年）23 頁。
[36]　土田武史「社会保険」大谷孝一編『保険論（第 2 版）』（成文堂，2008 年）所収，239 頁。
[37]　島崎謙治『日本の医療　制度と政策』（東京大学出版会，2011 年）207 頁。

う見解がある[38]。

　収支相等の原則が，当該制度の法的評価に結びつかないのであれば，この原則を論じる意味はないのであろうか。以下のように考えたい。

　収支相等の原則を2段階で考えるとして，段階の違いが法的評価に結びつくものではない。公費負担の割合が少ない健康保険組合が協会けんぽや市町村国保に比べて，法律上優位に扱われる根拠にはならない。この点ではたしかに，当該制度の法的評価に結びつくものではない。しかし，制度改正に伴う保険料や公費負担あるいは財政調整に伴う拠出金の増減の合理性判断において，財政的な視点の審査基準は収支相等の原則にその基礎を置くのではなかろうか。保険料や拠出金の引き上げについて合理性を有するとするか，合理性に欠けると判断するのか，その判断基準は，給付水準とも関係するが，収支バランスから判断されることになる。このことがまさに，直接的ではないにせよ，間接的ではあるとしても，収支相等原則を論じる意義であると考える。

　また，第二義的な収支相等の原則は，公費負担や財政調整を含めたうえでの評価となる。そこには，公費負担や財政調整の受入側と支払側の関係が成立する。公費負担も財政調整も，格差是正という機能を有するが，負担の財源をどこに求めるかという点では，国民による租税としての拠出なのか，保険集団からの拠出なのかという違いが生じる。この違いに着目して，社会保険における財政のあり方を検討するうえで，収支相等の原則は保険経営上の技術に止まらず，法的ルールとして一定の評価を与えるべきではないかと考える。この点については，章を改めて検討する。

---

38)　台・前掲「医療保険料（被保険者負担）と保険者による給付の間の『対価性』について」696頁。なお比較法に目を転じると，民間労働者を中心に組織されるフランスの一般制度は，①医療・出産・障害・死亡，②労働災害および職業病，③老齢・寡婦，④家族という4つの部門からなることを前提に，「各部門の財政均衡（équilibre financier）は各部門を管理運営する金庫により確保される」と規定されている（社会保障法典L200-2条）。また，ドイツでは，「疾病金庫の給付およびその他の任務は，保険料によって賄われる」との規定が存在する（社会法典第5編3条）。

4 財政規整としての収支相等の原則

収支相等の原則は，広い意味では収入と支出が等しくなければならないことを意味するから，あらゆる経済活動に妥当する原則である。したがって，それを判定する対象期間（時間軸）をどのように設定するかはさておき，民間保険に特有の原則ではなく，社会保険においても維持されなければならない原則といえる。ここで社会保険財政が秩序正しく運営され，歳入と歳出のバランスを保つための規律を財政規整とすれば，収支相等の原則は，まさしく財政規整に関する原則ということになる。そして，このように考える場合，以下の2点が問題となる。ひとつは年金法における財政均衡に関連し，いまひとつは旭川市国保料事件最判の持つ意味である。

(1) 国民年金法4条の2，厚生年金保険法2条の3

社会保険において，そもそも財政規整を明文化した規定は少ない。財政の均衡を定める国民年金法4条の2，厚生年金保険法2条の3は，例外的な規定といえる[39]。

これらの規定は，①保険料・国庫負担の額，給付に要する費用の額など，国民年金・厚生年金の財政に係る収支についての現況，および②おおむね100年とされる財政均衡期間における見通しを5年ごとに作成・公表しなければならないと定めている。

平成16年改正法以前には，財政再計算の結果に基づいて年金制度全体の改正が行われることとされていた。しかし平成16年改正法以降，年金制度改正は必ずしも財政検証を前提とするものではなくなった。このことは，平成16年改正法により将来的に年金財政の安定化が図られたことを理由とするようである。ここで年金財政の安定化とは，年金積立金の運用による運用収益と積立金を活用することによって保険料水準を固定することと，給付をできる

---

39) 国公共済法，地公共済法あるいは私学共済法などは，年金額の改定として，「国民の生活水準，賃金その他の諸事情に著しい変動が生じた場合には，変動後の諸事情に応ずるため，速やかに改定の措置を講じる」との規定を設けているに過ぎない。

だけ高い水準に保つという考え方の両立を図ることと説明されている。具体的には積立金をおおむね100年後に給付費1年分程度の保有額になるまで活用していく，言葉を換えれば取り崩してゆくということである。おおむね100年後における財政均衡を図るという有限均衡方式により，世代間扶養の考え方が徹底され，年金積立金の意義が明確になったといわれる。しかし，年金財政の安定化が図られたという評価自体が根拠に乏しいように思われる。他方，5年ごとの財政検証を前提としないで制度を改正できるということは，経済変動等に対する迅速かつ機動的な対応を可能とすることを意味するが，このことは十分な検証作業を省略し，拙速な制度改正に結びつく点で評価できない。この点に関連して，年金水準の引き下げを法改正によることなく自動的に行うこととしたのは，年金水準の引き下げ論議が国民の年金制度への不安を高め，制度改正が国民の反対により必ずしも十分に実現できなかったことなどを理由とするものがある[40]。しかし，これらの理由については説得力に欠けるように思われる。

(2) 公的医療保険における財政規整

旭川市国保料事件の法廷意見が述べるように，国民健康保険事業を行うための費用および収入の見込額等については，国民健康保険事業特別会計の審議を通じて議会による民主的統制が及ぶ。すなわち，適正な財政規整は，議会における審議を通じて担保される。

これに関連して，滝井補足意見は，年度末に明らかになった当該年度の現実の保険給付と予測との違いによって生じた国民健康保険事業における特別会計の収支の差額は，「保険料の定め方のいかんにかかわらず，翌年度に繰り越されることになり，年初の予測の相当性はそれぞれの保険集団の民主的統制に服することとせざるを得ない性質のものである」という。

このことは，収支相等の原則が実現しなかった場合，すなわち保険料を賦課決定した時点での推測額と年度終了後に確定される実際の支出額との間の

---

40) 堀・前掲『年金保険法（第3版）』540頁。本文にあげた理由のほか，諸外国にも同じような仕組みが導入されたことをあげ，保険料水準の段階的引上げ，年金額の自動改定についても同様の理由によると説明している。

差額について，それぞれの保険集団の議決機関の判断によって，当該差額に関する当否と処理を特別会計の予算・決算の審議における統制に服せしめることとなる[41]。ここで含意されることは，収支相等の原則が社会保険においても妥当するのか否かという問題は，この原則が経済的負担に関わるものである以上，負担の予測可能性を確保するために，民主的統制によって，どのように財政規律が保たれているかを論証することである。たとえば，資格喪失後の継続療養に関して「給付を受ける者」の範囲が争われた事案で，最高裁は健康保険における国庫負担金および国庫補助金について「健康保険制度がわが国の社会保障制度において果たす役割にかんがみ，いわゆる保険方式を建前とするものではあるが，同制度の充実発展を，国家財政を通して図ることを国の責務とする法の態度を示している」と述べている[42]。このような国庫負担金や国庫補助金あるいは各種拠出金が，いかなる目的からどのような手続によって財源に組み込まれているかについての論証が，財政規整としての収支相等原則の評価と密接に関連すると考える。

若干のまとめ

実際の支出に応じて，事後的に収入を確保すれば，一応，収支相等の原則は成立する。しかしそれでは，支出削減という方向性は機能しない。「必要は権利の母」という側面は否定できないが，何がどれほど必要かを検証しなければ，財政的負担に歯止めが掛からなくなる。このため，財政的負担の予測可能性を確保する視点からも，収支相等の原則を成立させる必要がある。そして，保険料以外に財源を構成する国庫負担金や各種拠出金の性格を検討することを通じて，財政規整としての収支相等原則の妥当性が検証されることになる。この点については，保険者のあり方を検討するところで再度取り上げることとしたい。

---

41) 国民健康保険の保険料および保険税に関する遡及適用に関して，それぞれ浜松市事件（東京高判昭 49.4.30 行集 25 巻 4 号 330 頁），日進市事件（名古屋地判平 9.12.25 判例自治 175 号 37 頁）があり，ともに遡及適用につき違憲，違法ではないとした。
42) 最判昭 49.5.30 民集 28 巻 4 号 551 頁参照。本件最判が示された同じ日に，同じ第 1 小法廷で，国民健康保険の保険者に関する裁定的関与が争われた事案（最判昭 49.5.30 民集 28 巻 4 号 594 頁）で保険者代行説を採用しており，本件の考え方と共通している点が注目される。

第 2 章　強制加入と逆選択の防止

はじめに

　わが国社会保障制度の特徴のひとつは，社会保険を制度の根幹に位置づけながら，社会保障財源に占める租税の割合が高いことである。このため，社会保険料と租税との異同が盛んに論じられることとなる。そこでの議論の特徴は，社会保険が強制加入あるいは強制適用[1]であることを当然の前提として，その強制性の文脈のなかで，社会保険の保険料を租税と同列の負担金と位置づけることによって，社会保険制度の是非が論じられていることである[2)3)]。

　強制加入を当然の前提とすることは，最高裁が比較的早い時期に合憲との判断を示したことによるところが大きい（小城町国保事件・最大判昭33.2.12民集12巻2号190頁）。このことは社会保障法学にも影響を与え，社会保障法学の研究者はこの判決を当然のこととして受け入れてきた。たしかに，社会保険の特徴のひとつが強制加入であることに異論はない[4]。しかし，日本国憲法の体系において，私人に対して無条件に一定の制度への加入を強制する

---

1) 　一般に適法な権限を持つ機関が法の内容を具体化することを「適用」といい，国民年金や厚生年金など「公的年金保険は原則として強制適用される」と説明するものに，堀勝洋『年金保険法（第3版）』（法律文化社，2013年）91頁以下がある。本稿では，強制加入という用語を用いる。
2) 　フランスは社会保険を社会保障制度の根幹とするが，強制加入について，議論の蓄積があるとはいえない。ドイツもまた社会保険発祥の地といえるが，高額所得者を任意加入とする制度を採用していることもあり，強制加入に関する議論の蓄積は少ない。
3) 　強制加入ないし強制適用が社会保険の特徴のひとつであるが，以下のように，任意加入ないし任意適用の例もある。健康保険における任意包括被保険者（健保31条以下），任意継続被保険者（健保37条），特定被保険者（健保附7条），厚生年金保険における任意包括被保険者（厚年6条3項4項），任意適用被保険者（厚年10条），国民年金における任意加入被保険者（国年附5条），労災保険における暫定任意適用事業（労災保険法昭44年附12条）および特別加入制度（労災保険法33条以下）。
4) 　社会保険の基本的特徴として，強制保険であること，保険関係の成立の基礎に基づく被用者保険と地域保険との区別および社会保険給付の扶養的性質をあげるものに，西村健一郎『社会保障法』（有斐閣，2003年）27頁以下がある。

ことが，当然のこととして認められているとは考えがたい。憲法は強制的金銭負担のうち，租税については租税法律主義を，刑罰としての罰金については罪刑法定主義による法律主義を定めている。ただし，それ以外の強制的金銭負担について，いかなる制約に服すべきかを明らかにしてはいない[5]。むしろ，その強制加入を正当化するための基準なり根拠なりが示されるべきである。けれども，この点について十分な議論の蓄積はされてこなかったと思われる。

このため，ここではいまいちど基本に立ち返って，裁判例に基づいて強制加入に関する憲法適合性について検討したい。これは，強制加入に関する考察を深めることによって，社会保険のあり方に関する検討材料を豊富化するための試みである[6]。この試みは社会保険制度を維持するためのものではなく，社会保険制度のあり方を再確認するための営みである。そこに社会保険の限界が存在するならば，そのときには新たなシステムを構築すべきである。

ここでは，小城町国保事件最判を中心に，強制加入の問題について，2つの章に分けて検討していきたい。ここではまず，本件の概要を紹介した後，政策論あるいはシステム論との関係から，逆選択の禁止原則を中心に考察する。次章では思想および良心の自由など合憲性の観点を中心に論ずることとする。

1 小城町国保事件

社会保険に関する強制加入のあり方が問われた唯一の最高裁判例が，小城町国保事件である[7]。

---

[5] 碓井光明「社会保障財政における社会保険料と租税——財政法学からの分析——」国立社会保障・人口問題研究所・人口問題研究所編『社会保障財源の制度分析』（東京大学出版会，2009年）所収，94頁。

[6] この点について，拙稿「社会保険における強制加入の一考察——強制加入団体における強制性との比較を通して——」菊池馨実編『社会保険の基礎理論』（法律文化社，2012年）所収，109頁以下。

[7] 本件最判（最大判昭33.2.12民集12巻2号190頁）に関する判例評釈として，以下のものがある。田中真次・民商昭和33年度16頁，山下健次・民商38巻3号（1958年）98頁，阿部泰隆『別冊ジュリ50号 医事法判例百選』（1976年）166頁，宮崎定美『別冊ジュリ56号 社会保障判例百選（第1版）』（1977年）70頁，前田徹生『別冊ジュリ

佐賀県小城町では，昭和23年11月1日，小城町国民健康保険条例を制定し，佐賀県知事の認可を受け，町営の国民健康保険事業を開始した[8]。右条例には，小城町内に世帯を有する者は，すべて強制的に被保険者とし，世帯主は保険料納付の義務を負う旨の規定があり，原告Ｘ（控訴人，上告人）は右の世帯主として国民健康保険の保険料を納付すべき旨の告知を受けたが，これを拒絶していたところ，被告Ｙ（小城町，被控訴人，被上告人）は，昭和25年3月2日Ｘ所有の動産を，続いて同年6月7日Ｘの電話加入権をそれぞれ差し押え，昭和26年3月1日町営後の昭和23年度分金1160円，昭和24年度分金2320円，昭和25年度1，2期分金1330円，合計金4810円の保険料と督促料金80円，延滞利息金2881円，延滞加算金40円，合計金7811円を納付しなければ差押動産を引き揚げると迫り，Ｘが応じなかつたところ，昭和28年10月5日，ついに動産はこれを引き揚げ，公売処分に付する旨告知した。

　これに対して，一定の住民を国民健康保険に強制加入させ，保険料を町民税の賦課等級に応じて納付させる本件小城町条例は，憲法19条，同29条および同98条に違反しているとして，Ｘはその無効を主張し，小城町が行った保険料滞納処分の無効を確認する訴訟を提起した。原審，控訴審ともにＸが敗訴し，上告した[9]。

　最高裁大法廷は，概略以下のように述べて，Ｘの上告を棄却した。「国民健

　　113号　社会保障判例百選（第2版）』(1991年) 16頁，安念潤司『別冊ジュリ153号　社会保障判例百選（第3版）』(2000年) 12頁，菊池馨実『別冊ジュリ191号　社会保障判例百選（第4版）』(2008年) 12頁．
8)　1938（昭和13）年に制定された国民健康保険法は，被用者保険に属さない自営業者等を対象に，市町村の地区内の世帯主を組合員とする普通国民健康保険組合と，同一の事業，同種の業務に従事する者によって組織される特別国民健康保険組合とが保険者となることとされた。組合の設立及び加入は，ともに任意設立，任意加入であった。その後，1942（昭和17）年には，地方長官の権限による国民健康保険組合の強制設立，強制加入の規定が設けられた。次いで1948（昭和23）年には，国民健康保険法の第3次改正（昭和23年6月30日法律70号）が行われ，市町村公営原則と強制加入の強化が図られた。すなわち，市町村が国民健康保険の保険者とし，市町村が国民健康保険事業を行う場合，区域内の世帯主および世帯員は加入を強制される任意設立・強制加入制が採用された。小城町国保条例の制定もまた，この市町村公営原則に基づくものと考えられる。この点につき，新田秀樹『国民健康保険の保険者』（信山社，2009年）165頁以下参照。
9)　佐賀地判昭29.3.13行集5巻3号640頁，福岡高判昭30.3.28行集6巻3号805頁。

康保険は，相扶共済の精神に則り，国民の疾病，負傷，分娩又は死亡に関し保険給付をすることを目的とするものであつて，その目的とするところは，国民の健康を保持，増進しその生活を安定せしめ以て公共の福祉に資せんとするものであること明白であるから，その保険給付を受ける被保険者は，なるべく保険事故を生ずべき者の全部とすべきことむしろ当然であり，また，相扶共済の保険の性質上保険事故により生ずる個人の経済的損害を加入者相互において分担すべきものであることも論を待たない。」「されば，……小城町国民健康保険条例5条が，この町は，この町内の世帯主及びその世帯に属する者を以て被保険者とすると規定し原則として住民全部を被保険者として国民健康保険にいわゆる強制加入せしめることとし，また，同条例31条が世帯主である被保険者は，町民税の賦課等級により保険料を納付しなければならないと規定して，被保険者中保険料支払の能力ありと認められる世帯主だけを町民税の賦課等級により保険料支払義務ある旨規定したからといつて，憲法19条に何等かかわりないのは勿論，その他の憲法上の自由権および同法29条1項所定の財産権を故なく侵害するものということはできない。」

2　給付請求権の普遍性ないし財政基盤の強化

　本件最判を含めた裁判例では，政策論あるいはシステム論との関連で，強制加入を以下の3つの系譜で説明しようとしているように思われる。第1に保険利益あるいは給付請求権の普遍性確保，第2に財政基盤の強化，第3に逆選択の防止である。

　なぜ，国民健康保険事業が強制加入とされるのか。本件最判は，国民健康保険が「相扶共済の精神に則り，国民の疾病，負傷，分娩又は死亡に関し保険給付をすること」を目的とし，その目的は「国民の健康を保持，増進し，その生活を安定せしめ以て公共の福祉に資せんとするものであること明白であるから，その保険給付を受ける被保険者は，なるべく保険事故を生ずべき者の全部とすべきことむしろ当然である」とする。

　このように，本件最判は，国民の健康を保持増進する公共の福祉を目的とする以上，国民健康保険が強制加入を採用することにつき論理的な根拠を示

すことなく，当然のことと判断している。この点については保険利益あるいは給付請求権の普遍性を確保する観点から，強制加入を正当化する第1の系譜にたつものといえる。

　同様の立場に立つ裁判例として，国民年金制度における強制加入の是非が争われた京都地判平元.6.23（判タ710号140頁）がある。ここで京都地裁は，「国民年金制度は，老齢，障害，又は死亡によって国民生活の安定が損なわれることを国民の共同連帯によって防止し，もって健全な国民生活の維持及び向上に寄与することを目的とし，この目的を達成するために拠出制の社会保険による強制加入の公的年金制度を採用した」とする。この判決もまた，小城町最判同様，目的の合理性から強制加入を正当化しているということができる。そのうえで，国民年金においては，①保険料は納付した被保険者の資産と同様のものであるのに，単身者である原告が65歳以前に死亡すれば還元されない，②保険料の額とその納付期間に得られるべき利息の合計に比べて受給し得る年金の額が著しく低いとの主張に対して，財政基盤確保のため，年金を支給すべき年齢に達する以前に被保険者が死亡するようなことがあっても既に拠出された保検料を払い戻さず，死亡するまでの期間に応じて支給される年金の総額が変化しうるのは，保険制度の性質から当然に予定されているとして，とくにこれが不合理であるとは認められないと明言した。

　後に検討を加える逆選択の防止原則とも密接に関連して，給付請求権の普遍性に言及する裁判例も存在する。壱光堂事件（名古屋地判昭60.9.4判時1176号79頁）において，名古屋地裁は「健康保険法が強制加入主義をとったのは危険度の高い者のみが加入する逆選択を防止するとともに，労働者の生活の安定を目的とした同法の趣旨に鑑み，できる限り広範囲の労働者に同保険制度の利益を及ぼすためであると解される」と判示する。次に，給付請求権の普遍性といえるかやや不明瞭であるが，豊国工業事件（奈良地判平18.9.5労判925号53頁）で，奈良地裁が「当該事業所で使用される特定の労働者に対して保険給付を受ける権利を具体的に保障する目的をも有するものと解すべきであ」るとするのもこの系譜に属するといえる。

　これも給付請求権の普遍性に関する裁判例であるが，京都市役所非常勤嘱託職員事件（京都地判平11.9.30判時1715号51頁）で京都地裁は，「一定の

事業所に使用される労働者に対し，その老齢，障害及び死亡について保険給付を受ける権利をもれなく付与する」ことも，強制加入を採用した目的であるとする。また，大真実業事件（大阪地判平 18.1.26 労判 912 号 51 頁）で大阪地裁は，「広く労働者をして，保険制度の利益に浴させる」と述べている。

財政基盤の強化を明言する裁判例は少ないものの，この京都市嘱託職員事件では，端的に「強制加入の原則が採られたのは，一次的には，厚生年金の財政的基盤を強化することが目的であると解せられる」とも述べている。

3　逆選択防止

健康の保持，増進あるいは国民生活の維持，向上に寄与するという目的の合理性から強制加入を正当化する論理に関連して，本件 1 審佐賀地裁は，「強制加入の原則は国民健康保険の公共性を高めると共に，逆選択を防止し危険分散を行わんとする技術的考慮に基くもの」であると説明している[10]。

ここにいう逆選択防止原則とは，経済学において，私保険すなわち個別的な契約に基づく保険の限界を説明する概念でもある。医療にせよ年金にせよ，病気になる確率や長寿になる確率の高い人ほど，その保険に加入する結果，平均的な確率で保険料を設定するシステムでは，システムそのものが成立しなくなる危険性を回避できないというのである[11]。このため，経済学では，「ある程度強制力をもって人々を保険に加入させるという制度が正当化される」と説明されている[12]。一方，社会保障法学において，堀勝洋は社会保険法が国民に強制適用される 4 つの理由のひとつに，逆選択の防止をあげる[13]。し

---

10)　佐賀地判昭 29.3.13 行集 5 巻 3 号 640 頁。
11)　経済学者による逆選択の防止に基づく説明として，医療については，小塩隆士『社会保障の経済学（第 4 版）』（日本評論社，2013 年）8 頁以下，年金については，村上雅子『社会保障の経済学（第 2 版）』（東洋経済新報社，1999 年）42 頁以下参照。なお，小塩は「保険への強制的な加入が正当化されたとしても，保険制度を政府が独占的に運営すべきであるという根拠は実は明らかではない」とする（小塩・前掲 9 頁）。また村上は，公的年金保険の存在理由として，①逆選択の存在による民間保険の限界，②老後の貧困阻止のための再分配，③モラル・ハザードや近視眼性による過少貯蓄を防ぎ，強制貯蓄を行わせる，④マクロ的な経済変動に対する年金価値の保障という 4 点を指摘する。
12)　小塩・前掲『社会保障の経済学（第 4 版）』9 頁。
13)　堀勝洋は逆選択の防止のほかに，①保険事故に遭った全ての国民に保険給付を行うこ

かし，年金保険においては，逆選択を防止する意義はあまりないとする[14]。

このように逆選択の防止原則は，情報の非対称性とも密接に関連し，民間保険だけでなく公的医療保険や公的年金保険に関する裁判例でも言及されている。

まず，民間保険である高度傷害保険に関して，次のようにいう裁判例（神戸地判平15.6.18LEX/DB：28082649）がある。「高度障害保険は，保険事故の予定発生率を維持するという保険の性質上，加入時の危険選択（告知義務制度）と事後的な危険選択（保険金の支払基準による振り分け）を行うことにより保険が担保する危険の範囲を選択できるようにしている。」そして，事後的な危険選択に関連して，「自らの高度障害状態該当の危険が高いと考える者はできるだけ高額の保険に加入しようとするいわゆる「逆選択」を適正に防止しうるような支払基準を定める必要があること」を指摘する。

また，健康保険法における任意継続被保険者制度[15]に関連して，任意継続被保険者資格取得の申請期間を資格を失った日から10日間と限定した趣旨について，東京高裁（東京高判昭35.3.11行集11巻5号1583頁）は「期間を長期とするときは，多くの者は申請を見送り，保険事故（疾病，負傷等）が発生するに及んで始めて申請をすることになり，いわゆる逆選択が行われ，かくては，危険の分散と相互扶助の原理の上に成立する健康保険の健全な発達と運営を期することはできないので，この逆選択を防止せんとする」という。最高裁（最判昭36.2.24民集15巻2号314頁）もまた「任意継続被保険

とによって，国民の生活を保障する，②リスクに備えず，生活保護等にただ乗り（フリー・ライド）することを防ぐ，③財政の不安定化を防ぐことを強制適用の理由とする（堀・前掲『年金保険法（第3版）』114頁以下）。ここで①は給付請求権の普遍性に，③は財政基盤の強化論と関係する。この意味で，②ただ乗りを防ぐ，という理由付けは注目される。しかし，任意適用の場合にはフリーライドはそもそも発生しないといえる。また，社会保険法を強制適用することが，生活保護等にただ乗りすることを防ぐことに直ちに結びつくかはやや疑問である。

14) 年金保険の老齢年金は生存保険であり，支給開始年齢まで生存する確率が極めて高いため，老齢年金を受けないであろうと思う者が年金保険に加入しないという事態はそう起こりえないこと，年金保険では平均余命より長生きする者が年金保険によって受ける利益が多いが，長生きであると思う者がより多く年金保険に加入するという意味での逆選択は，ほとんど起こり得ないことを指摘する（堀・前掲『年金保険法（第3版）』93頁以下）。
15) 健保法3条4項，37条，38条等。なお，現行制度では20日以内の申出とされている。

者資格取得の申請期間を10日に限定したのは，いわゆる逆選択を防止せんとする趣旨から出たものである」とする。

さらに，健康保険法および厚生年金保険法に関する被保険者資格の確認処分に関する山本工務店事件（最判昭40.6.18判時418号35頁）において，最高裁はこの確認処分について「広く労働者をして，かかる保険制度の利益に浴せしめるとともに，共同の危険を合理的に分散し，また危険度の高い者だけが保険に加入する弊を防止するため，適用事業所に使用されるにいたった労働者はその日から当然に被保険者資格を取得する」と説明している[16]。

これら2つの最判に加え，在留資格を有しない外国人に対する国民健康保険の被保険者証の不交付をめぐる横浜市国保不法滞在外国人事件（最判平16.1.15民集58巻1号226頁）において，国民健康保険制度の健全な維持運営のためには，「住民の強制加入と，大数の法則，収支均等の原則を基本として算出される保険料等の徴収が不可欠であり，また，疾病等が発生した場合に初めて加入するという，保険事故の偶発性を排除するいわゆる逆選択を防止する必要もある」という横尾和子裁判官・泉徳治裁判官の意見が表明されている[17]。このほか，大阪地裁は，大真実業事件（大阪地判平18.1.26労判912号51頁）において，厚生年金保険法が強制加入を原則とする趣旨について，「労働者に保険の利益を得させるという点と，一定の弊害防止という点にある」という。ここにいう一定の弊害防止は逆選択の防止を意味すると考えられる。

このほか，農作物共済事業において当然加入制度を採用した趣旨を「被災する可能性のある農家をなるべく多く加入させて危険の有効な分散を図るとともに，危険の高い者のみが加入するという事態を防止するため，原則として全国の米作農家を加入させたところにある」とする農作物共済事件（最判平17.4.26判時1898号54頁）がある。

---

16) また，前掲壱光堂事件（名古屋地判昭60.9.4判時1176号79頁）で名古屋地裁は，健康保険における強制加入の趣旨につき，「健康保険法が強制加入主義をとったのは危険度の高い者のみが加入する逆選択を防止する」という。
17) ここで収支均等の原則とは，本書で収支相等の原則としているものを意味していると考えられる。

若干のまとめ

　病気になる確率・長寿になる確率の高い人だけが保険に加入することを回避するのが逆選択の防止である。このため，逆選択を防止する観点から，強制加入を正当化する論拠も，健康情報が実はその保有者である個人にも最終的にはわからない（いつ病気になるか，いつ死ぬかは本人にもわからない）とすれば，情報の非対称性が成立すること自体否定される可能性もある[18]。また，逆選択の理論は高リスク者をもカバーする保険を成立させるには強制加入が必要であることの説明にはなっているが，それは制度設計を行う為政者ないしその恩恵を受ける高リスク者の論理であり，「低リスク者に対し強制加入を説得する論理ではない」との指摘もある[19]。かくして，一定の弊害防止のために強制加入が正当化されるとはいえても，逆選択防止の論理から強制加入を直ちにかつ完全に正当化できるかについては疑問が残る。

　本章では，政策論ないしはシステム論として，強制加入を正当化する給付請求権の普遍性，財政基盤の強化および逆選択防止という3つの論理を検討した。

　この検討を簡単に要約すれば，第1に給付請求権の普遍性は政策目的から導き出される論理でということができる。そして財政基盤の強化はある意味で，給付請求権の普遍性と表裏一体の関係にあるといえるが，目的の正当性から費用負担の正当化を導き出すものである。任意加入を採用する制度にあっても，制度運営上，財政基盤の強化が求められるからである。これに対して，逆選択の防止は政策目的を実現するためのシステム論あるいは技術的側面から理解することができる。高齢であるとか病弱であるなど，被保険者

---

18) 堀・前掲『年金保険法（第3版）』93頁以下も同旨と思われる（第1章注17参照）。なお，堀は，公的年金保険において，高所得者から低所得者への所得移転が行われるため，高所得者が加入を忌避する可能性があり，このような高所得者を強制適用するという意味が公的年金保険にはあるという。また，情報の非対称性と逆選択の関係に言及するものに，山下友信・竹濱修・洲崎博史・山本哲生著『保険法（第3版）』（有斐閣アルマ，2010年）69頁がある。
19) 島崎謙治『日本の医療』（東京大学出版会，2011年）213頁。ただ，ここでも自分のリスク（高リスクなのか低リスクなのか）をどこまで認識できるかという問題に立ち戻ることになる。

の危険に関する属性に左右されずに保険料を徴収し，一定の保険給付を確保するためには，逆選択を防止して，ひろく被保険者資格を有する者を加入させることが求められる。したがって，給付請求権の普遍性という政策目的を実現するための逆選択の防止は，被保険者資格の得喪や保険料の賦課徴収という問題と密接に関係することとなる。被保険者資格の得喪については第Ⅱ部5章，保険料の問題については第Ⅳ部第13章，第14章で検討する。

第3章　強制加入の合憲性

はじめに

　ある組織への加入を強制されるという強制加入は，結社の自由，思想信条の自由あるいは財産権に対する重大な侵害である。そして，加入強制の合理性を判断する場合には，加入強制そのものではなく，加入を強制されることによる侵害行為の問題も重要な判断要素となる。

　前章では，給付請求権の普遍性，財政基盤の強化および逆選択防止という政策論ないしシステム論から，強制加入を正当化する論理を検討した。本章では，前章に引き続き小城町国保事件を題材に，強制加入の合憲性という視点から検討する。とくに思想および良心の自由，職業選択の自由，結社の自由，財産権保障の観点から，強制加入の合憲性に関する考察を進める。

1　憲法19条（思想および良心の自由）について
　　──意に反する加入強制

　本判決は，「憲法19条に何ら関わりないのは勿論，その他の憲法上の自由権を故なく侵害するものということはできない」と判示している。判決の結論自体は妥当であろう。しかし，昭和33年という時代背景を差し引いても，加入強制の合理性に関する理由を十分に説明しているとの評価を与えるのは難しいと考える。

(1)　作為としての労務の提供

　「思想および良心の自由」における保障対象が，「宗教上の信仰に準ずべき世界観，人生観等個人の人格形成の確信をなすものに限られ」（長野地判昭

43

39.6.2 民集 26 巻 9 号 1766 頁）[1]るとしても，加入を強制される医療保険に関する判断を「思想および良心の自由」の及ばない問題と一蹴することはできない。宗教上の理由から国民健康保険制度に反対する立場があり得るからである。こうして，公権力が私人の意に反して一定の作為・不作為を強いることが，「思想および良心の自由」に違反するか否かが問題となりうる。この場合，公権力から強いられる作為・不作為の類型を作為に限定して検討すれば，大きく労務の提供と金銭的負担に分けることができる。

前者の労務の提供を強いられた事案として，「エホバの証人」の信者に対して剣道実技の履修を強要し，体育実技の単位を認定せず退学処分とされたことが争われた神戸市高専事件（最判平 8.3.8 民集 50 巻 3 号 469 頁）がある。ここで最高裁は，信仰上の理由から格闘競技を悪とする学生に対して，剣道実技を必修科目として課すことはできないと判示している。剣道の実技という作為を強制することは，「思想および良心の自由」に反するというのである。

(2) 作為としての金銭的負担

それでは，本件における保険料のように，金銭的負担を強いる場合はどうか。これについては，強制加入団体において金銭的負担の是非が争われた南九州税理士会事件（最判平 8.3.19 民集 50 巻 3 号 615 頁），群馬司法書士会事件（最判平 14.4.25 判タ 1091 号 215 頁）を検討する[2]。

税理士会，司法書士会はともに加入を強制される団体であり，南九州税理士会事件では特定の政党に対する政治資金の提供を目的とする特別会費が，群馬司法書士会事件では阪神・淡路大震災により被災した兵庫県司法書士会に対する 3000 万円の復興支援拠出金が，思想および良心の自由に反するかが争われた。

南九州税理士会事件において，最高裁は，税理士会が強制加入の団体であ

---

1) 勤評長野方式違憲訴訟（最判昭 47.11.30 民集 26 巻 9 号 1746 頁）の第 1 審判決。
2) 南九州税理士会事件を契機に強制加入団体ひいては強制加入の限界を論じるものとして，伊藤明子「強制加入団体と個人の自由」本郷法政紀要（東京大学）8 号（1991 年）1 頁以下がある。

り，その会員である税理士に実質的には脱退の自由が保障されていないことから，税理士会の目的の範囲を判断するに当たっては，会員の思想・信条の自由との関係で，「税理士会が右の方式（多数決原理による議決：筆者注）により決定した意思に基づいてする活動にも，そのために会員に要請される協力義務にも，おのずから限界がある。特に，政党など政治資金規正法上の政治団体に対して金員の寄付をするかどうかは，選挙における投票の自由と表裏を成すものとして，会員各人が市民としての個人的な政治的思想，見解，判断等に基づいて自主的に決定すべき事柄であるというべきである」として，特別会費を徴収する旨の決議は無効とした。

これに対して，群馬司法書士会事件では，司法書士会の目的から兵庫県司法書士会に拠出金を寄付することは，司法書士会の権利能力の範囲内にあるとしたうえで，拠出金の調達方法についても社会通念上，過大な負担を課するものではないと判断している。

南九州税理士会事件は，政治団体への寄付であるが故に，直接に思想良心の自由と抵触したと判断した。これに対して，群馬県司法書士会事件では被災した司法書士会・司法書士の業務の円滑な遂行を経済的に支援するための拠出金は，司法書士会の設立目的を逸脱するものではないし，拠出金の調達方法も適正であると判断された。

ここで留意すべきことは，南九州税理士会事件の特別会費も群馬県司法書士会事件の復興支援拠出金も，組織運営のための負担である一般的な会費ではないことである。本件小城町事件で問題となる保険料の負担は，政治団体への寄付でもなく，3年間という期間を設定されているにせよ一時的な負担という復興支援拠出金とは，その性格を異にするからである。小城町事件のように，加入を強制され被保険者とされた以上，継続的定期的に経済的負担を強いられる点で事案を共通するのは，農作物共済事件（最判平17.4.26判時1898号54頁）である。もっともこの事案は職業の自由との関係が問題とされているため，次節で検討する。

したがってここでは，以下のような租税に関する論理と近似する三段論法

第3章 強制加入の合憲性　45

によって，保険料の拠出が思想良心の自由に反しないと説明せざるを得ない[3]。

① 　租税の一定割合が，自己の「思想および良心」に反する目的に使われるとしても，納付を拒否することはできない。
② 　国民健康保険制度の財源を保険料・目的税でまかなうか，使途の特定されない普通税でまかなうかは，立法裁量の問題である[4]。
③ 　普通税の納付を拒否できない以上，保険料の納付も拒否できない[5]。

これに対して，西村健一郎は，「憲法 19 条は人の内心における精神活動の全般を保障するものではないこと，憲法 25 条による生存権の保障と社会保障制度の確立・増進についての国の義務の反面，強制加入，強制徴収にもとづく社会保険制度の創設は立法裁量に委ねられていること」から，憲法 19 条に違反しないとする[6]。

2　職業選択の自由

本件小城町事件で問題とされるのは，加入を強制され被保険者とされた結果，継続的定期的な経済的負担を強いられる点にある。これに似た事案として，農作物共済事件（最判平 17.4.26 判時 1898 号 54 頁）がある。この事件で最高裁は，憲法 22 条（職業選択の自由）との関係で，農作物共済事業の当然加入制度を採用した趣旨は「被災する可能性のある農家をなるべく多く加入させて危険の有効な分散を図るとともに，危険の高い者のみが加入するという事態を防止するため，原則として全国の米作農家を加入させたところにある」としている。ここで最高裁は，職業の遂行それ自体を禁止するのではなく，危険分散機能と，危険の高い者のみが加入するという逆選択を防止する

---

[3]　安念潤司『別冊ジュリ 153 号　社会保障判例百選（第 3 版）』（2000 年）12 頁以下。
[4]　国民健康保険の場合，保険料・保険税の選択は市町村に委ねられている。国民健康保険法により，市町村の裁量によるという枠組みが認められ，その枠組みの中で市町村が具体的な決定を行うという図式となる。
[5]　しかし，このような立論は必ずしも保険料を租税と同視する立場に与するものではない。この点については，旭川国保条例事件などを通じて，章を改めて検討したい。なお，保険料について，緩やかな対価性という概念を導出した太田匡彦「権利・決定・対価」法学協会雑誌 116 巻 2 号〜5 号（1999 年）参照。
[6]　西村健一郎『社会保障法』（有斐閣，2003 年）45 頁。

ために当然加入制が採用されたことを説明している[7]。そして，法制定当時の事情から「当然加入制は，米の安定供給と米作農家の経営の保護という重要な公共の利益に資するものであって，その必要性と合理性を有していた」とする一方，その後の社会経済状況の変化を考慮しても，「災害補償につき個々の生産者の自助にゆだねるべき状態に至っていたということはできないことを勘案すれば，米の生産者についての当然加入制はその必要性と合理性を失うに至っていたとまではいえない」とする。そして，最高裁は当然加入制の採用を「公共の福祉に合致する目的のために必要かつ合理的な範囲にとどまる措置ということができ，立法府の政策的，技術的な裁量の範囲を逸脱するもので著しく不合理であることが明白であるとは認め難い」として，職業の自由を侵害するものとして憲法22条1項に違反するということはできないと結論づけている。

3　結社の自由

　先に言及した農作物共済事件について，職業の自由の事案とみるべきではなく，結社の自由から検討すべきであると主張するものがある。
　小山剛は，「ある職業に伴う当然加入制は当然に職業の自由の問題である，とは当然にはいえない」として，農作物共済事件1審判決（札幌地判平15.3.28）のように，「その当然加入制度が消極的結社の自由を侵害するものであるか否かを検討するに当たっては，精神的自由に対する制約の場合の厳格な観点よりは，むしろ，経済的自由に対する制約の場合に準じて，……判断するものと解すべき」であるから，結社の自由を積極的目的によって制限しうるか否

---

[7] 小城町事件最判も農作物共済事件最判もともに，"なるべく"という表現を用いていることにややこだわりたい。"なるべく"とは"できるだけ"という意味であるから，論理的に加入を強制しても，現実には加入漏れが発生することを前提としているニュアンスをもつ。したがって，制度運営の技術的限界として加入漏れを回避できないことを前提としていたことが，"なるべく"という文言を用いたひとつの理由となる。いまひとつは，この時点で国民健康保険事業が任意設立制を採用していたことに関係すると思われる。すなわち，市町村を単位として，国民健康保険事業を行うか否かは市町村の裁量に委ねられ，設立を決めた市町村にあっては，その地域住民をすべて被保険者とする強制加入方式を採用していたからである。

かがひとつの論点たり得ることを指摘する[8]。

　また，瀧川裕英は，強制加入団体をめぐる憲法問題とは，団体の活動に関する憲法の私人間効力の問題である以前に，団体の存在に関する憲法 21 条「結社の自由」の直接的効力の問題であると主張する[9]。南九州税理士会事件や群馬司法書士会事件における寄付活動を「思想信条の自由」の文脈から捉えると，「寄付しないことを信条の自由として尊重せよ」という含意を含むが，このような含意は，寄付活動自体が倫理的に肯定的な色彩を帯びる以上，「寄付しない自由」は倫理的に否定的な色合いを帯びることになる。他方，問題を「結社の自由」の文脈で捉えると，問われるべき問題はむしろ，団体に加入した段階で，寄付するか否かの判断を当該団体に委ねたか否かである。寄付活動まで含めて結社したか，寄付活動が団体活動に含まれていることを合意していたか，逆に，寄付活動が団体活動に含まれるならば結社しないという自由が個人に保障されていたか，が問われるべきことになるという。

　しかし，小城町国保事件で争われているのは，強制加入団体になぞらえるならば一般会費に相当する保険料の問題である。この意味では，結社の自由については，小山の指摘するように，結社しない自由を社会保険の組織化という積極的目的によって制限しうるかという視点に帰着し，積極的目的の前に結社しない自由は認められないと考える。このことは結果的に，「国家からその存立目的を与えられた公共団体は結社の範疇から除外すべきである」[10]との認識と同じ結論に立つこととなる。

---

[8]　小山剛「ジュリスト臨時増刊」1313 号（2006 年）21 頁参照。札幌地裁判決については筆者未見。
[9]　瀧川裕英「集合行為と集合責任の相剋——群馬司法書士会事件における公共性と強制性——」法時 75 巻 8 号（2006 年）13 頁参照。
[10]　佐藤幸治編『憲法 II 基本的人権』（有斐閣大学講義双書，1988 年）232 頁（坂本昌成執筆）参照。ここで坂本は，公共組合も含めて公共団体とし，「個人の任意的結合を出発点とする」という視点から見れば，「国家のもとで，その存立目的を与えられた公共団体は結社の範疇から除外すべきである」とする。ただし，健康保険組合や厚生年金基金は，設立につき厚生労働大臣の認可を受けなければならないとしても，設立自体を強制されるものではないことをどのように評価するかという問題は残されると考える。

4 強制加入＝強制徴収は憲法 29 条に違反しないか

　小城町国保事件の上告理由にみられるように，憲法 29 条の問題は保険料の徴収が財産権の侵害に該当するかである。強制加入の直接的な効果は，保険料の負担を強制されることとして現れる。これについても，本件最判は，きわめて淡泊に「同法 29 条 1 項所定の財産権を故なく侵害するものということはできない」と述べるにとどまる。

　この問題について，初期の学説は，「生存権の保障を目的とする各種の社会政策的措置は，必然的に，財産権に対し多かれ少なかれ制約を加えずにはおかない」[11]とか，本件最判の結論をそのままなぞるだけであった[12]。社会権保障のための社会経済政策に基づく措置として財産権制約も許されるとする考え方が通説的見解であるとして，それを強制加入の正当化理由とするものがみられる[13]。しかし，近年の憲法教科書には本件最判の引用すらないものが多いなか，長谷部恭男は「国民の needs と納税者の負担」に関連して，①長期的リスクを理性的に計算することの難しさ，②人々のリスクの相互依存性，③制度設営における規模の利益などを，社会保険が強制加入制とすべき理由として挙げている[14]。

　また，社会保障法学の分野では，「社会保険法は憲法 25 条の規定の趣旨に即して国民の生活を保障し国民の福祉の向上を図るという公益を目的として制定されるため，保険料の徴収について憲法 29 条 1 項に違反すると解すべきではない」とする見解がある[15]。さらに，年金給付における給付水準の引き下げが財産権の侵害に当たるかという論点について，スライド制による実質価値の維持，国庫負担の存在から，「現役および将来世代の過重な負担を避けるために給付の適正化を図るということであれば憲法上の財産権侵害の問題は

---

11)　宮沢俊義『憲法 II（新版）』（有斐閣，1979 年）232 頁。
12)　宮沢・同上 412 頁以下。
13)　前田達明・稲垣喬・手嶋豊執筆代表『医事法』（有斐閣，2000 年）第二部第一章（高井裕之執筆）35 頁参照。高井は，これに加えて，「保険料納入義務づけは機能的には徴税に似ているので，国民の義務である納税として正当化しうる」ことも指摘する。
14)　長谷部恭男『憲法（第 3 版）』（新世社，2006 年）278 頁。
15)　堀勝洋『社会保障法総論（第 2 版）』（東京大学出版会，2004 年）176 頁。

起こらない」とする見解もある[16]。

　財産権に対する制限の合憲性については，森林法判決（最大判昭和 62.4.22 民集 41 巻 3 号 408 頁）が，「財産権に対して加えられる規制が憲法 29 条 2 項にいう公共の福祉に適合するものとして是認されるべきものであるかどうかは，規制の目的，必要性，内容，その規制によつて制限される財産権の種類，性質及び制限の程度等を比較考量して決すべきものである」という審査基準を示している[17]。しかし，これは，財産権に対する規制を要求する社会的理由ないし目的が種々様々である以上，上記のような基準によるべきであるという一般論を提示したものであって，本件（小城町事件）のような私人の一般的な資産状態を強制的かつ継続的に不良に変更することの合憲性の判断基準ともなり得るのかは疑問である[18]。また，国民年金制度と財産権との関係を争った下級審裁判例として，京都地判平元.6.23（判タ 710 号 140 頁）がある。京都地裁はこれも簡単に「現行の国民年金法ないし国民年金制度が憲法二九条一項所定の財産権を故なく侵害するものということはできない」と判示した。この京都地判については，「国民負担の他には専ら被保険者の保険料に拠る国民年金制度において，強制加入＝脱退不許容の方式を採ることが（通例は弱小な）一般国民の財産権の侵害に当たらないとするには，判決が示した根拠は余りに貧弱である」と批判するものがある[19]。

　このように，財産権に対する一定の制約，すなわち私人の一般的な資産状態を強制的かつ継続的に不良に変更することが認められるのは，応能原則に

---

16)　西村・前掲『社会保障法』46 頁。また，菊池馨実「既裁定年金の引き下げをめぐる考察」年金と経済 21 巻 4 号（2003 年）76 頁以下参照。

17)　芦部信喜・高橋和之『補訂　憲法（第 5 版）』（岩波書店，2012 年）227 頁は，この森林法判決だけでは，判例が，職業選択の自由と財産権とでは制限の審査のあり方が異なる，という立場を採ったと断定することはできない，と指摘する。

18)　経済的自由規制立法に関する規制目的二分論をめぐる森林法判決以降の最高裁判例の動向について，証券取引法 164 条の役員等の短期売買差益提供義務に関する最大判平 14.2.13 民集 56 巻 2 号 331 が，消極・積極という言葉を削除した点に一定の方向が暗示されており，司法書士法の登記手続代理業務に関する最判平 12.2.8 刑集 54 巻 2 号 1 頁，農業災害補償法の当然加入に関する最判平 17.4.26 判時 1898 号 54 頁などから，「規制目的 2 分説は放棄されたと断定するのは早いかもしれないが，その射程は相当限定されてきていることは間違いなさそう」であるとするものに，芦部・高橋・前掲『補訂　憲法（第 5 版）』228 頁がある。

19)　小林武「国民年金制度の合憲性」法セ 423 号（1990 年）105 頁。

より導き出される所得の再配分を実現するという憲法25条の福祉国家原理によって正当化される，と答えるほかないのかもしれない[20) 21)]。現時点では，この結論に立たざるを得ないが，なぜ，憲法25条の福祉国家原理によって，強制力の行使が正当化されるのか，あるいはより具体的には，社会保険と生活保護とでは強制力の行使の仕方に違いがあるはずであり，その強弱はどのように説明されるのかなど，なお議論すべき論点が残されている。

若干のまとめ

これまで検討してきたことをまとめるならば，社会保険の強制加入が憲法の各条項に適合するかについて，説得力ある議論が展開されているとは思われない。

作為としての金銭的負担における三段論法においても，強制性という点について保険料と租税との同一性を前提としている。また，強制加入を正当化する論拠も，加入しない自由を認めないことについて，国家からその存立目的を与えられた公共団体は，結社の範疇から除外すべきであるとの認識に基づいて，積極的目的の前には結社しない自由は認められないとの結論を導き出すに過ぎない。さらに，負担を強制することに関して，私人の一般的な資産状態を強制的かつ継続的に不良に変更することは，所得再配分を実現するという憲法25条によって正当化されると答えざるを得ないのかも知れない。

ここから短絡的に社会保険の存在意義を否定するつもりはない。むしろ，社会保険が強制加入を採用していることの独自性を探求しなければならない。社会保険の組織化という積極的目的の前に結社しない自由は認められないとすれば，どのように組織化するかという側面において，組織化自体を強

---

20) ここで福祉国家原理という場合，直ちに想起されるのは「憲法は，全体として，福祉国家的理想のもとに，社会経済の均衡のとれた調和的発展を企図しており，その見地から，すべての国民にいわゆる生存権を保障し，その一環として，国民の勤労権を保障する等，経済的劣位に立つ者に対する適切な保護政策を要請していることは明らかである」とする最判である（小売商業調整特別措置法違反被告事件・最大判昭47.11.22刑集26巻9号586頁以下）。なお尾形健『福祉国家と憲法構造』（有斐閣，2011年）参照。
21) 安念・前掲「国民健康保険条例の合憲性」参照。また，堀・前掲『社会保障法総論（第2版）』も憲法29条1項に関する問題を憲法25条の存在によって正当化する点で，この考え方に近いと思われる。

制されるのか，あるいは一定の組織への帰属が強制されるのかが，ひとつの大きな検討課題となる．さらに，加入が強制される被保険者，事業主に対して，その代償として何らかの権能が付与されるのかも検討すべき事柄のように思われる[22]．

---

[22] 小城町国保事件最判について，「『公共の福祉』という包括的な概念により，『自由権』，『財産権』の制限を正当化しているが，『社会全体』の利益と『個人』の利益を調和させるためにも，『自由権』，『財産権』の侵害が認められるとしても，その代償として，保険運営における『選択』の機会を付与する必要があるのではないかと考える」(井原辰雄「社会保険における被保険者の位置づけ――医療保険を中心に――」社会保障法21号(2006年) 111頁以下) との言明も，社会保険における強制加入の独自性を検討するうえで傾聴すべきであると考える．

第Ⅱ部
被保険者

第Ⅱ部では被保険者を取り巻く問題を扱う。

　被保険者とは，保険料の負担義務を負い，保険事故に遭遇したとき保険給付を受けることができる者である。

　災害補償という性格から，労働者災害補償保険法には被保険者概念は存在しない。業務災害などに遭遇した場合，被災労働者として登場する。

　次に，生活保護被保護者を社会保険とどのように結びつけるかが注目される。医療保険分野では，地域住民を被保険者とする国民健康保険は，被用者保険各法の被保険者とともに，生活保護被保護者を適用除外とする。国民年金では，被保護者は保険料の法定免除者とされる。介護保険の領域はやや複雑である。65歳以上の地域住民を対象とする1号被保険者には被保護者も含まれ，この場合には生活扶助費から介護保険料相当額を支給する形式を採用する。2号被保険者の場合は，40歳以上の医療保険加入者という規定から明らかなように，40歳以上65歳未満の被保護者に対しては，生活保護法に基づく介護扶助が対応することとなる。

　加入を強制するというのが社会保険の特徴である。しかし，短時間労働者は被用者保険の被保険者となるのか，地域保険に所属するのか，その基準は曖昧なままに放置されてきた。また，短時間労働者でもある被扶養者の場合は，就労時間などを抑制することによって取得賃金を調整し，被扶養者であり続けることが可能である。これら被用者保険における被保険者資格をめぐる問題を前半で扱う。後半は，地域保険における被保険者資格の問題を住所に焦点を当てながら考察する。

第4章　非正規雇用労働者・被扶養者

はじめに

　社会保険は，強制加入（ないし強制適用）をその大きな特徴のひとつとする。ここで強制加入とは，一定の条件を満たす者に対して，その意思にかかわらず，被保険者資格を付与することを通じて保険料の負担義務を課すと同時に，保険給付の給付要件を満たす場合に保険給付請求権を認めることを意味する。さらに強制適用という用語に着目するならば，強制加入の契機を適用事業における使用関係に求めることにより，適用事業所に使用される者に被保険者資格を付与し，被保険者と被保険者を使用する事業主に保険料の負担義務を，さらに事業主には保険料の納付義務をも課したうえで，被保険者に対する保険給付請求権を認めることとなる[1]。

　しかし，被保険者となるべき者の意思にかかわらず，被保険者資格を付与するという強制加入のシステムは，いわゆる非正規雇用労働者[2]と被扶養者というふたつの類型では，人為的な操作が可能であり，法が予定する強制力が有効に機能しないという点で，強制加入の規制は底が抜けていると評価することができる。

　非正規雇用労働者と被扶養者とは人的範囲としては重なる概念でもある

---

[1]　堀勝洋『年金保険法（第3版）』（法律文化社，2013年）112頁は，「国年・厚年法は，一定の要件に該当する国民に強制適用される。これを国民の側からみれば，強制加入ということになる。」としたうえで，「強制適用・強制加入であるというのは，原則として，被保険者資格の得喪に関し保険者に裁量が認められて」いないことを指摘する。

[2]　ここで非正規雇用労働者とは，パートタイマー，アルバイト，契約社員，期間社員，嘱託，派遣社員などの総称として用いる。総務省の行う労働力調査では，就業者を「自営業者・家族従業者」と「雇用者」に分けたうえで，役員を除く雇用者を「正規の職員・従業員」と「非正規の職員・従業員」とに分けている。「非正規の職員・従業員」は特段の定義を設けているわけではなく，各職場でのさまざまな名称を回答者の判断によって回答している点で曖昧さが残るものの，ここではこの「非正規の職員・従業員」を示す言葉として非正規雇用労働者という用語を用いることとしたい。

が，この2つの概念に関連して，近年，短時間労働者の社会保険適用が問題として取り上げられており，きわめて実践的実務的な問題でもある[3)4)]。短時間労働者の問題は，被用者保険における被保険者資格を付与する基準である「使用関係」概念の限界を示しており，被扶養者という概念は被用者保険が世帯単位で制度設計されていることと関係する。

以下では，まず使用関係の考え方を確認し，非正規雇用労働者および被扶養者の順で検討を進めてゆきたい。

1 使用関係

たとえば，労働者災害補償保険法（以下，労災保険法という）にはそもそも被保険者概念は存在しない。しかし，労災保険法における被災労働者という意味での労働者と，雇用保険における被保険者は，労基法における労働者と同じ概念と理解されている[5)]。これに対して，健康保険法および厚生年金保

---

3) 非正規雇用労働者などの社会保障法における適用関係を論じる論考として，以下のようなものがある。竹中康之「社会保険における被用者概念――健康保険法および厚生年金保険法を中心に――」修道法学19巻2号（1997年）433頁以下，馬渡淳一郎「社会保障の人的適用範囲」日本社会保障法学会編『講座社会保障法第1巻』（法律文化社，2001年所収），柳屋孝安「労働・社会保険の人的適用対象に関する一考察」法と政治（関西学院大学）54巻4号（2003年）1頁以下，津田小百合「公的年金とパートタイマー（短時間労働者）」ジュリ1282号（2005年）52頁，清正寛「被用者保険法における被保険者概念の一考察――法人の代表者および短時間労働者をめぐって――」法学志林102巻2号（2005年）3頁以下，西村健一郎「労災保険および健康保険の適用とその間隙」荒木誠之・桑原洋子編『佐藤進先生追悼 社会保障法・福祉と労働法の新展開』（信山社，2010年）所収，397頁以下，橋本陽子「労働法・社会保険法の適用対象者（一）～（四・完）」法学協会雑誌119巻4号（2002年）612頁～同120巻11号（2003年）2117頁，川崎航史郎「厚生年金保険法における強制適用原則形骸化」龍谷法学45巻1号（2012年）1頁以下，同「雇用保険法における事業主の被保険者資格取得届出義務違反と被保険者の権利保障」社会科学研究年報42巻（2012年）63頁，国京則幸「非正規就業・失業と社会保険」日本社会法法学会編『新・講座社会保障法 これからの医療と年金』（法律文化社，2012年）所収などがある。
4) 短時間労働者については，「公的年金制度の財政基盤及び最低保障機能の強化等のための国民年金法等の一部を改正する法律（2012（平成24）年8月10日法62号）」によって健康保険・厚生年金の適用拡大が定められた。また，最近の論考として，土田武史「国民皆保険体制の構造と課題」早稲田商学431号（2012年）317頁。
5) 横浜南労基署長事件・最判平8.11.28労判714号14頁，アンカー工業事件・東京地判平16.7.15労判880号100頁参照。労災保険と雇用保険のいわゆる労働保険は，保険料に

険法は，適用事業所に使用される者を被保険者とする（健保1条，35条等，厚年1条，9条等）。適用事業所に使用される者という意味で，これを使用関係という。使用関係は，労働関係あるいは雇用関係よりも広い概念であると理解されていることに留意すべきである。

　使用関係について争われた代表的な事案として，適用事業所における代表取締役社長の被保険者性が争われた岡山県知事（岡山パン製造）事件がある。広島高裁岡山支部は，労基法，労災保険法と健保・厚年との違いを意識して，「健保法，厚年法のもとにおいては労使間の実勢上の差異を考慮すべき必要がなく，右各法で定める『事業所に使用せられる者』のなかに法人の代表者をも含め，右代表者をして労基法及び労災保険法上の『労働者』と区別することなく，ともに右各法所定の保険制度を利用させることこそ，前記憲法の条項（生存権；筆者注）の趣旨にかなう所以である」とした[6]。このように本判決は，使用関係を，雇用契約あるいは労働契約における労働者に限定せず，法人代表者をも含む概念として理解している。また，刑事事件であるが使用関係について「労務指揮権に服する関係にあるとか，支配従属関係にあるという意味での雇用関係にある場合に限定して解釈すべきではなく，健康保険法一三条の二により除外されている日雇，臨時雇，季節雇用者など雇用期間が短期の者以外の者で，同法の適用事業所の業務に従事し，その対価として事業主より一定の報酬を支払われている者であれば，すべて同法の『使用セラルル者』として被保険者資格が与えられると解すべき」であるとする裁判

　　ついても，健保・厚年と異なり，事業所に雇用される労働者の賃金総額をもとに算定される。
6）　広島高岡山支判昭38.9.23行集16巻7号514頁。本件1審判決も，代表取締役は会社に対し継続的に労務を提供し，これに対し報酬を受けるという面もあることから「使用される者」に包含されるとして，原告の請求を棄却した（岡山地判昭37.5.23行集13巻5号943頁）。
　　なお，取締役の労働者性に関する紛争のなかに，社会保険料の控除を判断要素として取り上げる裁判例として，オ・エス・ケー事件・東京地判平13.11.19労経速1786号31頁，アンダーソンテクノロジー事件・東京地判平18.8.30労判925号80頁，双美交通事件・東京地判平14.2.12労経速1796号19頁，ミレジム事件・東京地判平24.12.14労判1067号5頁，サンランドリー事件・東京地判平24.12.14労経速2168号20頁などがある。なお，下田敦史「『労働者』性の判断基準――取締役の『労働者』性について――」判タ1212号（2006年）34頁参照。

例もみられる[7]。

　しかし，使用関係の理解について判例法理が統一されているかは疑問である。3ヶ月程度の勤務実態のない取締役について使用関係の存在を認めた高裁判決[8]がある一方，洋服仕立工について，洋服の仕立方および仕事の完成時期について訴外会社から指示を受けるだけで，他はまったく自由に自分の仕事場で自分の器具および一部の材料を使用して依頼された仕事を完成し，その出来高に応じて報酬を得ていたことを理由に，「使用される者」には該当しないとする裁判例も存在する[9]。また，私学共済法 14 条にいう「使用される者」に該当するかは，労基法 9 条にいう労働者に該当するか否かによって判断されるとする裁判例も見られる[10][11]。

　行政解釈はどうであろうか。請負業者に関して，「労務供給上の一方法または賃金支払い上の一形態と認められる場合」には請負業者を事業主とは取り扱わないとする通達（昭和 10 年 3 月 18 日保発 182 号）や技能養成工という名目であっても，「稼働日数，労務報酬等からみて，実体的に使用関係が認められる場合は，被保険者資格を取得させる」べしとの通達（昭和 26 年 11 月 2 日保文発 4602 号）もみられる。

　このように，使用関係が雇用関係よりも広い概念であることに異論はないとしても，どのような基準に基づいて使用関係と雇用関係とを画するのかについては，裁判法理と実務との間には整合性を欠き，概念規定を曖昧なまま

7）　福岡高判昭 61.2.13 判時 1189 号 160 頁。
8）　この事件は，健康保険組合が被保険者資格取得の確認処分をした後，「事業所に使用せらるる者」に該当しないとしてなされた取消処分が争われた事案であり，大阪高裁は事実上の使用関係が存在したとして，原判決（大阪地判昭 54.8.27 行集 30 巻 8 号 1424 頁）を取り消し，被保険者資格取消処分を取り消した（大阪高判昭 55.11.21 行集 31 巻 11 号 2441 頁）。
9）　静岡地判昭 35.11.11 行集 11 巻 11 号 3208 頁は，1ヶ月の最低注文量の定められた洋服加工の請負契約に過ぎないという。
10）　関西医科大学研修医（損害賠償）事件・大阪地堺支判平 13.8.29 判タ 1087 号 188 頁（大阪高判平 14.5.10 労判 836 号 127 頁も同旨）。
11）　使用関係に基づく被保険者該当性が争われている事案ではないが，税理士事務所において稼働していた労働者，税理士資格取得後の身分関係について，原審（東京地判平 23.3.30 労判 1027 号 5 頁）はこれを雇用契約としてが，控訴審はこれを準委任契約とした公認会計士 A 事務所事件（東京高判平 24.9.14 労判 1070 号 160 頁）がある。

放置してきたところに大きな問題が残されている[12]。

2　非正規雇用労働者の取り扱い

　使用関係の概念が曖昧なことに加え，就労形態の多様化が被保険者資格の画定を困難なものとしている。典型的には，非正規雇用労働者の取り扱いである。

　健保法は「適用事業所に使用される者および任意継続被保険者」（健保法3条1項）を被保険者としたうえで，「日々雇い入れられる者」，「2月以内の期間を定めて使用される者」，「季節的業務に使用される者」，「臨時的事業の事業所に使用される者」などは被保険者とはしない。この規定に併せて重要なことは，パートタイム労働者や契約社員など短時間労働者に関する規定が置かれていないことである。「適用事業所に使用される70歳未満の者」を被保険者とする厚生年金保険も同様の事情にある（厚年9条）。

(1)　80年内翰

　こうした状況のなかで，実務は，いわゆる4分の3ルールといわれる基準を用いて，被用者保険の被保険者資格を画定している。その根拠とされているのが1980（昭和55）年6月6日付の厚生省保険局保険課長等による内翰である（以下，80年内翰という）[13]。

　そこでは，健康保険および厚生年金保険が適用されるべきか否か，すなわ

---

12)　倉田聡「短期・継続的雇用者の労働保険・社会保険」日本労働法学会編『講座21世紀の労働法第2巻　労働市場の機構とルール』（有斐閣，2000年）所収，267頁。
13)　これは，当時の厚生省保険局保険課長，社会保険庁医療保険部健康保険課長および社会保険庁年金保険部厚生年金保険課長3名の連名で，短時間就労者（いわゆるパートタイマー）にかかる健康保険および厚生年金保険の被保険者資格の取扱について，都道府県民政主管部（局）保険課（部）長あてに発出されたものである。内翰とは，行政機関において，必要な事項を伝達するために国から地方自治体に対して送付される文書をいう。内翰自体に法的な拘束力はなく，あくまでも技術的な助言，中央省庁の考え方を示すに過ぎないとされ，通達と異なり下級行政庁を拘束しない。
　この80年内翰をめぐる紛争として京都市役所事件があるほか，4分の3ルールは「健康保険及び厚生年金保険の対象となる常用的使用関係の有無は，被保険者の資格の管理等の保険経済上あるいは保険技術上の観点からも判断されるものである」とする裁判例（大阪地判平22.10.28判例自治346号44頁）がある。

第4章　非正規雇用労働者・被扶養者　59

ち短時間就労者が当該事業所と常用的使用関係にあるかどうかについては，次の点に留意すべきとして，以下の3点を示している。

① 常用的使用関係にあるか否かは，当該就労者の労働日数，労働時間，就労形態，職務内容等を総合的に勘案して認定すべきものであること。

② その場合，1日または1週の所定労働時間および1月の所定労働日数が当該事業所において同種の業務に従事する通常の就労者の所定労働時間及び所定労働日数のおおむね4分の3以上である就労者については，原則として健康保険および厚生年金保険の被保険者として取り扱うべきものであること。

③ ②に該当する者以外の者であっても①の趣旨に従い，被保険者として取り扱うことが適当な場合があると考えられるので，その認定に当たっては，当該就労者の就労の形態等個々具体的事例に即して判断すべきものであること。

(2) 80年内翰に関する判例・学説

① 裁判例・裁決例

80年内翰について正面から争われた裁判例に，京都市役所非常勤嘱託員事件[14]がある。本件は，区役所および支所における夜間，休日業務に従事する非常勤嘱託員の労働時間が80年内翰の示す基準を満たすとして，厚年法27条に基づく届出をしなかったことを違法として，損害賠償請求の一部を認めた。

また，裁決例としては，「一部の短時間就労者については，従来から法律上の適用除外の要件に該当しないにもかかわらず，当該両保険（健保・厚年；筆者注）を適用しないことが慣行として行われてきている」とし，80年内翰について「形式上の指示内容においてもあいまいなものであること，長年にわたり保険者が，請求人らに係る適用除外を事実上容認してきた経過」から，被保険者資格の遡及適用処分を取り消す事案が散見される[15]。

---

14) 京都地判平 11.9.30 判時 1715 号 51 頁。
15) 80年内翰にいう4分の3要件に該当しないとしてなされた被保険者資格確認処分を取り消す旨の処分につき，「法定の適用除外者に当たらないパートタイマーが保険加入を

② 学説

この80年内翰については，学説上，以下のような見解の対立がある。

台豊は次のようにいう。「被用者保険の適用範囲を画するに当たっては，雇用形態の変化や短時間労働者に対する保障の必要性，雇用保険制度など被用者を対象とした隣接制度の動向などを踏まえることが望ましい。このような観点から，被用者保険法は行政機関に政策的な裁量を認めていると解される。そして80年内翰は，この裁量を数千万人にも及ぶ勤労者群を対象に，統一的に行使するため，上級行政機関が組織法上の監督権に基づいて下級行政機関に発した通達ないし行政規則としての裁量基準であり，その定立に違法性は認められない。」[16]。

このように80年内翰を行政機関に認められている政策的な裁量基準として適法であるとする見解に対しては，「法律による行政の原理からいって，このような事態は好ましくないが，さしあたりこの内翰による実務に従うほかない」と肯定的な評価も見られる[17]。

これに対して，私見はかつて以下の3点を指摘した[18]。①被保険者資格の付与というきわめて重大な法律関係を発生させる被保険者資格の取得に関わる使用関係を，行政通達ですらない内翰によって運用していること，②なぜ4分の3なのかについての根拠が不明であるとともに，国民に周知されていないこと[19]，③4分の3ルールに該当するか否か，事業主が第1次的に判断して

希望する場合には，保険者としてこれに応ずるのが法の趣旨に沿った措置であり，内翰はこのような取り扱いを禁ずる趣旨を含むものではない」とした平成14年5月31日裁決（裁決集19頁）があるほか，短時間就労者に被保険者性を認める場合に，その資格の遡及適用を認めるか否かは事案に応じて，裁決の結論は異なる。これについては，加茂紀久男『裁決例による社会保険法』（民事法研究会，2007年）31頁以下参照。

16) 台豊「被用者保険法における短時間労働者の取扱について」季刊社会保障研究38巻4号（2003年）312。

17) 加茂・前掲『裁決例による社会保険法』29頁。

18) 拙稿「強制加入の手続きと法的構造」西村健一郎・小島典明・加藤智章・柳田孝安編集代表『新時代の労働契約法理論』（信山社，2003年）所収，457頁以下。

19) 80年内翰がなぜ4分の3を基準としたのかにつき，ひとつは1980年当時，「1週の所定労働時間が，当該事業において同種の業務に従事する通常の労働者の所定労働時間のおおむね4分の3以上」であることが雇用保険法における被保険者資格の基準とされていたこと，いまひとつは非常勤職員の勤務時間を定めた人事院規則15-4において，日々雇い入れられる職員以外の非常勤職員の一週間の勤務時間が，常勤職員の勤務時間の4分の3を超えない範囲内とされていたこと，とされる（川崎航史郎「パートタイマーに

被保険者資格取得届を提出することとなるため，事業主は意図的に，あるいは労働者と共謀して取得届を提出しないなどの作為が可能であること，である。

　また，碓井光明は「強制的社会保険制度の保険料納付義務に影響する場面において，このような裁量が肯定されるということは，不思議でならない」とし，「政策的な裁量こそ，原則として立法権の行使によるべきであり，かりに行政権が細部に立ち入ることが好ましくないときには，一定の範囲で行政権に明示的に委任する方法によるべき」であり，「具体的委任なしに，いきなり行政裁量を肯定する考え方には，到底賛成できない」とする[20]。さらに，川﨑航史郎は，「差別的低賃金を強制する非正規労働者の創出に力を発揮しているものであり，早急に撤廃」すべきであると主張する。そして，菅沼隆は，「1時間でも就労すれば，社会保険加入の義務が生ずる」保険制度を提唱している[21]。

(3)　年金機能強化法

　80年内翰については，2010（平成22）年12月1日，社会民主党衆議院議員服部良一による質問主意書が提出された。そこでは，事業主が被用者の被保険者資格を届け出ない問題，外国語指導助手（ALT）の雇用・契約形態の適正化等について質問された。これに対して，政府は，常用的使用関係の有無を判断するための目安として80年内翰が示されているのであり「法的根拠がない」との指摘はあたらないとしたうえで，「短時間就労者であっても，被保険者として取り扱うことが適当な場合があると考えられることから，当該就労者が被保険者に該当するかどうかについて，その就労の形態等個々具体的事例に即して判断すべきものであるとしており，『四分の三に満たない』ことをもって，一律に当該就労者が被保険者に該当しない取扱いとすることと

　　対する被用者保険適用基準の差別的構造」龍谷法学44巻2号（2011年）67頁参照）。
20)　碓井光明「社会保障財政における社会保険料と租税」国立社会保障・人口問題研究所編『社会保障財源の制度分析』（東京大学出版会，2009年）所収，104頁。
21)　菅沼隆「参加保証型社会保険の提案」埋橋孝文・連合総合生活開発研究所編『参加と連帯のセーフティネット』（ミネルヴァ書房，2010年）所収，96頁。

しているものではない」としている[22]。

その後，平成23年9月1日，社会保障審議会に「短時間労働者への社会保険適用等に関する特別部会」が設けられ，13回にわたる審議を行った。この部会での議論を基礎に，「公的年金制度の財政基盤及び最低保障機能の強化等のための国民年金法等の一部を改正する法律」案が作成されたものと思われる。

法案段階当初の政府案が修正され[23]，①週20時間以上，②月額賃金8.8万円以上（年収106万円以上），③勤務期間1年以上，④従業員501人以上の企業を対象，⑤学生は適用除外という骨子で成案をみた。これが「公的年金制度の財政基盤及び最低保障機能の強化等のための国民年金法等の一部を改正する法律」（平成24年8月10日成立，平24年法62号），いわゆる年金機能強化法である。その内容は，健康保険法3条9項，厚生年金保険法12条6項として，平成28年10月から施行されることとなった。なお，3年以内に検討を加え，その結果に基づき必要な措置を講じることが附則2条に明記されることになった[24]。

3 被扶養者

健康保険・厚生年金保険に代表される被用者保険には，被扶養者（ないし被扶養配偶者）という資格が存在する。いかなる範囲，どのような基準で被扶養者・被扶養配偶者とするかは，やや詳細な言及を要するが，ここで強調

---

[22] 内閣衆質242号に対する答弁（質問主意書と併せて http://kokkai.sugawarataku.net/giin/ssr02813.html 参照。2013年12月31日閲覧）。このことは，事業主と被用者が合意すれば，4分の3ルールを満たしていなくとも被保険者資格を取得することが可能であることを示唆している。
[23] 平成24年6月22日，衆議院「社会保障と税の一体改革に関する特別委員会」において修正提案がなされた。
[24] 短時間労働者に関する論考としては，倉田聡「非正規就業の増加と社会保障法の課題」季刊社会保障研究40巻2号（2004年）127頁，戸田典子「パート労働者への厚生年金の適用問題」レファレンス2007年12月号25頁以下，川崎航史郎「パートタイマーに対する被用者保険適用基準の差別的構造」龍谷法学44巻2号（2011年）67頁など参照。なお，社会保障審議会における短時間労働者への社会保険適用等に関する特別部会も厚労省HPから閲覧可能である（2014年1月3日現在）。

表1 市町村国保の被保険者構成

		1965年度	1983年度	2002年度	2015年度
加入者数，(対国民比)		4150万人 (42.2%)	4143万人 (34.7%)	4619万人 (36.2%)	3749万人 (33.6%)
1世帯当たり人員		3.78人	2.68人	1.95人	1.72人
世帯主の職業	農林水産業	42.10%	13.60%	4.90%	2.60%
	自営業	25.40%	31.00%	17.30%	14.30%
	被用者	19.50%	33.00%	24.10%	35.00%
	無職	6.40%	18.80%	51.00%	43.40%
	その他	6.60%	3.60%	2.70%	4.70%
所得なし世帯の割合		—	15.10%	26.60%	23.30%

＊本表は，島崎謙治「わが国の医療保険制度の歴史と展開」池上直己・遠藤久夫編著『医療保険・診療報酬制度』所収20頁をもとに加藤作成。1965年度，1983年度および2002年度の数字については島崎・前掲，2015年度の数字については，厚生労働省保険局『平成25年度国民健康保険実態調査報告』に基づく。

すべきことは，これらの資格，とくに配偶者に関する被扶養者資格が人為的に作出しうることである[25]。

　被扶養者が就労している場合，2つの側面で被保険者資格が問われることになる。ひとつは健保・厚年の被保険者となるか否かであり，いまひとつは，国年法上の3号被保険者としての生計維持要件である。

　健保・厚年の被保険者たり得るかは，先の80年内翰に基づく4分の3ルールにより判定される。所定労働時間ないし所定労働日数が通常の労働者のおおむね4分の3未満であれば，被保険者とはされない。この4分の3ルールは，その存在が国民に周知されていないうえ，要件該当性の第一次的判断を事業主に委ねているため，恣意的な運用が行われる可能性の高いことはすでに述べたとおりである。

---

25) 健康保険における被扶養者は，被保険者の直系尊属，配偶者（届出をしていないが，事実上婚姻関係と同様の事情にある者を含む。），子，孫および弟妹であって，主としてその被保険者により生計を維持するものなど，後期高齢者医療の被保険者等である者以外のものをいう（健保3条7項）。厚生年金保険における被扶養配偶者は，「第二号被保険者の配偶者であつて主として第二号被保険者の収入により生計を維持するもの」で，第2号被保険者である者を除くものを被扶養配偶者という。また，遺族厚生年金の支給対象となる遺族については，被保険者または被保険者であった者の配偶者，子，父母，孫または祖父母であって，被保険者または被保険者であった者の死亡の当時その者によって生計を維持したものとされる（高年59条）。

次に国年法の適用にあたっては，第3号被保険者として「主として第2号被保険者の収入により生計を維持」するか否かが検討されなければならない（国年法7条1項3号）。この点，行政解釈では，本人の年間収入は130万円未満であり，第2号被保険者の年収の2分の1未満である場合のみ，第3号被保険者にあたるとしている[26]。ここでも勤務時間を制限するなど人為的な操作によって，年収の調整を行い，第3号被保険者としての資格を選択することが可能であることが指摘されている。

---

26) 昭和61年3月31日庁保発13号「国民年金法における被扶養配偶者の認定基準について」。この後，税制改正に伴う税控除の改定や給与の伸び率等に応じて，行政解釈が改定され，平成5年度から現在の130万円未満となっている。

第5章　被保険者資格の取得・喪失と確認

はじめに

　民間保険の場合，保険契約の締結を通じて，保険者は被保険者の存在を特定し，その情報を把握する。これに対して，社会保険の場合，加入を強制される点に大きな特徴があるとはいえ，保険者が被保険者の存在を把握するためには，保険契約の締結に代わる手続が必要となる。誰が保険給付の請求権を有するのか，誰が保険給付の財源となる保険料を負担し納付する義務を負うのかを明らかにしなければならないからである。このような手続の出発点となるのが，被保険者資格の付与と届出である。ある意味で技術的な問題ともいえるが，強制加入を実現するための生命線といえる。

　ここではまず，被保険者資格の取得・喪失（以下，単に得喪と略す）および届出について，職域保険と地域保険とに分けて検討する。次に，職域保険に特有の確認規定を考察する。職域保険の場合，保険者の確認によって被保険者資格の効力が発生する。これを手続加入方式というが，確認を要せず一定の事項に該当すればそのまま被保険者資格の効力が発生する地域保険（これを当然加入方式という）とは大きく異なるからである。

1　被保険者資格の得喪とその届出

　保険者は保険料を徴収し，保険給付を支給するために，誰がいつから被保険者となるかを把握しなければならない。ここでは，まず被保険者資格をどのように得喪するのか，次に保険者はどのようにして被保険者に関する事実を把握するのか，職域保険・地域保険の順で考察する。

(1) 被保険者資格の得喪

① 職域保険

　適用事業所に使用される者は，その事業所に使用されるに至った日に，健康保険および厚生年金保険の被保険者資格を取得し（健保 35 条，厚年 13 条），適用事業所に使用されなくなったときや死亡したときには，その翌日から被保険者資格を喪失する（健保 36 条，厚年 14 条）[1]。

　また，失業保険法には被保険者資格の得喪に関する規定が設けられていたが[2]，雇用保険法にはこれら被保険者資格の得喪に関する定めはない。このため，雇用保険には被保険者資格の得喪という概念は存在せず，離職の日以前 2 年間に被保険者期間が通算して 12 ヶ月以上あることが，基本手当の受給資格要件とされているだけである（雇保 13 条）。ここで被保険者期間とは，被保険者であった期間のうち一定日数以上の賃金支払い基礎日数がある期間のことをいう[3]。このように，あえて受給資格として資格期間を設けたのは，「保険経済の円滑な運営上，保険料を一定期間，納付することが前提となり，労働意思のない怠惰者の受給を予防するため」であり，受給要件として，被保険者による保険料の納付期間を要するとされていないのは「保険料の納付義務が事業主にあるためと煩雑な事務手続を避けるため」と説明されている[4]。

② 地域保険

　地域保険に分類される国民健康保険や介護保険では，「市町村又は特別区の

1）　ここで適用事業所とは，一定の目的のもとに継続的に事業を行う場所をいう（厚生省年金局年金課等監修『厚生年金法解説』（法研，1996 年）431 頁，厚生省保険局等監修『健康保険法の解釈と運用』（法研，平成 11 年版）274 頁。なお，強制適用事業所と任意適用の事業所とに関して，神戸地尼崎支判昭 61.5.20 判時 1206 号 93 頁，適用事業所を常時 5 人以上の従業員を設けた趣旨に言及する東京地判平 15.9.24LEX/DB：28082827 参照。
2）　失業保険法 11 条，12 条（昭 22 年法 146 号）。
3）　被保険者として雇用されていたすべての期間を意味する「被保険者であった期間」とは異なり，被保険者期間は雇用保険に独自の概念とされる。関英夫『雇用保険法の詳解』（ぎょうせい，1982 年）118 頁。
4）　有泉亨・中野徹雄編『雇用保険法・労災保険法』（日本評論社，1983 年）40 頁。このことは，事業主が保険料納付義務を履行していなくても，基本手当請求権の発生を認める根拠となる。

区域内に住所を有するに至った日」あるいは適用除外規定に該当しなくなった日から被保険者資格を取得し，当該市町村等の「区域内に住所を有しなくなった日」あるいは適用除外規定に該当するに至った日の翌日から被保険者資格を喪失する（国保7条・8条，介保10条・11条）。

　また，国民年金法におけるいわゆる1号被保険者は，「20歳に達したとき，日本国内に住所を有するに至ったとき」に資格を取得し，「死亡したとき，日本国内に住所を有しなくなったとき，60歳に達したとき」に1号被保険者の資格を喪失する（国年8条・9条）。

　さらに，高齢者医療制度では，後期高齢者医療広域連合すなわち都道府県の区域内に住所を有する者が75歳に達したとき，75歳以上の者が広域連合の区域内に住所を有するに至ったときに被保険者資格を取得し，住所を有しなくなった日の翌日に被保険者資格を喪失する（高確52条，53条）。

　このように地域保険に分類される諸制度では，職域保険には規定されている確認という手続を要せず一定の事項に該当すればそのまま被保険者資格の効力が発生する。職域保険と大きく異なる点であり，これを当然加入方式という。

(2)　被保険者資格に関する届出

　次に，被保険者資格の得喪に関わる規定とは別に，社会保険各法は，一定の者に対して，被保険者資格に関する届出義務を課している。

①　職域保険

　事業主は，被保険者資格の得喪の事実があった日から一定の期間内に，その事実を保険者に届けなければならない。

　健康保険および厚生年金は，いずれも被保険者の資格取得（喪失）の事実があった日から5日以内に，それぞれの被保険者資格取得届（喪失届）を，日本年金機構あるいは健康保険組合に届け出なければならない（健保則24条・29条，厚年則15条・22条）。ただし，同時に2以上の事業所に使用されるに至ったときは，事業主ではなく被保険者が，10日以内に，各事業主の氏名または名称および住所，各事業所の名称および所在地等を記載した届書を

厚生労働大臣または健康保険組合，あるいは日本年金機構に提出しなければならない（健保則37条，厚年則2条）。ここで留意すべきは届出義務を負うのが，事業主ではなく被保険者とされていることである。労働者にとって，2以上の事業所に雇用されている事実をそれぞれの事業所に知られたくないというプライバシー保護という目的から，このような運用がなされているとも考えられる。しかし，非正規雇用労働者の場合であっても，事業主は，当該事業主との関係でその使用する労働者を被保険者として届け出れば済むことである。二以上の事業所に雇用される場合，保険者が名寄せをすることが困難であること，すなわち，二以上の事業主に雇用されることを個別の保険者が知りうることが困難であることは理解できるとしても，なぜ届出義務が事業主から被保険者に転換するのかの合理的説明にはなっていないように思われる[5]。

　雇用保険においては，雇用保険被保険者資格取得届（喪失届）を，当該事実のあった日の属する月の翌月10日までに事業所の所在地を管轄する公共職業安定所の長に届け出なければならない（雇保則6条・7条）。なお，雇用保険の場合，同時に2以上雇用関係にある労働者については，当該2以上の雇用関係のうち，1の雇用関係についてのみ被保険者となるものとされている[6]。

　これらの資格取得届には，被保険者の氏名，生年月日，性別，資格取得年月日，報酬（賃金）月額などのほか，被扶養者の有無，基礎年金番号や雇用保険被保険者番号などの情報が記載される。雇用保険の場合には，資格取得届に加えて，労働契約に係る契約書，労働者名簿，賃金台帳その他の当該適用事業に係る被保険者となったことの事実およびその事実のあった年月日を証明することができる書類を添付しなければならない。

　資格喪失届については，健康保険被保険者資格喪失届を日本年金機構または健康保険組合に提出しなければならない。この場合，協会が管掌する健康

---

[5]　二以上の事業所に雇用されている場合の紛争事案として，三島新聞堂事件（静岡地沼津支判平13.9.19LEX/DB：28071612）がある。しかし，本件では，一方の雇用関係が常用的雇用関係にないとされ，2以上の雇用関係はなかったとされている。
[6]　前掲・三島新聞堂事件参照。

保険の被保険者が同時に厚生年金保険の被保険者の資格を喪失したときは，基礎年金番号，第三種被保険者に該当することの有無および厚生年金保険の従前の標準報酬月額を付記しなければならない（健保則29条，厚年則22条）。厚生年金に関する資格喪失届は，喪失届のほか，当該届書に記載すべき事項を記録した磁気ディスクの提出でも行えるほか，船員被保険者とそうでない者とで若干の違いが見られる。雇用保険の場合には，資格喪失届に労働契約に係る契約書，労働者名簿，賃金台帳その他の当該適用事業に係る被保険者でなくなったことの事実およびその事実のあった年月日を証明することができる書類を添えてその事業所の所在地を管轄する公共職業安定所の長に提出しなければならない。この場合において，当該適用事業に係る被保険者でなくなってことの原因が離職であるときは，当該資格喪失届に，次の各号に掲げる者の区分に応じ，当該各号に定める書類を添えなければならない（雇保則7条）。

これらの届け出を怠る場合には，6ヶ月以下の懲役または50万円以下の罰金（健保208条，厚年102条），あるいは6ヶ月以下の懲役または30万円以下の罰金が科せられる（雇保84条）。

② **地域保険**

地域保険の場合には，基本的に被保険者自らが保険者に対して，被保険者資格の得喪に関する事項その他必要な事項を届け出なければならない（国年12条1項，介保12条1項，高確54条1項）。

しかし，市町村国保にあっては，被保険者の属する世帯主が届出義務を負う。また，国民年金の被保険者（第3号被保険者を除く）の属する世帯の世帯主は被保険者に代わって，被保険者資格の得喪，種別の変更，氏名住所の変更に関する事項を市町村長に届け出ることができる（国年12条2項）。同じような取扱いは介護保険，高齢者医療制度にもみられる（介保12条2項，高確54条2項）。なお，国民年金における3号被保険者にあっては，その扶養配偶者である2号被保険者を使用する事業主，国家公務員共済組合等を経

由して届出を行うものとされている（国年 12 条 5 項・6 項）[7]。

　基本的には，被保険者の資格を取得した者の氏名，性別，生年月日，世帯主との続柄，現住所および従前の住所ならびに職業，資格取得の年月日およびその理由などの情報を記載した届書を，住所を有するに至った日から 14 日以内に市町村ないし保険者に提出しなければならない（国保則 2 条，高確則 10 条，介保則 23 条，国年則 1 条の 2）。

　資格を喪失した場合は，被保険者の氏名，資格喪失の年月日およびその理由，住所の変更により資格を喪失したときは，変更後の住所，そして被保険者証の記号番号（国民年金の 1 号被保険者にあっては基礎年金番号）を，世帯主が 14 日以内に当該市町村に届け出ることになっている（国保則 11 条，12 条，高確則 26 条，27 条，介保則 32 条，33 条，国年則 3 条）。

　これらの届け出を怠ったとき，国民年金の場合には 30 万円以下の罰金[8]（国年 112 条②）国保，後期高齢者医療および介護保険にあっては，条例によって 10 万円以下の過料を科することができる（国保 127 条，高確 171 条，介保 214 条）。

　なお，在日韓国人に対する制度加入の勧誘をめぐり，被保険者資格の取得が争われた事案において，東京地裁は「被保険者資格の得喪事由はいずれも客観的に確定し得る事由であつて，行政庁の裁量判断の余地のない事由であるから，被保険者資格の得喪は，法に定めた事由の発生により法律上当然に発生するものというべきである。被保険者のする資格の得喪に関する事項の市町村長に対する届出（法一二条一項）は，国民年金が多数の国民に関する

7） 国民年金における 3 号被保険者については，いわゆる被保険者記録不整合問題が存在する。これは，3 号被保険者が収入要件等のために 1 号被保険者となったにも関わらず，その届出がなされなかったり，2 号被保険者が会社を退職するなどして 1 号被保険者となったにもかかわらず，その被扶養配偶者が 3 号被保険者にとどまっているという問題である。この結果，年金受給額に影響を受けるのは，受給者で 5.3 万人，被保険者で 42.2 万人とされている（183 回国会衆議院厚生労働委員会における伊東信久議員に対する高倉政府参考人の答弁（平成 25 年 5 月 17 日会議録 12 号））。この問題については，公的年金制度の健全性および信頼性の確保のための厚生年金保険法等の一部を改正する法律により，国民年金法に新たに 12 条の 2 を設け，第 3 号被保険者であった者につき，第 2 号被保険者の被扶養配偶者でなくなったことにつき，届出義務を課すこととした。
8） 虚偽の届出をした場合には，6ヶ月以下の懲役または 30 万円以下の罰金となる（国年 112 条 1 項）。

ものであり，保険者の側で被保険者資格の得喪を職権で把握することが著しく困難であるから，事務を適正・迅速に行うため被保険者において既に生じた資格の取得・喪失の事実を通知する手続に過ぎず，それが市町村長により受理（同条四項）されても，これらにより被保険者の資格の得喪の効果が生ずるものではないといわなければならない」と判示した[9]。国民年金法において当然加入方式が採用されていることを認め，その内容を明らかにしたものと理解することができる。

2 被保険者資格の確認

職域保険各法は，事業主に対して罰則つきの届出義務を課している。そして，地域保険における当然加入方式とは異なり，被保険者資格の得喪については，保険者等の確認によってその効力を生ずるものと定めている（健保39条，厚年18条，雇保8条・9条）。この確認は，基本的に①事業主の届出，②被保険者または被保険者であった者による請求，あるいは③職権で行われる。このように被保険者資格の効力を発生させるために，届出にとどまらず，確認という手続きを設けることを手続加入方式という。以下では，なぜ手続加入方式が採用されたのかを中心に検討する。

(1) 確認規定の導入経緯

確認の規定は，昭和29年に行われた厚生年金保険法の全面改正の際，厚生年金保険法18条として規定された。この全面改正にあわせて，厚生年金保険法の改正附則29条により，健康保険法の一部が改正され，健康保険法21条の2として確認規定が定められた。失業保険法においては，昭和30年に制定された「失業保険法の一部を改正する法律（法132号）」により失業保険法13条の4として確認規定が設けられた。この規定は雇用保険法（昭49法116

---

9) 東京地判昭57.9.22行集33巻9号1814頁。本判決は原告の請求を棄却したが，控訴審東京高判昭58.10.20行集34巻10号1777頁は信頼利益の保護を重視して，原判決を取り消し，原告控訴人の請求を認容した。同種事案として，原告の請求を棄却した事案に東京地判昭63.2.25訟月34巻10号2011頁がある。

号）にも引き継がれ，制定当初から，その 8 条で確認規定が設けられている。

　以上のような立法経緯について，以下のように説明するものがある。「従来は被保険者資格の取得につき何らの行政処分も行なわれなかつたため，資格取得に関する紛争は保険給付に関する処分をめぐる紛争に包含されて争われざるを得ないところ，資格取得時と保険給付に関する処分時とは通常，時間的に相当隔たつていることから，被保険者の資格取得事実の立証が困難となり，不利益を生じやすいため，資格取得につき確認という行政処分を介在させ，これに対する争訟提起の途を開くことにより，資格取得に関する紛争を早期に確定し，前記の不利益を是正することにあつた」という[10]。

　こうして厚生年金保険法では，被保険者資格の得喪や種別の変更は，それぞれ該当する事実がそれぞれ一定の事実に該当することによって「当然成立するものであることは明らかであるが，これら被保険者の資格に確認措置等の一定の法的確定力を付与しない限り，保険給付の請求に際して，5 年，10 年を経過した資格関係が，事業主の届出と事実に相違することのあった場合，それによって争うこととなり，保険給付の裁定に正確を期しがたい」という認識のもと，「確認という処分により，法的な確定力を付与し，それによってその確認の処分に対する審査を求め（法 90 条），被保険者の権利保護と保険給付の正確を期する」こととされた[11]。

　健康保険法においても，被保険者の権利保護と保険給付の正確を期するために，確認により「法的な確定力を付与し」，「争いが生じたときには，この確認を受けた事実を基礎として審査を行うことにより適正な裁定を行う」とされる[12]。また，雇用保険法では「基本手当の受給資格の有無及び給付日数を決定するための基礎となる被保険者歴を確実に把握しておく必要がある」と説明されている[13]。

---

[10]　東京地判昭 56.11.26 行集 32 巻 11 号 2105 頁（とくに 2119 頁参照）。本件は，大阪電気通信大学に採用された年月日と私立学校教職員共済組合の組合員資格を取得した年月日に齟齬があり，その訂正を求めて争われた事案である。
[11]　厚生省年金局年金課等監修『厚生年金保険法解説』（法研，1996 年）449-450 頁。
[12]　『健康保険法の解釈と運用（第 11 版）』（法研，2003 年）316 頁。
[13]　関・前掲『雇用保険法の詳解』68 頁。

(2) 確認請求の意義

　雇用保険における確認請求は，事業主の事業所の所在地を管轄する公共職業安定所の長に対し，文書又は口頭で行うこととされている（雇保則8条）のに対して，健康保険法および厚生年金保険における確認については，その申請に関する手続きはなんら規定されていない[14]。したがって，健康保険および厚生年金保険の場合，被保険者または被保険者であった者は，その請求により被保険者資格の確認をすることができるとしても，どのような請求をいつまでに誰に対してなすべきか具体的な規定は存在しない。請求の相手方が保険者であることが明らかにされているだけである。

　健康保険法および厚生年金保険法の規定に基づく被保険者資格取得確認の基準日について争われた山本工務店事件において，最高裁は，確認の意義について，「労働者が被保険者資格を取得することによって保険者と被保険者並びに事業主との間に重大な法律関係が生ずるところから，資格取得の効力の発生を確認にかからしめ，保険者または都道府県知事が事業主の届出または被保険者の請求に基づき或いは職権でその確認をするまでは，資格の取得を有効に主張し得ない」と判示した[15]。

　次に確認をする主体について，事業主が雇用保険法7条に定める届出義務を怠る場合には，「労働者の失業給付を受ける権利がそこなわれることにもなるので，直接労働者本人から被保険者資格の得喪に関する確認の請求を行うことができるものとし，過去に雇用されていた者であっても，その雇用されていた期間にかかる被保険者の資格について右確認請求をすることができる」[16]とされる。

---

14) 『健康保険法の解釈と運用（第9版）』（法研，1996年）342頁では，「確認の手続規定は設けられていない」という（同旨『健康保険法の解釈と運用（第11版）』（法研，2003年）316頁）。これに対して，厚生省年金局年金課等監修『厚生年金保険法解説』（法研，1996年）450頁では，「被保険者による確認請求は，事業主の未届又は事実と相違する届出などの場合，後日保険給付を受ける際不利益を蒙ることのないよう，その事実を明確にするためになされるものである」と説明されている。しかし，確認に関する手続規定については言及されていない。
15) 最判昭40.6.18判時418号35頁，大阪地判昭35.12.23行集11巻12号3429頁，大阪高判昭37.10.26行集13巻10号1866頁。
16) 山口（角兵衛寿し）事件・大阪地判平元.8.22労判546号27頁。

第5章　被保険者資格の取得・喪失と確認　75

資格得喪に関する3つのルートすなわち①事業主の届出，②被保険者等による請求，および③職権による確認について，「職権による確認は現実にはほとんど期待できない」として，「法は，事業主の届出と，被保険者の確認請求によって，被保険者資格の取得の発効に遺漏なきを期したものと解される」と述べる裁判例がある[17]。また，厚生年金保険における確認権者が都道府県知事の時代に，厚生年金保険の被保険者であった者が知事を相手に被保険者資格の確認をすべき義務があることを求めた事案で，被保険者資格の確認をすべき義務があることの宣言を求める訴訟を提起することを認め，「厚生年金保険の被保険者であつた期間とは，……，都道府県知事がその旨確認した期間を指すものと解するのが相当であつて，これにつき都道府県知事の確認を得ていない場合には，（農林漁業団体職員；筆者注）共済組合の組合員となつた後においても，なおその確認を経べきものと解するのが相当である」と判示したものの，具体的な勤務先に関する認定から請求を棄却した事案がある[18][19]。

(3) 確認の効果

　先にあげた山本工務店事件は，被保険者資格の取得届に関連して，取得届の提出日ではなく，従業員を採用した日に遡及してなされた確認処分の無効確認を求めた事案である。最高裁は，確認処分について，使用されるに至った日から被保険者資格を取得するとしながら，保険者等の確認によってその効力を生ずるとしたのは，「労働者が被保険者資格を取得することによって保険者と被保険者並びに事業主との間に重大な法律関係が生ずるところから，

---

[17]　京都市役所非常勤嘱託員事件・京都地判平 11.9.30 判時 1715 号 51 頁。職権による確認を設けた理由については，被保険者の確認請求を認めた理由と同じく，事業主が届出を怠っている場合の是正措置として位置づけられている。事業主が届出をしない場合等において，「保険給付の適正を確保する等の見地から，保険者自らが職権をもって確認を行うことができることとした」とされる（前掲『健康保険法の解釈と運用（第 11 版）』316 頁）。このことを具体的に示す通達として，「事業の不振等で会社が相当以前から閉鎖の状態にあるにもかかわらず，資格喪失の手続がおくれたときは，保険課または社会保険出張所（現在は社会保険事務所）において，職権により遡及して喪失を認定する場合がある（昭和 30 年 7 月 13 日保文発第 6167 号）。」が引用されている。

[18]　江名町水難救護会事件・東京地判昭 39.5.28 行集 15 巻 5 号 878 頁。

[19]　このほか，被保険者であった者が都道府県知事に確認を求めた事案に，東京地判平 15.9.24LEX/DB：28082827 がある。

資格取得の効力の発生を確認にかからしめ，保険者または都道府県知事が事業主の届出または被保険者の請求に基づき或いは職権でその確認をするまでは，資格の取得を有効に主張し得ない」とした。言葉を換えれば，「被保険者資格は法律によって当然に発生するとしても，失業保険給付を受ける等，被保険者としての具体的な権利の行使は，右確認を受けることによってはじめてこれを行うことができることとなる」という建前がとられている[20]。

　このように保険給付の利益を広く与えるとともに逆選択の発生を防止する観点から，使用されるに至った日から被保険者資格を付与するものの，保険料の負担や保険給付の支給など，保険者，被保険者および事業主の間に重大な法律関係が発生することから，資格取得の効力を確認によって発生させることとしたのである。このため，確認の効力は，被保険者資格を取得した日，すなわち労働者が使用されるに至った日に遡及する[21]。

　また，雇用保険に関する判示ではあるが，被保険者は確認を経なければ，その権利の行使や義務の履行を十全に行うことができないことから，保険者としての労働大臣の確認は，「被保険者及び雇用者の権利義務に直接影響を与える行為であるというべきであるし，法が右確認を独立した不服申立の対象とする規定を設けていることからすれば，右確認は行政処分である」とされている[22]。

　さらに事例としては多くないものの，被保険者資格の喪失に関連して，解雇等の効力と被保険者資格の処理という問題が発生する。すなわち，解雇の効力が争われている場合の被保険者資格の取り扱いの問題である。保険者は，使用者が雇用関係の消滅を理由に被保険者資格に関する喪失届をした場合，とくにその正当性を疑うべき事由が明らかな場合でない限り，これを正当なものとして扱い，資格喪失の確認処分を行うが，その後，労働委員会や裁判所等により雇用関係ありとの判断が示された場合には，これにしたがって先

---

[20]　池袋職安所長事件・東京地判平5.3.8労民44巻2号300頁。
[21]　最高裁は，本文に示した判断に続けて，確認は「事業主の届出の日または確認の時を基準とすることなく，資格取得の日を基準として行なうべきであり，確認が行なわれると，当事者は，資格取得の日に遡ってその効力を主張し得ることになるものと解するのが相当である」という。
[22]　前掲・池袋職安所長事件。

の確認処分を取り消すという処理を行っている[23]。

　懲戒解雇の無効が確定したあとの復職が争われた事案がある。復職の時点で，職場復帰時の被保険者資格の取り扱いとして，①復職時から2年分のみ遡って加入する方法，②復職時から再加入する方法，および③解雇時に遡って加入する方法があるにもかかわらず，③の場合の説明をしなかったことにつき，使用者は「雇用契約に付随する義務として，当該労働者に対し，労働者が資格の回復方法について合理的に選択できるよう，被保険者資格等の回復に必要な費用及び回復により得られる年金額等，各加入方法の利害得失について具体的に説明する義務」に違反するという裁判例である[24]。また，戦時中の事務処理をめぐる事案ではあるが，被保険者資格喪失の届出手続に過誤があり，その過誤による保険料徴収権の時効消滅は保険者側に責任があるとして，老齢厚生年金再裁定処分が取り消された事案もある[25]。そこでは，「本件資格喪失届出は，客観的事実に反するもので過誤といわなければならないが，その過誤が事務処理の手続上どの過程で生じたものであるかを確定することはできないが保険者側の過誤と同視すべきである」として，「本件資格喪失届出に起因して生じた保険料徴収権の時効消滅は，保険者側の事務懈怠等により保険料の徴収権が消滅した場合など，保険料徴収権が消滅したことについて保険者側にその責任があると認められる場合に該当する」とした。

　資格喪失届とは直接関係しないものの，争議行為参加者の社会保険料の負担を免れるために，これら争議行為参加者を解雇することは認められない[26]。また，労働争議に伴う14年という長期の不就労の場合，会社と控訴人との使用関係は事実上消滅しており，被保険者資格の喪失事由が認められる[27]。これ

---

23) 昭25.10.9 保発68号厚生省保険局長通知。
24) 宮崎信金事件・宮崎地判平21.9.28 判タ1320号96頁。
25) 名古屋高金沢支判平19.11.28 判時1997号26頁。なお原審金沢地判平18.2.13 判時1997号44頁は控訴審判決とは異なり原告の請求を棄却した。
26) 日本ロール製造事件・東京地決昭41.12.13 労民17巻6号1361頁。東京地裁は，使用者が負担した保険料のうち被保険者が本来負担すべき保険料の部分について，被保険者は事業主に償還すべき義務を負うが，この償還義務は労働契約に関する付随的義務に属することから，このような付随的義務の履行を怠ったことに過ぎない場合には，当該契約を解除することはできないとした。
27) 全金本山事件・仙台高判平4.12.22 判タ809号175頁（仙台地判平4.5.13 判時1444号69頁も同旨）。

ら長期の不就労や長期欠勤により賃金債権を取得できないようなとき，使用者は欠勤前の標準報酬月額を基準に保険料を算出すべきであるとされる[28]。そして，雇用契約終了の有効性が争われた事案で会社側が労働者の社会保険料を立て替え払いしていたときには，労働者は使用者が立て替え払いしていた保険料相当額を支払わなければならない[29]。

(4) 被保険者証の交付等

　事業主の届出を受けた保険者は，被保険者資格の確認を行う。この確認を通じて，保険者は届出の対象となった者を被保険者として認識・特定する。これを被保険者の視点からみると，保険者が自分を被保険者として認識したことを確認する手段が2つある。被保険者証の交付と被保険者資格取得の確認通知書による通知である。

　まず，健康保険と雇用保険においては，保険者が資格取得の届出に基づき確認を行ったときは，被保険者に対して被保険者証を交付しなければならない（健保則47条，雇保則10条）。この被保険者証の交付は事業主を通じて行われる。

　また，厚生年金保険と雇用保険においては，確認を行ったときはその旨を当該事業主に通知しなければならない（厚年29条，雇保則9条）。厚生年金保険の場合，この通知は事業主を通じて，被保険者または被保険者であった者に通知される（厚年29条2項）。雇用保険では雇用保険被保険者資格取得確認通知書によって，事業主と同時に被保険者にも通知しなければならないが，確認に係る通知の場合には事業主を通じて行うこともできる（雇保則9条）。

　このように，健康保険については被保険者証の交付，厚生年金保険では通知，さらに雇用保険では被保険者証の交付と通知の双方によって，被保険者は，保険者が自分を被保険者であると確認したことを知ることができる。な

---

28) 1年8ヶ月に及ぶ私事欠勤期間中の保険料に関する算定方法が争われた事案に日之出タクシー事件（福岡地小倉支判昭49.11.28判時771号89頁）がある（なお，タクシー運転手の保険料負担に関して，名古屋高金沢支判平14.3.27LEX/DB：28071883参照）。
29) 西日本旅客鉄道（雇止め）事件・大阪地判平24.9.14LEX/DB：25482842。

お，健康保険の被保険者が同時に厚生年金保険の被保険者資格を取得するときは，基礎年金番号等を同時に届け出なければならないため，健康保険の被保険者証の交付は，間接的に厚生年金保険に関する届出がなされたこと，すなわち厚生年金保険の保険者が確認をしたことを推測させることになる。

　これら被保険者証の交付や被保険者資格の確認通知はいずれも事業主を通じて行われているが，保険者から直接，被保険者証の交付なり資格取得の通知を行うべきである。事業主を通じて行われるのは，事業主が保険料の納付義務を負うからであり，事務手続き上の簡便さによるものであろう。しかし，被保険者にとって被保険者資格の取得は重要な問題であるし，被保険者もまた保険料の負担義務を負っている。このため，無用の紛争を予防するためにも，資格取得の段階で確実にその事実を被保険者に知らせる手続を導入すべきである。このことは，届出義務の懈怠に関連して被保険者自ら確認手続を履行しているか否かを事後的に問題とするよりも，合理的であると考える。

第6章　届出義務をめぐる問題

はじめに

　被保険者資格や報酬月額などの届出がなされないと，保険者は被保険者資格を取得した者の存在だけでなく，被保険者となるべき者の氏名や受領すべき保険料額の算定根拠となる報酬額を把握することができない。当該被保険者を認識できない以上，保険者は保険料を徴収する機会を失うとともに保険給付を支給する必要もないことになりそうである。このことは被保険者にとって，保険事故が発生したときに保険給付を受けることができないという事態を招くことになる。このため，社会保険では事業主や世帯主あるいは被保険者に被保険者資格などの届出義務を課している[1]。

　以下では，裁判例が蓄積されている職域保険に限定して，届出義務の問題を検討してゆきたい。まず届出義務の効果，とくに届出がなされないときの効果を概観した後，届出義務に関する裁判例を検討する。最後に，老齢年金に関する損害賠償の問題を考察する。医療保険，雇用保険に比べると格段に難しい問題をかかえているからである。

1　届出義務の懈怠

　届出がなされないという事態には，3つのケースが想定される。
　第1は，労使双方とも職域保険の被保険者には該当しないと考えている場合であり，第2は，労使双方で被保険者資格の届出をしないことの合意が形

---

[1]　事業主の届出義務をめぐる問題や4分の3ルールなどについては，日本社会保障法学会第68回大会『社会保険における使用者の責任』と題してミニシンポジウムが開催され，その成果については，日本社会保障法学会誌第31号（法律文化社，2016年）に掲載予定である。

成されている場合である。

　第3は，事業主が被保険者資格の届出を行ったかのような外観を装うものの，実際には届出をしていないか，正確な届出をしていないケースである。届出を偽装する事態は稀であると思われるが，報酬を低く届け出るケースは裁判例もあり，被保険者にとって発見困難な事案が多い。第1のケースにおいて，労使双方ともに善意であるとしても，届出義務違反が明らかになれば，それをめぐる法的問題が発生することになる。裁判例では，第2，第3のケースが争われており，以下ではこれらのケースを前提に考察を進めてゆきたい。

(1)　健康保険

　健康保険の場合，被保険者資格の確認を行ったことにより，被保険者証が交付される（健保則47条）。そしてこの被保険者証は，それを提示する者が被保険者資格を取得していることを証明すると同時に，被保険者証を提示する者の属する医療保険制度を明らかにする。被保険者証のこのような機能によって，医療機関は，療養の給付に要した費用の請求先を認識し，医療を提供した患者が負担すべき一部負担金を算定することができる。このことは，視点を被保険者すなわち患者側に転ずれば，医療機関の窓口に被保険者証を提示できなければ，療養の給付いわゆる保険診療を受けることはできないことを意味する[2]。したがって，被保険者証を保有しているか否かにより，被保険者はその事業主が届出義務を履行したか否かを検証することができる。

　病気やけがは老齢や失業という保険事故よりも，その発生頻度は高い。このため，医療保険において，被保険者資格の届出が行われていないという事実は比較的早い段階で被保険者の知るところとなり，その段階で何らかの行動を起こす機会が多いと考えられる。かくして，医療保険においては，被保険者資格の届出がなされていないという不利益は，比較的早く，その程度も小さい段階で解決される可能性が高いということができる。

　ここで注目しておくべきことは，被保険者証の交付が，保険料の納付を要

---

[2]　療養の給付とは，療養に要した費用の3割を一部負担金と負担するだけで受けることのできる診療サービスが保険診療である（健保63条）。保険診療を受けることができなければ，療養に要した費用の全額を負担しなければならない。

件とするものではないことである。被保険者資格の確認がなされれば，保険料の納付とは関係なく，被保険者証が交付される。このことは，被保険者資格の付与と同時に療養給付請求権が発生することを意味する。事実，被保険者資格が発生したものの，被保険者証が交付されないまでの間，あるいは保険料の最初の納付期限が到来する前に病気やけがになる場合が想定される。この場合には，例外的な給付としての療養費の支給が予定されている（健保87条）。

(2) 雇用保険

これに対して，雇用保険における届出義務の懈怠は，主たる保険給付である基本手当の請求手続を行う過程で事後的に発覚するケースが多い。ここで重要なことは，損害として主張しうる基本手当の支給額が比較的容易に算定できることである。基本手当は，離職以前の2年間に12ヶ月の被保険者資格があること（雇保12条）を支給要件とし，その支給額は被保険者であった者の年齢と被保険者期間に応じて決定される[3]。具体的には，年齢階層に関わりなく定められる最低額と年齢階層に応じて定められる最高額が，これもやはり年齢階層と被保険者であった期間との関係で定められる支給日数に基づいて支給される（雇保17条）。したがって，事業主が被保険者資格の得喪に関する届出を怠った場合でも，離職以前の2年間に12ヶ月の被保険者資格があることを立証することができれば，基本手当の支給要件を満たすことになる。

ここで留意すべきことは，雇用保険の場合も健康保険同様，保険料の納付が基本手当の支給要件とされていないことである。「被保険者や事業主が雇用保険料を納付することは，基本手当受給の要件とはされていない」と明言する裁判例が存在する[4]。

---

[3] 基本手当の日額は，基本的には賃金日額に100分の50を乗じて得た額（雇保16条）とされ，基本手当が支給される所定給付日数については，倒産や解雇などにより離職を余儀なくされた特定受給資格者については，年齢区分と被保険者であった期間に応じて最短90日から最長330日（雇保23条），障害者など就職困難者の場合には150日から360日（雇保22条2項），これ以外の65歳未満の一般離職者の場合には最短90日から最長150日（雇保22条1項）とされる。

[4] 山口（角兵衛寿し）事件・大阪地判平元.8.22労判546号27頁。

(3) 厚生年金保険

　それでは，厚生年金保険の場合はどうか。厚生年金保険は，老齢，障害および死亡を保険事故とし，それぞれ老齢厚生年金，障害厚生年金および遺族厚生年金が支給される。ここでも被保険者と認識されないことは健康保険同様，保険料を負担する契機を失うことを意味する。しかし健康保険と異なるのは，被保険者として認識されないこと，および保険料を負担しないことの不利益があたかもボディブローのように後から効いてくることである。つまり年金支給要件を満たさないことが，時の経過によってはじめて明らかになるからである。

　老齢厚生年金は65歳であることと，保険料納付済期間と保険料免除期間とを合算した期間が25年以上であることを要件に支給される（厚年42条）。保険料を負担しないことで，保険料納付済期間等の25年という要件を満たさなければ，そもそも老齢厚生年金は支給されない。そして老齢厚生年金の支給額は，被保険者であった全期間の平均標準報酬額に一定の給付乗率と被保険者期間の月数を乗じて得た額とされる（厚年43条）。

　したがって，被保険者資格の取得を保険者に届け出なければ，以下のような3つの不利益をこうむる。①本来，被保険者期間に算定されるべき期間が算定されない，このことと密接に関連して，②算入されるべき保険料納付済期間も短縮される，そしてその結果③被保険者であった期間の平均標準報酬額の減少に伴う不利益を受ける。このほか，障害や死亡に対する障害厚生年金や遺族厚生年金についても，それぞれの支給要件に応じて，被保険者とされないことの不利益が発生する[5]。このように，厚生年金の場合には，支給要件に関する期間設定が25年とされていることとの関係で，雇用保険と比べてより一層深刻な問題を引き起こす。それは，届出義務を履行していない事実が潜在化するとともに長期化する可能性が高いからである。

5）　障害厚生年金は，①初診日に被保険者であること，②障害認定日に障害等級1級から3級に該当すること，③被保険者期間のうち，保険料納付済期間と保険料免除期間とを合算した期間が3分の2を超えることを要件とする（厚年47条）。このため，届出義務の懈怠は③の要件の成否に密接に関係する。同様のことは遺族厚生年金（厚年58条）についても妥当する。

2 届出義務をめぐる裁判例

以下では，職域保険に関する事業主の届出義務が履行されないことに起因する裁判例の検討を通じて，届出義務の性格や加入放棄に関する合意について考察してゆきたい。

(1) 届出義務懈怠に関する裁判例の概観

事業主の届出義務が履行されていないことを理由に損害賠償を請求する事案は，平成10年代以降，急増しているが，昭和30年代にも散見される。このため，届出義務をめぐる紛争は，古くて新しい問題といえそうである。

紛争の対象となっている社会保険は，雇用保険や厚生年金保険にかかる事案が多いものの，私学共済や船員保険における届出義務が争われている事案もある。多くは，届出義務そのものを履行しない事案であるが，研修医（関西医科大学事件[6]）や非常勤嘱託員（京都市役所事件[7]）のように，事業主が被保険者に該当しないとの判断により届出をしなかった事例もある。また，報酬額を過少申告されたことにより，将来受けるであろう老齢厚生年金の減額分を損害として争う事例（麹町社会保険事務所事件[8]，Y工業事件[9]）もある。Y工業事件では傷病手当金の支給申請手続に関する協力義務も争われている。なお，麹町社会保険事務所事件は報酬の大幅な減額変更について，社会保険事務所が十分な調査を行わなかったとして国家賠償も求めているが，請求は1・2審とも棄却されている。多くの事案は被保険者資格の取得にかかる事案であるが，なかには被保険者資格の喪失届の手続が遅れたことを争うものもある（東京ゼネラル事件[10]）。さらに，社会保険に加入しないことにつき，労働者の側も合意していたと事業主側が主張する事例が散見される（鹿

---

6) 大阪高判平14.5.10労判836号127頁，大阪地堺支判平13.8.29判タ1087号188頁。本件はこのほか，支払賃金請求（最判平17.6.3民集59巻5号938頁）および過労死損害賠償請求（大阪高判平16.7.15労判879号22頁）としても争われている。
7) 京都地判平11.9.30判時1715号51頁。
8) 仙台高判平16.11.24判時1901号60頁，仙台地判平16.2.27判時1901号63頁。
9) 大阪高判平23.4.14賃社1538号17頁，大阪地判平22.10.29賃社1538号14頁。
10) 東京地判平8.12.20労判711号52頁。

瀬町事件[11]，豊国工業事件[12]，ベルネット事件[13]）。届出義務を履行しないあるいは直ちに届出をしなかったことに対する刑事事件も存在する[14]。

損害が発生したと主張される保険給付としては，厚生年金保険における老齢年金や老齢厚生年金，あるいは雇用保険における基本手当が多い。しかし，古くは自由診療と保険診療との差額（大阪美術印刷事件[15]），最近の事案では共済遺族年金（関西医科大学）を受けることができなかったことを損害とする事案がある[16]。やや特殊な事案として，雇用保険法7条に基づく届出義務を代行した社会保険労務士が不受理決定通知の取消を求めたものの，社会保険労務士に原告適格なしとした事案（池袋職安所長資格取得届不受理処分取消請求事件[17]）や，健康保険および厚生年金保険における被扶養者が，被保険者資格の確認を求めた事案につき，被保険者の被扶養者であることをもって被保険者資格の取得の確認について何らの権限も認められていないから原告適格を欠くとして請求を却下した武蔵野社会保険事務所事件[18]などがある。また，被保険者等による確認請求の有無が，事業主の届出義務懈怠との関係で過失相殺の対象となるケースも散見される（京都市役所事件，鹿瀬町事件，豊国工業事件など）。

(2) 届出義務の性格

被保険者資格取得に関して事業主に科せられる届出義務につき，これを単に「公法上の義務であって，直ちに雇用契約において使用者が労働者に対して負担する義務ではない」とする裁判例がある[19]。また，虚偽の健康保険被保険者資格取得届を提出し，被保険者証の交付を受ける行為と旧健康保険法87条1号（現行法208条1号）の該当性が争われた刑事事案において，大阪高

---

11) 新潟地判平17.2.15判例自治265号48頁。
12) 奈良地判平18.9.5労判925号53頁。
13) 東京地判平26.9.26LEX/DB：25504778。
14) 末野興産事件・大阪地判平11.10.27判タ1041号79頁。
15) 奈良地判昭33.12.20下民集9巻12号2512頁。
16) 被保険者の届出義務とは関連しないが，雇用保険に基づく教育訓練給付金を受けることができなかったことを損害とする事案（大津地判平15.10.3LEX/DB：28090191）もある。
17) 東京地判平5.3.8労民集44巻2号300頁。
18) 東京地判昭58.1.26判タ497号139頁。
19) エコープランニング事件・大阪地判平11.7.13賃社1264号47頁。

裁は，被保険者の異動等につき，事業主に保険者への報告を行わせることを定めた規定につき「保険者に対して，健康保険事業の円滑な運営を図るため，被保険者を使用する事業主の積極的な協力を確保することを目的として，事業主に健康保険の施行に必要な事務を行わしめる権能を付与したものであり，同法八七条一号は，事業主の行政上の義務違反に対する行政刑罰を規定したものである」と判示している[20]。

　これに対して，古くは名古屋高裁が「被控訴人（事業主）は労働行政面の義務を負担するとともに被用者たる控訴人につき当該（健康保険及び失業保険；筆者注）保険事由発生の場合に備えその保険金受領に支障なからしむため遅滞なくその被保険者資格取得を届け出づる私法上の義務を負担する」と判示している[21]。また，前掲・京都市役所事件では，一定の事業所に使用される労働者に対し，その老齢，障害及び死亡について保険給付を受ける権利をもれなく付与することを強制加入の原則を採用した理由としたうえで，このことから「事業主による（厚生年金保険）法二七条に違反する被保険者資格の取得の届出義務違反行為は，当該労働者との関係でも，違法との評価を免れない」とした。この京都地裁判決は，違法の評価の原因を，不法行為構成ともいうべき注意義務違反に求めている点に特徴がある。

　次に，大真実業事件[22]は，厚年法27条に基づく届出義務は「公法上の義務であることはいうまでもないが，同条が，労働者に保険の利益を得させるという点をも目的としていると解されることにかんがみれば，かかる義務が，単なる公法上の義務にとどまるということはできない。雇用契約における使用者の本来的な義務は，労働者に対する賃金の支払義務にあるが，使用者は，雇用契約の付随義務として，信義則上，本件資格の取得を届け出て，労働者が老齢厚生年金等を受給できるよう配慮すべき義務を負う」と明言した。続いて豊国工業事件でも，「事業所で使用される特定の労働者に対して保険給付を受ける権利を具体的に保障する目的」から強制加入原則が採用されたのであり，「使用者たる事業主が被保険者資格を取得した個別の労働者に関してそ

---

20) 大阪高判昭 60.6.26 高刑集 38 巻 2 号 112 頁。
21) 名古屋高判昭 32.2.22 下民集 8 巻 2 号 351 頁。
22) 大阪地判平 18.1.26 労判 912 号 51 頁。

の届出をすることは，雇用契約を締結する労働者においても期待するのが通常であり，その期待は合理的なものというべきであ」り，「事業主が法の要求する前記の届出を怠ることは，被保険者資格を取得した当該労働者の法益をも直接に侵害する違法なものであり，労働契約上の債務不履行をも構成する」とした。

(3) 加入放棄に関する労使の合意

被保険者資格の得喪に関する事業主の届出義務が，公法上の義務にとどまらず，労働契約に付随する義務であるとすることに伴ういまひとつの問題は，労使双方が了解したうえで，被保険者資格の得喪に関する届出義務を履行しないことが，どのように評価されるかという問題である。

豊国工業事件において奈良地裁は，本質論として「社会保険制度は，疾病や老齢等のさまざまな保険事故に対する危険を分散することにより社会構成員の生活を保障するものであるから，特定の者がその受益を放棄して負担を免れることとは本質的に相容れないものというべきであり，合意があることをもって当然にその届出義務の懈怠が正当化されるもの」ではない。そして，会社側の説明により，労働者の側がそれを信じて社会保険への加入を断念したからといって，「これをもって不加入について同意をしたと認めることはできないのみならず，むしろ，そのような事実に反する説明をして加入を断念させる行為自体が違法行為を構成し，債務不履行に当たる」とした。

時給額の高さと社会保険への加入とを選択することになるとの説明に対して，労働者側は高い時給額を選択し，そのことは逆に社会保険への不加入を了承したとする会社側の主張に対して，原告労働者が，「採用に際して定められた賃金についてその減額に応ずべき事情を認めることはできないから，上記のような原告の対応をもって原告が社会保険への不加入を了承したものとみることはできず，原告との関係においても，被告の届出義務の懈怠を正当化することはできない」と判示する。

奈良地裁のいうとおり，社会保険への加入を放棄し負担を免れることを合意することは，社会保険では本質的に認められないというべきである。しかし，労使合意のもとで届出義務を使用者が履行していない以上，保険者は当

該労働者を被保険者として認識することはできない。したがって，当該労働者は，被保険者とされなかったことによる不利益を甘受せざるを得ないのではないか。しかし，合意した後に，労働者が翻意した場合はどうか。この場合，労働者が翻意すること自体は認められ，一定の手続を経ることによって，被保険者資格を取得することとなる。そして，被保険者資格の取得時期は，保険料の徴収が時効消滅していない範囲で遡及するものと考える。また，被保険者資格を回復できなかった期間については，合意の存在が過失相殺の対象となるかという問題はあるものの，使用者に対する損害賠償請求権を行使できると考えたい[23]。

同種事案として，外国人講師である原告が，労災保険・雇用保険に加入しない代わりに保険料相当分である5000円を基本給に上乗せする旨の合意が有効か，一定期間にかかるこれら保険料相当分を賃金から控除することの可否が争われた事件[24]がある。東京地裁は，まず会社が「労災保険及び雇用保険に加入しないことは，労働者災害補償保険法及び雇用保険法に違反するが，そうだからといって原告と被告間の労働契約が違法となるとはいえない。」とした。次に，保険料相当額につき，会社に返還請求権は認められるものの，それを平成16年8月分給与から控除することは「労基法24条1項にいう賃金全額支払いの原則に違反し許されない」と判示した。

3 老齢厚生年金に関する損害賠償請求

ここでは，とくに，事業主の届出義務の懈怠が厚生年金保険に影響を与えた事案に着目して，いかなる請求が提起されどのような判断が示されたかを検討したい。

---

[23] 筆者は以前，届出義務の法的性格について「労働契約ないし委任契約に基づく本来的義務と考えたい」と述べた（拙稿「強制加入の手続と法的構造」下井隆史先生古稀記念西村健一郎・小嶌典明・加藤智章・柳屋孝安編『新時代の労働契約法理論』（信山社，2003年）所収，474頁）。労務の提供と賃金の支払いを債務の本旨とする労働契約にあっては，この理解は必ずしも妥当するものではないが，社会保険制度が法認された時点で，「労働契約ないし委任契約」の一方当事者に新たに課されることになった義務，正確に言えば信義則上の義務と考えたい。
[24] 東京地判平17.2.24LEX/DB：28101209。

(1) 損害算定不能論

　厚生年金に関する損害賠償を求めたリーディングケースと思われるリブラン事件は，保険料を2ヶ月間納付しなかったことを理由に，将来の老齢年金額について不利益が発生するとして損害賠償を求めた事案である。

　この事件で，東京地裁はその後も散見されることになる損害論を展開した。それは老齢厚生年金の支給要件との関係で，「原告は現在46歳であって，原告の厚生年金保険加入期間は現在まで通算8年10ヶ月に過ぎないことが認められる。してみれば，原告が右老齢年金受給資格を現在有していないことは明らかであり，将来これを取得するか否かは，成否未定の事柄である。原告が老齢年金受給資格を取得してはじめて問題となりうる不利益であって，現時点においては，その発生は未確定である」[25]というのである。

　老齢厚生年金の支給要件，とくに年金支給開始年齢や保険加入期間について，若干の変更はあるものの，この考え方に基づけば，原告が年金支給開始年齢に達しなければ，具体的な損害額は算定できないこととなる。この考え方は，その後もいくつかの裁判例で踏襲されている。

　京都市役所事件において京都地裁は以下のように述べている。「年金請求権は，一定期間，各種の年金の被保険者となり，各保険料を納付したことを要件として算定され，支給されるものであって，最終的に如何なる金額の年金が支給され，得べかりし利益がいくらになるかは，年金請求権が発生する時点にならないと判明しないのであって，それ以前の段階で，得べかりし利益（損害）が発生していると捉えるのは困難といわなければならない」。同様に，大真実業事件における大阪地裁は「結局，現在において，原告が老齢厚生年金を受給できるか否か，受給額がいかなる額になるか否かは明らかではなく，その損害額は，明らかではない」と判示した。

(2) 損害算定論

　このように，老齢厚生年金の支給要件を満たすか否かが明らかでない以上，

---

25) 東京地判昭60.9.26労判465号59頁。

損害賠償を請求できないとする裁判例が存在する一方，現実的な問題処理として損害を認定する立場もある。京都市役所事件で，京都地裁は「原告らが主張する損害のうち，既発生の損害は，各区長等がした本件措置との相当因果関係を肯認することに何らの妨げがない。また，将来の得べかりし利益については，(一定の；筆者注)蓋然性をもって予測できる状況ではないし，仮に給付水準の切り下げが実施されても，既得権益はそれなりに保護される可能性が強いことに鑑みると，これも各区長等がした本件措置と相当因果関係のある損害と認めるべきであるし，その損害額の算定方法としては，現在の給付額を前提に算定するのはやむを得ない」として，損害の存在を認定した。

鹿瀬町事件では，12ヶ月間が被保険者期間に加算されなかったことによる損害につき，当事者間に争いがないとして，老齢基礎年金につき15万円弱，厚生年金の定額部分につき4万円弱という金額を導き出し，厚生年金の受給額の減少として13万4746円を計上している。また豊国工業事件では，厚生年金の加入期間が34年になるべきところ30年であることと，60歳からの平均余命20年として，損害賠償額を算定している。

(3) 確認請求に関する過失相殺

裁判例は，2 (2)で検討したように，事業主の負う届出義務について，単なる公法上の義務にとどまらず，労働契約に基づく付随義務と解するようになってきた。このような届出義務の理解は，契約当事者としての被保険者の側にも一定の影響を与える。被保険者自身，被保険者資格の確認請求をすることができるからである。しかし，この確認請求を行っていないことを過失と捉えて，事業主の届出義務の過失と相殺するという手法がとられる。

雇用保険をめぐる事案である山口（角兵衛寿し）事件[26]において，大阪地裁は，被保険者や事業主の保険料の納付が基本手当の受給要件とされていないという制度のもとで「事業主である被告の本件不履行にかかわらず，原告は公共職業安定所の長に対し，自己の被保険者資格の得喪に関し確認の請求を行うことができ，その確認を受ければ，被告が法定の手続を履践した場合

---

[26] 大阪地判平元.8.22 労判 546 号 27 頁。

と同額の基本手当を受給することは可能であるから，被告の本件不履行により，原告に基本手当相当額の損害が生じたとの主張は失当である」と判示した。基本手当の支給要件とも密接に関連するが，次にみるように，確認請求をしなかったことを過失と捉える裁判例と共通する。

京都市役所事件と鹿瀬町事件という2つの判決は，明確に過失割合の認定を行っている。京都市役所事件では，被保険者資格の得喪に関する確認につき，事業主の届出と対置する形で，被保険者自身による確認（厚年31条）の可能性を指摘し，「事業主の届出と被保険者の確認請求によって被保険者資格の取得の発効について遺漏なきを期そうとした法の趣旨に鑑み，原告らが確認請求，その他自分たちの厚生年金保険に加入する権利を保全するための何らの行動に出なかった過失」を3割と認定した。

また，鹿瀬町事件では，保育士補助として採用される以前，民間企業に勤務しており，厚生年金や雇用保険の認識があったとして，「被告から保険はないと言われたときに，何故保険に加入できないのか等を被告に問い質すなり，あるいは厚生年金や雇用保険を扱う関係機関等に赴いて確認をするなりできたはず」であり，このことをしておけば，「被告において被保険者資格の取得のための届出を怠ることもなかったであろうし，また，原告において新潟県知事に確認義務請求の手続をとることもできたであろうと推認される。その意味で，厚生年金保険に加入できなかったことについて，原告にも過失があった」として，原告の過失割合を2割とした。

これに対して豊国工業事件において奈良地裁は，会社側が社会保険加入の資格に関して事実に反する説明をしていた事情や，原告被保険者が社会保険事務所に相談することによっても事態の解決に至らなかったことを認定して，「被保険者にも確認の請求が認められているとの事情を考慮しても」原告側に過失はないとした。

制度上，被保険者資格の得喪に関して，被保険者自らが確認請求を行う手段が存在することは明らかである。したがって，被保険者は権利のうえに眠るのではなく自らの権利行使をすべきであるとの考え方については，それなりに理解することができる。しかし，被保険者資格の得喪に関する確認請求を行いうることが，国民にどれだけ浸透しているかは大いに疑問である。ま

してや，被保険者資格に関する確認を請求すべきことが，事業主の負う届出義務と過失相殺されるという意味で同等の義務とはいえないと考える[27]。

京都市役所事件において京都地裁は，厚年法18条2項に定める確認のうち，職権による確認は「現実には，ほとんど期待できない」ことを理由に，「法は，事業主の届出と，被保険者の確認請求によって，被保険者資格の取得の発効について遺漏なきを期した」という。ここでいう「職権による確認」とは，「行政庁の職権」によると説明される[28]。この行政庁とは保険者を意味するのか監督官庁としての行政庁なのか曖昧であるものの，いずれにせよ，職権による確認については実効性がないことを裁判所自ら認めている。これに対して，確認請求という手段がどこまで浸透しているかを抜きに「遺漏なきを期す」というのは制度説明としては理解できるものの，届出義務と確認請求のそれぞれの懈怠を対置させて，紛争解決を図ることにはなじまないと考える。

若干のまとめ

裁判例の検討を通じて明らかになったことのひとつは，雇用保険における基本手当と厚生年金保険等に基づく老齢年金の違いである。

雇用保険における基本手当は，原則として，離職の日以前の一定期間に，所定の被保険者期間が通算して存在すれば支給される。このため，被保険者や事業主が雇用保険料を納付することは基本手当を受けるための要件とはされていない[29]。これに対して，厚生年金保険法75条は，「保険料を徴収する権利が時効によって消滅したときは，当該保険料に係る被保険者期間であった期間に基づく保険給付は，行わない」と規定している。

---

[27] 木下秀雄「被用者保険に関する使用者の労働者に対する私法上の義務」賃社1538号（2011年）4頁以下参照。
[28] 有泉亨・中野徹雄編『厚生年金保険法』（日本評論社，1982年）50頁。厚生省年金局年金課等監修『厚生年金保険法解説』（法研，1996年）450頁も，確認は「原則として，事業主の届出によって行われるのであるが，このほかに本人の確認請求又は行政庁の職権によって行う場合もある」とし，その具体例として「事業主において，被保険者の資格関係が発生したにもかかわらず，届出をしない場合などに，実地調査などの結果に基づいて行われる」と説明されている。
[29] 大阪地判平元.8.22労判546号27頁。

このような保険料の納付と給付請求権との関係は，基本手当と老齢年金という給付の性格とも密接に関連する。基本手当が，失業した被保険者の年齢等に応じた一定の期間しか支給されないのに対して，老齢年金は支給要件を満たせば，支給期間に制限を設けることなく，受給権者が死亡するまで，一定の給付が継続的かつ定期的に支給されるからである。

　このような基本手当と老齢年金との違い，とくに老齢年金の特徴を前提にすると，事業主が届出義務を懈怠したことに対する損害賠償訴訟は，その請求の認否に関わらず，なお解決されない問題が残されている。

　損害の発生を認めた3つの裁判例のうち，京都市役所事件と豊国工業事件の原告はいずれも，すでに厚生年金の受給権者となっており，実際に受給している年金額を前提に損害額を算定している。このように原告が老齢厚生年金の支給要件を満たし，現実に老齢厚生年金を受給している場合には，現在の年金給付額をもとに，届出義務が履行されていたならば増額されるであろう年金額との差額を損害額として構成することができる。しかし，そこでは，当該原告が生存するであろう平均余命等をもとに損害額が算定されることになるため，平均余命以上に長生きする場合には，損害賠償額は得られたであろう老齢厚生年金の受給額を下回ることとなる。

　これに対して，いまだ老齢厚生年金の支給要件を満たしていない場合には，いくつかの擬制のもとで損害額を算定しなければならない。65歳という老齢厚生年金の支給開始年齢まで生存することや，支給開始年齢に到達した時点で，25年以上という保険料納付要件を満たしていることが求められるからである。この結果，原告が56歳であった大真実業事件のように，支給要件を満たす蓋然性が低いと判断されれば，損害の発生は未確定ということになり，損害賠償請求が認められないことになる。

　また，鹿瀬町事件のように損害賠償が認められたとしても，それは年金としてではなく一時金として支払われるものであり，具体的に算定される賠償額は得られるであろう老齢厚生年金の受給額と比較して低くなる蓋然性が高い。鹿瀬町事件では，55歳の原告の平均余命を29年とし，老齢厚生年金の損害額を算定しているから，原告が平均余命以上に長生きをすれば，損害賠償額は得られるであろう年金受給額を下回ることとなる。逸失利益を算定す

る方法の限界とはいえ，このような解決は，加入を強制し届出を義務づけていることの趣旨に合致しないように思われる。このような不合理は，麹町社会保険事務所事件のように，事業主が被保険者の報酬額を過少に申告して，実際に負担すべき保険料と過少申告に基づく保険料との差額分を横領したと認定される事案では，とくに顕著となる。

　繰り返しをいとわず再確認すれば，ここで問題となるのは，届出義務を懈怠した事業主に損害賠償を請求できたとしても，被保険者にとって最終的な問題解決とはならないことである。それは，老齢厚生年金を受給しているか否かに関わりはない。届出義務の懈怠によって発生する問題は，支給要件に直結する被保険者期間と，年金支給額に連動する標準報酬額であり，公的年金の特徴のひとつは，支給期間に制限を設けることなく，受給権者が死亡するまで，一定の給付が継続的かつ定期的に支給されることである。したがって，すでに老齢厚生年金を受給している者にとっては，損害賠償が認められたとしても，その解決は，自己の生存期間との関係でいえば，妥協の産物である可能性も残される。長寿になるほど，損害賠償額以上の年金支給額を失うことになるからである。他方，支給開始年齢以前の者にとっては，被保険者期間の復活と正確な標準報酬額の把握こそが最終的な問題解決である。失うであろう老齢厚生年金額以上の損害賠償額が認められる可能性が低いからである[30][31]。

　また，ここまで特に取り上げることはできなかったが，同時に二以上の事

---

30) 消滅時効とも密接に関連する問題として，不法行為がいつ発生するかに関係する除斥期間の問題がある。これについては，京都市役所事件で京都地裁が「民法724条後段の20年の除斥期間の起算点は，条文上は「不法行為の時より」となっているが，これは不法行為と同時に損害が発生する通常の場合を想定した規定であって，不法行為時から相当期間経過後に損害が発生する例外的な場合においては，損害発生時から除斥期間の進行が始まるものと解するのが相当である。なぜなら，そのような場合において不法行為時から除斥期間の進行が始まるものと解すると，損害が発生していないのに除斥期間が進行し，極端な場合には，損害が発生する前に除斥期間が満了してしまうという不都合な事態が生じうるからである。そして，各区長等の本件措置は，損害が不法行為よりも遅れて発生する例外的な場合に当たるというべきである」と判示した。
31) さらに，損害賠償の請求は，届出義務を懈怠した事業主に対する制裁という側面があり，老齢厚生年金の支給システムによる問題解決という手法は，届出義務を懈怠した事業主に対する制裁を不問に付すことにつながり，社会的公正に反するとの批判も十分予想される。

第6章　届出義務をめぐる問題　95

業所に使用されるに至ったときは，事業主ではなく被保険者が 10 日以内に必要記載事項を記載した届書を厚労大臣または健保組合に提出しなければならない（健保側 37 条）。簡便な処理を考慮した手続ということができるが，届出義務をこの場合に限って被保険者に転換する合理的な理由はないように思われる。あくまでも被保険者資格に関する届出義務は事業主に課すという原則を貫き，保険者による名寄せシステムの開発によって解決すべきである。

　届出義務の懈怠に対する損害賠償請求を求めたとしても，届出義務を履行されなかった労働者の満足を確保することは，おそらく不可能に近い。その意味では，比較法的な検討も含めた制度的解決を図る必要がある。

第 7 章　不法滞在外国人に関する被保険者資格

はじめに

住所は，選挙権行使や税法上の納税義務者を確定する際の基準となるほか，債務履行地の基準となるなど，われわれの生活に密接に関係する。

社会保障制度における権利義務関係においても，住所は重要な機能を果たす。社会保障制度にあって，住所は被保険者や受給者の資格を決定し，保険料や利用料などの負担を課す際の基準となるからである[1]。とくに，地域保険における被保険者資格は，市町村または特別区あるいは都道府県の区域内に住所を有する者（国保 5 条，高確 50 条），日本国内に住所を有する 20 歳以上 60 歳未満の者（国年 7 条）など，基本的に住所を有する者に与えられる。しかも，この資格は住所を有するときに当然に発生するものと理解されている（国保 7 条，当然加入方式）。

1）　たとえば，生活保護法や身体障害者福祉法では居住地・現在地という概念（生保法 19 条 1 項，身障者法 9 条など）が，精神保健福祉法では居住地（精福 21 条）という概念が用いられる。このうち，居住地については，「事実上の「すまい」のある場所」（小山進次郎『改訂増補生活保護法の解釈と運用』（中央社会福祉協議会，1951 年）307 頁），「居住事実のある場所」，「現にその場所に居住していなくても，他の場所に居住していることが一次的な便宜のためであって，一定期限の到来とともにその場所に復帰して起居を継続していくことが期待される場所等には，世帯の認定をも勘案のうえ，その場所を居住地として認定すること」（『生活保護手帳 2013 年度版』（中央法規，2013 年）146 頁）とされる。また，裁判例では，「客観的な人の居住事実の継続性および期待性が備わつている場所，すなわち，人が現に日常の起居を行なつており，将来にわたり起居を継続するであろうことが社会通念上期待できる場所をさすものと解されるが，人が現にその場所で起居していなくとも，他の場所における起居が一時的な便宜のためであつて，一定期限の到来とともにその場所に復帰して起居を継続していくことが期待されるような場合（いわゆる帰来性がある場合）には，本来の居住が一時的に中断しているに過ぎないから，このような場所も居住地に含まれるものと解するのが相当である」とするものがある（東京地判昭 47.12.25 行集 23 巻 12 号 946 頁）。なお，社会保障法における住所・住民に関する先行研究として，島崎謙治「居住移動と社会保障（上・下）」千葉大学法学論集 9 巻 3 号（1995 年）75 頁，同 9 巻 4 号（1995 年）81 頁以下がある。

このように地域保険においては，住所が被保険者資格を付与する際の基準となっていることから，住所要件をめぐり国民健康保険における被保険者資格の有無を争う裁判例を検討する。具体的な裁判例の件数は多くはないが，大きく2つの類型に分かれる。不法滞在の外国人をめぐる紛争類型と，当該市町村に住所を有するか否かが争われる類型である。これら2つの類型について，紙幅の関係から2つの章に分けて検討を試みたい。

ここでは，まず各法における住所の扱いを概観した後，不法滞在外国人に関する裁判例として，2件の下級審判決と横浜市事件に関する最判（平16.1.15民集58巻1号226頁，以下平成16年最判という）を素材に検討をくわえてゆきたい。

1 住所・住民の概観

まず，住所・住民概念を民法，地方自治法，住民基本台帳法および国民健康保険法との関係で概観しておきたい。

(1) 民法における生活の本拠

住所の概念はいろいろな法律で使われており，諸法に共通の概念であり，法律で「住所」について定義していない場合には，民法に規定している住所すなわち「生活の本拠」が住所とされる。

何をもって生活の本拠とするかについては，定住の意思を必要とする主観説もあるが，通説判例は客観的な定住の事実で足りるとする（客観説）[2]。すなわち「住所所在地の認定は各般の客観的事実を綜合して判断すべき」[3]とか，「住所であるか否かは，客観的に生活の本拠たる実体を具備しているか否かにより決すべき」[4]とされる。

このように住所は客観的に判断すべきであるとすると，現代の複雑に分化

---

2) 刑法では，住居について「住居とは人の起臥寝食に使用される場所」であり，「必ずしも適法に占有されているものであることを要しない」とされている。
3) 最判昭27.4.15民集6巻4号913頁。
4) 最判平9.8.25判タ952号184頁，最判平23.2.18判タ1345号115頁。

した生活状態にあっては，それぞれの生活関係について，それぞれ適当な住所が認められることになる。このため，かつては住所単一説[5]が支配的であったが，近時は複数説ないし法律関係基準説が支配的である[6]。

(2) 地方自治法上の住民─住民たる地位の強制性

市町村の住民という視点からみると，地方自治法（以下，自治法という）10条1項が「市町村の区域内に住所を有する者は，当該市町村及びこれを包括する都道府県の住民とする。」と定めている。

市町村の区域に住所を有する者は，市町村の住民という資格を得ると同時に，自動的に都道府県の住民となる。ここでは，住所とは何かについて特段の定めはないので，生活の本拠によることになる。自治法上の住所はひとつに限られるという前提に立つが，自治法10条の規定から明らかなように，住民となるについての特段の行政的手続はない。市町村は，住民について，住民たる地位に関する正確な記録を常に整備しておかなければならず（自治法13条の2），住民に関する記録を正確かつ統一的に行う住民基本台帳の制度が定められている[7]。

ここで重要なことは，わが国の法制度が市町村に属さない区域は存在しないという前提をとっていることである。すなわち市町村という制度は日本全国にあまねく存在しており，日本に住所を有する者は，いずれかの市町村の住民たる地位をかならず持つことになる[8][9]。このように住民たる地位が普遍的強制的に付与されることを前提として，皆保険・皆年金の理念が具体化されているということもできる。ある意味では，住民たる地位が，社会保険ひいては社会保障に関する権利義務関係の存否を決定づけているといえる。

---

5) 単一説に立つものとして，最判昭35.3.22民集14巻4号551頁がある。
6) 複数説に立つ最判昭26.12.21民集5巻13号796頁のほか，最判昭29.10.20民集8巻10号1907頁は法律関係基準説に立つと考えられる。
7) 住民基本台帳に記録されている住所は地方自治法上の住所であるという推定は働くが，反証は可能である点につき和歌山地判昭63.9.28行集39巻9号938頁参照。
8) 塩野宏『行政法Ⅲ（第4版）』（有斐閣，2012年）144頁。
9) なお，東日本大震災の避難住民に関する特別法として，「東日本大震災における原子力発電所の事故による災害に対処するための避難住民に係る事務処理の特例及び住所移転者に係る措置に関する法律」（2012（平成14）年6月27日法47号）がある。

第7章　不法滞在外国人に関する被保険者資格　99

(3) 住民基本台帳法における住所と被保険者資格

住民基本台帳法（以下，住基法という）は，市町村において，住民の居住関係の公証，選挙人名簿の登録その他の住民に関する事務の処理の基礎とするとともに住民の住所に関する届出等の簡素化を図り，あわせて住民に関する記録の適正な管理を図り，もって住民の利便を増進するとともに，国および地方公共団体の行政の合理化に資するため，住民基本台帳の制度を定めている。そして，住基法4条は「住民の住所に関する法令の規定は，地方自治法第10条第1項に規定する住民の住所と異なる意義の住所を定めるものと解釈してはならない」と定めている。

市町村長は，常に住民基本台帳を整備し，住民に関する正確な記録が行われるように努めるとともに，住民に関する記録の管理が適正に行われるように必要な措置を講ずるよう努めなければならず，その住民につき，氏名，出生の年月日，男女の別など法所定の事項を記録する住民票を世帯ごとに編成して，住民基本台帳を作成する義務を負っている。他方，住民は，常に住民としての地位の変更に関する届出を正確に行うように努めなければならず，出生以外の事由で新たに市町村の区域内に住所を定めて転入をした者は，転入をした日から14日以内に，氏名，住所，転入をした年月日等所定の事項を市町村長に届け出ることが義務付けられており，正当な理由がなくこれに違反した場合には，5万円以下の過料に処せられる。

(4) 国民健康保険における住所

国民健康保険法はその5条で，市町村等の区域内に住所を有する者を被保険者と規定している。国民健康保険法はこの5条以外に特段，住所について定めていないことから，ここにいう住所とは各人の生活の本拠を指すものといえる[10]。

ただし，国民健康保険法はその6条で適用除外規定を設けており，市町村

---

10) 「およそ法令において人の住所につき法律上の効果を規定している場合，反対の解釈をなすべき特段の事由のない限り，その住所とは各人の生活の本拠を指すものと解するを相当とする」（最判昭29.10.20民集8巻10号1907頁）。

等の区域内に住所を有する者であっても，6条各号のいずれかに該当する者は，当該市町村の行う国民健康保険の被保険者とはされない。このため，健康保険法の被保険者，その被扶養者など医療保険各法の加入者や生活保護の保護を受けている世帯に属する者は，市町村国保の被保険者とはされない。後に検討するように，法制定当初は，国保が国籍要件を採用していたこととの関係で，適用除外規定には外国人も含まれていた。

① **被保険者資格の届出**

被保険者資格の取得時期について，「当該市町村の区域内に住所を有するに至つた日又は前条各号のいずれにも該当しなくなつた日から，その資格を取得する。」（国保7条）とし，被保険者の属する世帯の世帯主が，その世帯に属する被保険者の資格の取得および喪失に関する事項その他必要な事項を市町村に届け出なければならない（国保9条）。

しかし，住基法による住所の届出は，国民健康保険の被保険者資格に関する届出を兼ねている。先に触れたように，国民健康保険法は市町村の区域内に住所を有する者を当該市町村が行う国民健康保険の被保険者とすると定め，国民健康保険の被保険者の属する世帯の世帯主に対し，その世帯に属する被保険者の資格の取得および喪失に関する事項等を市町村に届け出ることを義務付けているが，住基法22条から25条までの規定による届出（転入届，転居届，転出届または世帯変更届）に国民健康保険の被保険者であることを証する事項で住基法施行令27条1号に定める事項を付記すれば，国民健康保険法9条項に規定する市町村に対する届出があったものとみなされる[11]。しかし，住民基本台帳法上の住所と国保法上の住所との関係については，住民基本台帳への記載が直ちには真実の住所を示すものではない[12]とされている。

---

11) 住基法の施行に伴い，関係5省庁連名通知により「住所の意義及び認定」について統一見解が示された（昭42.10.4法務省民事甲2671号・保発39号・庁保発22号・42食糧2668号・自治振150号）。そこでは，「住民基本台帳法上の住所は，地方自治法10条の住民としての住所と同一であり，各人の生活の本拠をいうものである。住所の認定に当たっては，客観的居住の事実を基礎とし，これに当該居住者の主観的居住意思を総合して決定する。」とされた。
12) 昭44.2.3保険発6号の2は「住民基本台帳に記載された住所は，当該者の住所であると推定されるが住民基本台帳への記載は，形成的効力を有するものではないので注意さ

② 修学特例・住所地特例

　先に述べたとおり，国保における被保険者資格を付与する場合，生活の本拠をもって判断する。短期滞在者や家族と別居している者に関する判断が問題となる。当初から，当該市町村から他の市町村への転出が予定されているごく短期（半月ないし1ヶ月程度）の滞在者は，国保の性格から考えて「住所を有する者」としないことが適当である（昭34.1.27保発4号施行通達）とされている。家族と離れて居住している者の住所は，後に検討する2つの特例制度を除き，本人の日常生活関係，家族との連絡状況等の実情から判断すべきであるが，「毎週土曜日・日曜日のごとく勤務日以外には家族のもとにおいて生活をともにする者については，家族の居住地に住所を有する」（昭46.3.31自治振発128号）とされる。

　また，修学特例，住所地特例という制度が存在する[13]。家族と別居してマンションに入居したり寮に入っている学生の場合，国保の適用については，例外的に在学しなければ属していたであろう世帯に属するものとみなされる（国保116条）。修学特例といわれる。施設入所者や長期入院により他の市町村から転入してきた入院患者等については，従前住所地の市町村が行う国保の被保険者とすることとされている（国保116条の2）。1994（平成6）年改正（法56号）により規定され，現在ではこれを住所地特例という。

2　不法滞在外国人をめぐる裁判例

　日本は1981（昭和56）年にいわゆる難民条約に批准した。このため，法6条の適用除外規定から，外国人に関する規定を削除した。ただし1985（昭和60）年度までは，日本国籍を有しない者について，①難民条約の適用を受ける難民，②日韓協定に基づく永住許可を受けている者，③市町村が条例で定める国の国籍の者だけが国保の適用対象とされていた[14]。その後，施行規則の

れたい。」とする。
13）『新・国民健康保険基礎講座』（社会保険実務研究所，2010年）182頁。昭和42年11月10日から施行された住民基本台帳制度により，国保法116条は住所の特例ではなく，資格の適用そのものに関する特例に改められた。
14）同上『新・国民健康保険基礎講座』166頁。

改正により，1986（昭和61）年4月1日から被用者保険等に加入していない外国人であって，市町村に住所を有するすべての外国人について，全国統一に国民健康保険を適用することとなった。しかし，おおむね在留期間1年未満の短期滞在者については，適用対象から除かれた[15]。

こうして，外国人についても，市町村等の区域内に住所を有する者は，適用除外規定に該当しない限り，国民健康保険の被保険者資格を付与されることとなるが，ここに不法入国者や在留期間を徒過した不法滞在者の問題が発生する。

(1) 下級審裁判例

不法滞在者は国保法5条所定の「住所を有する者」に該当するか，という論点について，下級審は，否定説と限定肯定説とに分かれていた。

否定説を採用した足立区事件[16]は，国民健康保険被保険者証の不交付処分を適法とした。国民健康保険制度の持つ相互扶助および社会連帯の精神からすると，国民健康保険「制度に強制的に加入せしめる対象となる被保険者は，少なくとも，わが国社会の構成員として社会生活を始めることができる者を当然の前提としているものと解すべきであり，不法に入国した外国人についてまで，かかる制度の適用の対象者とし，保険に強制加入させることは，国保法の予定しないところというべきである」という。平成16年最判の控訴審判決も結論としては否定説に立つ。

これに対して，限定肯定説に立つ武蔵野市事件[17]は，以下のような理由から被保険者証の不交付処分を取り消した。国民健康保険「法5条の『住所』の有無を判断する場合の一つの考慮要素にすぎない『在留資格を有すること』を『住所を有する者』に該当するための一律の要件とするような解釈を導くのは妥当性を欠く」とし，「在留資格のない外国人につき，一律にわが国に生活の本拠を有し得ないものと解するのは相当でなく，在留資格のない外国人

---

15) 昭56.11.25 保険発84号「国民健康保険法施行規則の一部を改正する省令の施行について」および平4.3.31 保険発41号「外国人に対する国民健康保険の適用について」。
16) 東京地判平7.9.27 行集46巻8=9号777頁。
17) 東京地判平10.7.16 判時1649号3頁。

であっても，居住関係を中心とした客観的生活状況及びその者の定住意思から，わが国に住所があると認めるべき場合も存する」ことを認める。そして，居住関係を中心とする原告の客観的生活状況を基礎とし，その定住意思をも勘案して総合的に判断して，被告に区域内に住所を有していたとして，不交付処分を違法とした。平成16年最判の1審判決も限定肯定説に立ち，被保険者性を肯定した。

(2) 平成16年最判

以上のような下級審判決の対立状況に決着をつけたのが，平成16年最判（最判平16.1.15）である[18]。本件は，無国籍であるため強制送還もできないという特殊な事情のもとに，不法滞在状態にある上告人Xに対し，「在留資格を有しない外国人が法5条所定の「住所を有する者」に該当するというためには，単に市町村の区域内に居住しているという事実だけでは足りず，少なくとも，当該外国人が，当該市町村を居住地とする外国人登録をして，入管法50条所定の在留特別許可を求めており，入国の経緯，入国時の在留資格の有無及び在留期間，その後における在留資格の更新又は変更の経緯，配偶者や子の有無及びその国籍等を含む家族に関する事情，我が国における滞在期間，生活状況等に照らし，当該市町村の区域内で安定した生活を継続的に営み，将来にわたってこれを維持し続ける蓋然性が高いと認められることが必要である」とした。

3　不法滞在外国人をめぐる裁判例の検討

多くの場合，住所とは生活の本拠を意味するが，それぞれの法律の趣旨に沿って解釈・認定すべきものと考えられる。そして国保法には「住所」につき特段の定義規定は置かれていないから，国保法にいう「住所」は，人の生活の本拠すなわちその者の生活全般の活動の中心となる本拠を意味することに争いはない。

---

18)　最判平16.1.15民集58巻1号226頁。

しかし，不法滞在者は国保法5条所定の「住所を有する者」に該当するか，という論点をたてて議論する場合，当然のことながら，国民健康保険法の趣旨・目的に沿った解釈論が定立される。以下では，これを国保アプローチという。国民健康保険制度は，地域社会を構成する住民の連帯意識を基盤として運営される性質のものであり，相互扶助および社会連帯の精神に立つことを前提とする。しかし，この国保アプローチは，一定の結論を導き出さない。事案により論者により，結論が異なるからである。これに対して，不法滞在外国人の問題を地方自治法における「住民」という視点から判断・解釈する立場がある。これを以下では，住民アプローチという。以下では，これらふたつのアプローチについて裁判例と学説を用いて検討する。

(1) 国保アプローチ

国保アプローチは，国民健康保険制度を，相互扶助および社会連帯の精神に立ち，地域社会を構成する住民の連帯意識を基盤として運営されることを前提とする。しかし，裁判例，学説ともに，否定説，限定肯定説および全面肯定説に分かれる。平成16年最判がそうであるように，限定肯定説が多数説である。結論が分かれる原因は，保険料を徴収し保険給付を行う国保制度をどのように理解するかが立場により異なるからである。

① 否定説

裁判例としては，国保の被保険者は少なくとも，「わが国社会の構成員として社会生活を始めることができる者を当然の前提」とするが，不法入国者についてまで，国保の「強制加入させることは国保法の予定しないところである」という[19]。あるいは国保「法五条の『住所』が特定の市町村の区域内にあるというためには，特定の場所における各人の生活の実体が市町村の行う国民健康保険の被保険者資格の付与の趣旨に適合するものであることを法律上当然の前提とし，そのような実体を持つものを『住所』として立法されているものと解するのが相当である。」という[20]。

---

19) 前掲・東京地判平7.9.27行集46巻8=9号777頁。
20) 東京高判平14.2.6民集58巻1号302頁。この判決は，市町村の行う国民健康保険の

学説における否定説は，外国人が一定の地域内で継続的・安定的な居住関係と保険者との保険料の徴収・給付関係を維持できなければならないが，不法入国者は，退去強制の対象者であり，居住の継続性・安定性に欠けることは明らかであるから，不法入国者は国民健康保険の適用対象者外とすべきであるとする[21]。

② 肯定説

国保制度の趣旨目的から，不法滞在外国人に対して被保険者資格を認める裁判例はない。

学説では，高藤昭が肯定説に立つ。国際人権規約などの国際規範からの要請のもとで，「社会保障権の実現を担う国保は，単にわが国での生活実態があれば外国人にも適用されるべきで，在留資格の有無を問うものではない」あるいは「国保が社会連帯に立つ制度とすれば，当該外国人は当然に対象化されるものであって，入国の正規，不正規の国家的観点はその後で生ずる関係であることを明確に理解しておかなければならない」という[22]。

③ 限定肯定説

以上のような否定説，肯定説に対して，在留資格の有無，在留期間の長短等を考慮して不法滞在者にも国民健康保険が適用すべきという見解が示される。限定肯定説ともいうべき平成16年最判の立場である。

平成16年最判は，外国人が法5条所定の「住所を有する者」に該当するかどうかを判断する際には「当該外国人が在留資格を有するかどうか，その者の有する在留資格及び在留期間がどのようなものであるかが重要な考慮要素となる」として，原告・上告人の請求を認容し，被保険者資格を認めた。ここで注目されるのは，平成16年最判が，法5条にいう「住所を有する者」

被保険者資格の取得要件は，同時に強制加入を認定する要件でもあるという。
21) 岡村世里奈・季刊社会保障研究33巻2号（1997年）209頁。平成16年最判において「社会保障制度を外国人に適用する場合には，その対象者を国内に適法な居住関係を有する者に限定することに合理的な理由がある」とする横尾・泉意見もこの系譜に立つものといえる。
22) 高藤昭・判例評論482号（1999年）9頁。なお法セ593号（2004年）70頁も参照。

は，市町村の区域内に継続的に生活の本拠を有する者と述べたことである（傍点；筆者）。この継続性・安定性を要求することは，下級審においてもすでにみられるところである[23]。

学説もこの限定肯定説が多数を占める[24]。そのいくつかを紹介すると，中野妙子は，入管法上の適法性と国保法上の適法性は別個の問題であることを前提に，「不法滞在者に国保法上の『住所』を認めるにあたっては，その者がある場所で事実上生活しているだけでは足りず，今後とも日本国内での居住が認められることが必要である」とする[25]。岩村正彦は，「既に安定的な生活関係が構築され，かつ定住意思がある場合で，法的な見地からも，今後それが相当の期間にわたり維持される見込みがある場合には，例外的に国保法上の『住所』の存在を認めるのが妥当であろう」という[26]。

これらの国保アプローチは，肯定説を除けば，否定説も限定肯定説も継続的・安定的な居住関係の存在を基礎とする点で共通し，とくに限定肯定説は，入管法と国保法との比較考量のなかで，国保法の趣旨目的から，在留特別許可が認められる蓋然性が高い場合には「住所」の存在を認める立場である。

(2) 住民アプローチ

以上のような国保アプローチとは別に，地方自治法における「住民」という立場を重視する裁判例・学説が存在する。

住民アプローチの立場に立つ裁判例は，国保制度が相互扶助と社会連帯の

---

[23] 武蔵野市事件の東京地判平10.7.16判時1649号3頁は「住所の概念に内包される居住の継続性，安定性という以上の意味をもたせ，これを前提に，外国人が法五条の『住所を有する者』に該当するといえるためには，当該外国人が一定の在留資格を有することが一律の要件になると解するのは，法五条の文理解釈上無理があるといわなければならない」とした。これに対して，横浜市事件における東京高判平14.2.6判時1791号3頁は「特定の場所における各人の生活の実体が市町村の行う国民健康保険の被保険者資格の付与の趣旨に適合するものであることを法律上当然の前提と」するというが，ここでいう「実体」も，継続的安定的な生活という趣旨を考えられる。しかし，高裁は結果として，「当該外国人について，法五条にいう『住所を有する者』と認めることはできない」と結論づけた。

[24] 山田洋・自治研究73巻2号（1997年）102頁，水谷里枝子・平成10年主要民事判例解説296頁。

[25] 中野妙子・自治研究77巻1号（2001年）118頁。

[26] 岩村正彦・ジュリ1147号（1998年）107頁。

精神を基盤とする制度であるものの「住所の有無を判断する場合の一つの考慮要素に過ぎない"在留資格を有することを住所を有する者"に該当するための一律の要件とする解釈を導くのは妥当性を欠く」とする[27]。あるいは、「居住の継続性・安定性が住所の概念に内包されることは当然のこととしても、それ以上に、一定の在留資格を有することを、外国人について法五条の『住所』を認定するための一律の要件であると解釈するのは、法五条の文理解釈上無理があるといわなければならない」という[28]。

学説では、太田匡彦が住民アプローチに立つ。まず、太田は地方公共団体を「開放的強制加入団体」とする。地方公共団体は、ある個人を住民とするか否かを自ら決定する権能を有していない、という意味で開放的団体であり、市町村の区域内に住所を有する個人は当然に当該市町村の住民となり、個人の加入意思は問われない、という点で強制加入団体といえるからである。こうした居住という客観的事実によってその構成員を画する「開放的強制加入団体」としての自治体のあり方から、太田は、「日本という領域に居住する全ての人が国民の地位を持つ訳ではない」が、その一方で「全ての人は住民という地位は持つ」という。ここでは、国民健康保険の制度趣旨をひとまず脇に置き、居住の事実から住民に該当する場合には、被保険者資格を付与する立場をとる。言葉を換えれば、滞在状態の適法・違法を区別することなく、客観的な居住の事実から被保険者該当性を判断することになる。かくして、太田は平成16年最判について、地方自治法・住民基本台帳法の規定を「意識的に無視している」[29]という。

(3) 平成16年最判に関する若干のまとめ

本件は、日本での滞在期間が22年間にも及び、調理師として稼働しながら13年間にわたって、妻と日本で生まれた2人の子とともに横浜市に定住して家族生活を営んできたという事案である。住民アプローチに立てば、このよ

---

27) 東京地判平10.7.16判時1649号3頁。
28) 横浜地判平13.1.26民集58巻1号268頁以下。
29) 太田匡彦「住所・住民・地方公共団体」地方自治727号（2008年）2頁以下とくに15頁注2参照。山崎重孝「住民と住所に関する一考察」地方自治767号（2011年）2頁も参照。

うな客観的な居住の事実を重視して,「生活の本拠」は横浜市にあったということになろう。

しかし平成 16 年最判は,国保法 5 条にいう「住所を有する者」を「市町村の区域内に継続的に生活の本拠を有する者」としたうえで,先に述べたような居住の事実や在留資格の更新または変更の経緯に加え,外国人登録をし,在留特別許可を申請していること,当該市町村における生活の実態に安定性・継続性を認めたことから,国保アプローチを採用したことは明らかである。しかも,強制送還をするべき本国を特定し得ないという極めて特殊な事情を考慮すれば,平成 16 年最判の射程は極めて狭いといえる。適法に入国した後,オーバーステイ状態になった場合など,事例ごとの判断を求められるからである。

ここで注目されるのは,平成 16 年最判が,法 5 条の住所を有する者を市町村の区域内に「継続的に」生活の本拠を有する者としたことである。

住所の判断要素として,居住の継続性,安定性が求められることは,ある意味では当然であり,それらが住所の概念に内包されていることに異論はないと思われる[30]。しかし,平成 16 年最判のいう継続性は,むしろ「継続的に」保険料等の徴収や保険給付を行うことを重視していることから,端的に言えば,国保の制度運営・財政運営における被保険者としての継続性・安定性を求めているといえる。住所概念に,このような「継続性」基準を付加することについては,大きな疑問がのこる。

まず,当然加入要件を採用する法 5 条の規定から,このような継続性を読み込むことが可能なのか疑問である。繰り返しになるが,継続性という要件のもと,「在留資格を有すること」を「住所を有する者」に該当するための要件とする解釈を導くのは妥当性を欠くと考える。次に,このような継続性の要件を付け加えることは,被保険者資格を限定する機能を果たす。このことは,被用者保険制度に加入していない者を被保険者とする国保の受け皿的機能に制約を加えるものといえる。さらに,保険料の安定的徴収という面に限

---

[30] 前掲・東京地判平 10.7.16 判時 1649 号 3 頁は,「個人が現に居住する場所が住所と認められるためには,一定程度において居住の継続性,安定性を要するものであり,その意味において,居住の継続性,安定性は,住所の概念に当然に内包される」という。

定すれば，被保険者資格の取得を申請していること自体，保険料の負担義務を履行する意思の表明であるから，居住関係が不安定であることを被保険者資格の付与に結びつける必要性はないと考える。

なお，不法滞在外国人の問題については，この判決の射程距離および横尾・泉意見の意見を意識してか，国民健康保険法施行規則の改正が行われ（平16厚生労働省令103号），①日本の国籍を有しない者であって，入管法に定める在留資格を有しないものまたは在留資格をもって本邦に在留する者で1年未満の在留期間を決定されたもの，②日本の国籍を有しない者であって，外国人登録法4条1項の登録を行っていない者，③その他特別の事由がある者で条例で定めるものを国民健康保険法の適用除外者とした。

こうして，不法滞在外国人に関する被保険者資格の問題は施行規則の改正で一応の解決をみた。しかし，平成16年最判が国保アプローチ，とくに限定肯定説を採用したことの評価は，「継続的に生活の本拠を有する」ことを被保険者資格の付与に求めるという点で，住所の不明な者をどう取り扱うかというホームレスの問題を残すこととなるため，なお慎重な検討が必要に思われる。

第 8 章　被保険者資格を付与する基準——ホームレス

はじめに

　ここでは，不法滞在外国人をめぐる裁判例の検討を前提に，もっぱら日本国籍を有するものの市町村に住所を有するか否かが争われた類型を検討する。この類型に属する裁判例は，住所地特例制度が導入される以前の下級審判決が 2 件存在する。しかし，ここでは被保険者資格の有無を直接争うものではないが，被保険者資格の帰趨にも影響を与える最判（平 20.10.3 判時 2026 号 11 頁，以下平成 20 年最判という）を含めて検討する。

1　被保険者資格に関連して住所を有するかが争われた裁判例

　市町村の区域内に住所を有しないとして，被保険者証を交付しなかったり，療養の給付を行わなかった事案が 2 件存在する。いずれも保険者は大阪市であり，国民健康保険審査会の裁決に関する保険者の原告適格が争われた事案である。大阪市（柳沢）事件，大阪市（上林）事件（大阪地判昭 44.4.19 行集 20 巻 4 号 568 頁）である。ともに結核療養のために施設に入所していたことに関連して住所の所在が問題とされた[1]。住所の認定にも密接に関連する平

---

[1]　住所という視点ではなく，保険者と被保険者との間の被保険者資格をめぐる紛争という観点からみると，国保組合に関する事案であるが，大阪府医師国保組合事件（大阪地判平 3.12.10 行集 42 巻 11=12 号 1867 頁）がある。判決は「国民健康保険法 13 条 1 項によれば，国民健康保険組合の組合員となる資格を有する者は，すべて国民健康保険組合に加入することができるものと解される。組合員となる資格については，国民健康保険組合の規約事項とされているが，規約に定められた資格を有する者は，当該組合への加入申込によりその組合員となり，法律上当然に当該組合が行なう保険事業の被保険者たる資格を取得するものというべきであって，国保法上，規約に定められた組合員資格を有する者が加入の申込をした場合に，国民健康保険組合が，当該申込者に対する組合員たる地位ないし被保険者たる資格の付与，不付与を決定するがごとき処分権限を有していると解すべき根拠はない」とする。開放的強制加入団体との対比からいえば，国保

成20年最判が存在する。

(1) 下級審裁判例

大阪市（柳沢）事件[2]は，国民健康保険事業の発足を契機に，入所中の施設を一時退院したうえ，大阪市西成区に転入届を提出するとともに国民健康保険の被保険者資格がある旨の届出をしたところ，大阪市が被保険者には該当しないとして，被保険者証を交付しなかったという事案である。また，大阪市（上林）事件[3]は，療養所を退所して大阪市に住所を移したとする原告に対して，療養の給付を行わなかった事案である。これら2つの事件は，大阪市が国民健康保険制度を実施した当初の事案である。

これらの事件はともに裁定的関与に関する下級審裁判例であるが，住所の認定に限定すれば，2つの判決ともに大阪市の主張を認めている。大阪市（柳沢）事件は3年4ヶ月にわたる療養所での生活について，「住民登録がなされているからといって，それだけで直ちに住所として認められるわけのものではない」として，住民登録されている本件場所（大阪市西成区）を「生活の本拠と認めるべき客観的事実としては十分ではない」と判示した。

大阪市（上林）事件は，入院6ヶ月を経過した時点で，妻が賃貸アパートの契約を解除して大阪市から退去した時点以降，結核療養のための入院した病院の所在地に住所が認められるとした。入院わずか6ヶ月を経過した時点での紛争であるが，大阪地裁は「国民健康保険法上の住所は，その時々における保険料の徴収・納付と保険給付の提供・受領が容易である場所であることが重要であって，過去に納付した保険料の額および期間，過去の納付の場所は重視する必要がない」と述べている。

組合は開放的任意加入団体ということになる。開放的強制加入団体などにつき，太田匡彦「住所・住民・地方公共団体」地方自治727号（2008年）2頁参照。また都市公園におけるテント除去をめぐる裁判例（大阪地判平21.3.25判例自治324号10頁）に関連する太田匡彦「明渡しか，除却か」東京大学法科大学院ローレビューVol.4（2009年9月）も参照。

2) 大阪地判昭40.10.30民集28巻4号608頁，保険者は審査会裁決に関する原告適格を満たすかという本案前の主張に関し，最高裁は原告適格を認めず，大阪市の訴えを却下した（最判昭49.5.30民集28巻4号594頁）。
3) 大阪地判昭44.4.19行集20巻4号568，控訴審は原告適格を認めないという見地から原判決を取り消した（大阪高判昭46.11.11行集22巻11＝12号1806頁）。

(2) 平成 20 年最判

　最後に，国民健康保険の被保険者資格とは直接関係するものではないが，いわゆる扇町公園事件を通して，住所に関する客観的生活本拠説について検討してゆきたい[4]。

　本件原告（被控訴人・上告人）X は，平成 13 年 2 月 16 日，大阪市北区浪花町《番地略》を住所とする届出をした[5]。しかし，この住所が職権消除される可能性が生じたため，平成 10 年ないし 11 年から大阪市北区扇町公園内にテントを設置して居住してきたと主張して，被告（控訴人・被上告人）大阪市北区長 Y に対し，平成 16 年 3 月 30 日付けで上記テントの所在地を住所とする転居届（本件転居届）を提出した。しかし，Y は X に対し，同年 4 月 20 日付けで本件転居届の不受理（以下，本件不受理処分）を通知したので，本件不受理処分の取り消しを求めた事案である[6]。

　第 1 審は客観的生活本拠説に立ち，公園内のテントを設置している場所を住所と認定し，X の請求を認容した[7]。これに対し，控訴審判決で大阪高裁は，「生活の本拠としての実体」があると認められるためには，「単に一定の場所において日常生活が営まれているというだけでは足りず，その形態が，健全な社会通念に基礎付けられた住所としての定型性を具備していることを

4）　最判平 20.10.3 判時 2026 号 11 頁。
5）　このように，X は当初，野宿者の支援グループの 1 人である K 方を住所とする届出をしていた。しかし 2004（平成 16）年 2 月，X ほか数名が K 方で住民登録をしていたことを理由に，K が大阪府警により電磁的公正証書原本不実記載幇助で逮捕された（処分保留のまま釈放，その後不起訴）。このような経緯のなかで，大阪市北区長 Y が K 方にある X の住民登録を職権消徐しようとしたため，X はやむなく，同年 3 月 30 日，客観的事実に即して，大阪市北区扇町 1 丁目 1 番町公園 23 号への転入届を Y に提出した（永嶋靖久「大阪市扇町公園住民票転居届不受理処分取消請求事件」賃社 1412 号（2006 年）53 頁以下。）。
6）　住民票の消除処分について消除処分の仮の差止を求めた事案で，大阪高裁はこれを却下した 1 審決定を取り消し，仮の差止申立を認容した（大阪高決平 19.3.1 賃社 1448 号 58 頁）。また，大阪市西成区靫公園におけるブルーシート製テントなどを除去する旨の市長の除去命令につき，その執行停止を求めた事案で，大阪地裁は本案について理由がないとみえるときに該当するなどとして，その申立を却下した（大阪地決平 18.1.25 判タ 1221 号 229 頁）ほか，大阪地判平 21.3.25 判例自治 324 号 10 頁も原告の請求を棄却した。笹沼弘志『ホームレスと自立／排除』（大月書店，2008 年）参照。
7）　大阪地判平 18.1.27 判タ 1214 号 160 頁。

第 8 章　被保険者資格を付与する基準　113

要する」として，上記テントの所在地を住所とは認定しなかった[8]。Xの上告を受けた平成20年最判は，公園内に設けられたテントについて，本件事実関係のもとでは「社会通念上，右テントの所在地が客観的に生活の本拠としての実体を具備しているものと見ることはできない」として，Xの上告を棄却した[9]。

2 裁判例の検討

以下では，3つの事案を検討の対象とする。大阪市（柳沢）事件，大阪市（上林）事件および平成20年最判である。大阪市（柳沢）事件と大阪市（上林）事件については一定の留保が必要である。入院特例が認められる以前の事案であること，住民基本台帳法が施行される以前の事件であり，住民登録の事務処理が統一性を欠いていた時代の事案である。なお，大阪市（柳沢）事件は，逆選択の結果として住民登録をした側面が窺える事件である。これに対して，大阪市（上林）事件は，妻が住居の賃貸借契約を解除し，本人が長期入院を余儀なくされた場合の住所はどこかが問題となる。病院以外に帰るべきところがない事案である。これに対して，平成20年最判の事案は，帰るべき場所が都市公園に簡易的に設置されたテントである場合，それを住所と認定できるかという事案である。

(1) 大阪市（柳沢）事件，大阪市（上林）事件について

大阪市（柳沢）事件で，大阪地裁は，千石荘に入院加療中，訴外Aが大阪市西成区（本件場所）を自己の住所とする意思および退院後同所へ復帰する意思を有していたと認定したものの，「一時的な滞在はともかく，相当期間にわたって居住しうる状態になかったのであるから，帰住の意思がたやすく実現される客観的な条件を欠く」として，本件場所を同人の生活の本拠と認め

---

[8] 大阪高判平19.1.23判時1976号34頁。なお控訴審に関する評釈として，杉山正己・判タ平19年度主要民事判例解説302頁，野口恵三・NBL871号（2007年）46頁がある。
[9] 最高裁の結論は高裁判決と軌を一にするが，最高裁は"定型性"という概念を巧妙に回避している。

るべき客観的事実としては十分ではないとした（入院していた千石荘こそ同人の住所にほかならないとする。）。入院特例の存在しない本件当時において，入院期間が3年余に及ぶこと，国保の保険給付の適用を受けるために本件場所に住所を置いたものの，引き取った子供は実家に預けていたこと，などを総合的に勘案すると，本件場所にAの生活の本拠があったと考えられないので，判決の結論は妥当と考える。

　大阪市（上林）事件は，以下のような事案である。昭和37年8月7日以来，大阪市国保の被保険者であったBは，昭和37年10月に結核治療のため大阪府高槻市の赤十字病院に入院した。その後，妻が離婚を決意し，本件場所の賃貸借契約を解除し，離婚届を提出した昭和38年5月6日以降，Bは大阪市内に住所と有していると認められないとして，大阪市が療養の給付を行わなかったものである。

　本判決の特徴は，「国民健康保険法上の住所は，その時々における保険料の徴収・納付と保険給付の提供・受領が容易であることが重要であって，過去に納付した保険料の額および期間，過去の納付の場所は重視する必要がない」と判示したことである。市町村を保険者，住民を被保険者とする地域保険の成立根拠の一端を説明する判示前段部分はさておくとしても，判示後段部分は，保険給付請求権と保険料納付との関係を示唆する点で注目される。すなわち，国保における被保険者資格は，被用者保険とは異なり保険者の確認を必要としない。このため，被保険者資格を取得すれば，その時点から療養給付請求権が発生することとなる。このとき，保険料納付の有無は支給要件とされない。本件判示の後段部分はこのことを確認したものと考えられる。

　そのうえで本件判決は，Bの妻が離婚を決意し，本件場所の賃貸借契約を解除するまでの住所は本件場所にあったと認めたが，賃貸借契約を解除した3月1日以降は住民登録が残されていても，本件場所にBが居住していたとは認められないとした。すなわち，大阪市から高槻市へ転居したとしても，直ちに大阪市の被保険者資格を喪失するものでもないし，直ちに高槻市の被保険者資格を取得することにもならない。国保における被保険者資格との関係で，客観的に高槻市に住所を有するに至ったと判断するまでには時間的なずれが生じることを前提に，本件事案の場合には，賃貸借契約の解除が住所

認定の客観性判断の基準となったというのである。長期入院の場合，時期の特定は難しいもの，客観的にＡ市からＢ市への住所移動が客観的に判定される時点で，Ａ市の被保険者資格を喪失しＢ市の被保険者資格を取得するという結論となる。長期慢性患者の大都市集中という弊害を避けるために入院特例が導入された理由の一端がここに示されている。

これらふたつの事件はともに，長期入院患者の住所はどこか，という問題である。とくに，大阪市（上林）事件で大阪地裁は，ある意味，住基法上の住所と国保法上の住所とが異なることを示唆した点で注目される。継続的な生活の本拠と入院患者という論点は起臥寝食の場所を住所と認めるかという問題であるが，以下の問題は起臥寝食の場所の物理的な住所性が問題となる。

(2) 平成20年最判について

繰り返しになるが，本件は国民健康保険法における被保険者資格と直接関係するものではない。ホームレスが，提出された転居届（同一の市町村の区域内における住所の変更）に対して，受理しなかったという事案である[10]。すでに登録されている住民票について職権消除されそうになったとのことであるが，その後の帰趨は不明である。

住所複数説に立てば，平成20年最判はあくまでも転居届の不受理に関する判例であるから，国保被保険者としての資格認定に関する住所の判定は別途，講じられるべきであるともいえる。しかし，転居届という基本的な届出について，社会通念上，生活の本拠としての客観性が求められることは，ホームレスに対する住所認定のハードルをいたずらに引き上げることになる。以下では，市町村長の住所認定に関する実質的審査権限を中心に裁判例・学説を検討する。

① 市町村長の調査権限に関する裁判例

平成20年最判の原審である大阪高裁は，住基法の規定をもとに，市町村長

---

10) ホームレスの自立の支援等に関する特別措置法2条によれば，ホームレスとは「都市公園，河川，道路，駅舎その他の施設を故なく起居の場所とし，日常生活を営んでいる者」と定義されている。

の住所の認定に関する実質的審査権限を前提に,「転居届に記載された住所が住所としての実体を有するものと認められないときは,市町村長は,当該転居届けを受理しない旨の処分をすることになる」とした（大阪高判平 19.1.23 判時 1976 号 34 頁）。平成 20 年最判も,本件不受理処分を適法であるとして原審判断を是認できるとしているので,市町村長が審査権限を有すること,そして本件住所につき不受理処分としたことを認めている（最判平 20.10.3 判時 2026 号 11 頁）[11]。

　住基法施行令 11 条に基づく市町村長の審査権限については,一連のアレフ（オウム真理教）に関する裁判例で問題とされてきた。

　まず,転入届（新たに市町村の区域内に住所を定めることをいい,出生による場合を除く）に基づき住民票を調製・記録した後,住民票を破棄したうえ,記録を抹消した事案において,「実質的審査権は,住民基本台帳に記録するか否かを決定する前提として行使されるべきものであり,……単に市町村長自らが実質的審査権の行使を怠ったとの理由だけから,すでに調製された住民票を消除することを許すことは,国民の権利を著しく軽視するものといわざるを得ない」（東京地判平 13.12.14 判時 1776 号 13 頁）。

　次に,転入届の不受理処分に関連して,東京高裁は「転入をした者が届け出なければならない事項は,氏名のほか住所,転入年月日及び従前の住所等の居住関係に関するものに限られ（法 22 条 1 項),市町村長は当該届出の内容が事実であるかどうかを審査して住民票の記載を行う者とされていて（施行令 11 条),それ以外の事項を住民票の作成及び住民基本台帳に記録するための要件とすることを定めた規定がないこと等を考え合わせると,転入の届出があった場合に市町村長が住民票の作成及び住民基本台帳に記録するにあたって審査すべき事項は,転入届に係る居住関係が事実であるかどうかに限られると解するのが相当である。」（東京高判平 14.5.15 判タ 1119 号 160 頁）と述べている。

　さらに転入届不受理処分について最高裁まで争われた事案で,名古屋地裁は「そもそも,住民基本台帳に関し,住民から事実関係に合致した届出がな

---

[11]　「都市公園内に不法に設置されたキャンプ用テントを起居の場所とし,公園施設である水道設備等を利用して日常生活を営んでいる」ことなどの事実関係を前提とする。

された場合であっても，なお，公共の福祉等，居住の実体に関する要素以外の事情を考慮して届出の受理，不受理を決することができるといった内容の規定は法には全く存在」せず，「市町村長としては，居住の実体を反映した届出がなされた以上，これを受理し，それに応じた住民基本台帳を作成すべき法的義務がある」とした（名古屋地判平13.12.12判時1776号10頁）。名古屋高裁（名古屋高判平14.4.19LEX/DB：28071976）も「公共秩序の維持等の要素を考慮してその受理，不受理を決することができる旨を定めた法令の規定は存在しない」ことを理由に，不受理処分を取り消し，最高裁も転入届があった場合には「住所を定めた事実があれば，法定の届出事項に係る事由以外の事由を理由として転入届を受理しないことは許されず，住民票を作成しなければならないというべきである。」と述べている（最判平15.6.26判時1831号94頁）。

　アーレフ関連の事案は，ありていにいえば住所の問題ではなく，公共の秩序に対する危惧に端を発している。このことから，平成15年最判も含めて，市町村長の審査権限については，施行令11条の文言に沿って，あくまでも事実であるかどうかの審査に限定していると思われる。

　これに対して，平成20年最判の事案は，都市公園に生活の本拠としての住所をおくことを否定したものである。都市公園においてキャンプ用テントを用いて生活している，という事実をどのように評価するのか，審査の内容が直接，問題となる事案である。都市公園におけるキャンプ用テントが生活の本拠といえるか，という視点で審査するのか，都市公園とはいえ，さらにキャンプ用テントではあれ，そこで生活しているという事実を審査するのかが，争われているといいかえることもできる。

② **市町村長の調査権限に関する学説**

　学説は総じて，平成20年最判に否定的である。

　太田匡彦は，転入（転居）届の不受理・住民票の消除といった住民票作成の拒絶は，本人確認（同一性証明）手段の剥奪という側面を有することを指摘したうえで，アーレフ信徒に対する事案と平成20年最判の扇町公園事件と

を論じている[12]。アーレフ信徒に関する住民票拒絶は，公共の秩序に対する不安・危険を考慮したものであるが，それは手段としての目的合理性を欠くばかりか，手段としての相当性にも問題があるという。これに対して，ホームレスの住民票拒絶については，現実の安定的居住が認められるにもかかわらず，本来居住することが予定されていない都市公園で居住しているという規範性を伴った評価を主たる根拠に生活の本拠であることを否定することは，本来であれば困難な議論である。

　塩野宏は，個別法（この場合は住民基本台帳法；筆者注）の趣旨目的に特段の意を払っていないという文脈の中で，「平成20年最判は社会通念にのみ依拠している」という。そして，「平成20年最判のごときは判断の結果，当該原告の法律上の生活の本拠がどこにも存在しなくなるとすれば，選挙権等の基本的人権の否定をもたらすこととにもなる。事柄の重要性に鑑みれば，立法上の手当を講ずる必要性はあるのはもとよりのことであるが，裁判過程の場面においても，いずれかの住所を認定するという解釈論を展開する余地があるように思われる」と述べている[13]。

　「そもそも住基法の趣旨は地方自治法とあいまって，市町村に住所を有する者の居住関係の公証等を目的としており，税法などと比べると，居住の実体を正確に反映させることが求められている」という主張も，選挙権等の基本的人権の否定をもたらすという危惧に基づく点で十分，理解することができる。このため，「1箇所しかない居住の場を住基法上の住所と認めないことは許されない」ことになる[14]。

　本稿の関係でいえば，住民基本台帳法による住所の届出は，国民健康保険の被保険者資格に関する届出を兼ねている。このような被保険者資格の届出は，言葉を換えれば，国民健康保険に関する保険料（税）の納付義務者の所在を明らかにするものであり，療養給付請求権の権原を有する者たり得ることの届出という側面を有する。したがって，現実の安定的居住性が認められるにもかかわらず，都市公園で居住しているという規範性を伴った評価を主

---

12)　太田・前掲「住所・住民・地方公共団体」2頁。
13)　塩野宏『行政法Ⅰ（第5版）』（有斐閣，2009年）33頁以下参照。
14)　岡田愛「民事法研究」法時84巻4号（2012年）110頁。

たる根拠に，しかも社会通念という規範によって生活の本拠であることを否定すべきではない。

第Ⅲ部
保険者

第Ⅲ部は保険者を検討する。

　保険者とは社会保険事業を行う主体をいう。保険者はすべて法律によって定められ，保険者でない者は社会保険事業を行うことはできない。

　年金保険の保険者は国民年金，厚生年金ともに日本年金機構が，労働者災害補償保険および雇用保険の保険者は政府である。

　医療保険にあっては，健康保険における全国健康保険協会と健康保険組合，国民健康保険における市町村と国民健康保険組合，そして後期高齢者医療における後期高齢者医療広域連合など多種多様な保険者が存在する。市町村はさらに，介護保険の保険者でもある。

　第Ⅲ部での検討は，結果的に医療保険における保険者を対象とするものとなった。前半はやや抽象的な議論となっている（第9章，第10章）。後半は，いわゆる裁定的関与（最判昭49.5.30民集28巻4号594頁）に関する問題を検討する（第11章，第12章）。

第 9 章　保険者の位置づけ

はじめに

保険者とは何か。簡潔に述べれば，社会保険の保険者は社会保険を経営する主体[1]，保険事業の管理・運営を行う法主[2]であり，保険者は被保険者や事業主から保険料を賦課・徴収し，保険事故が発生した場合には被保険者等に対して保険給付を支給する[3]。

具体的に社会保険における保険者をみると，医療保険には全国健康保険協会と健康保険組合，あるいは市町村と国民健康保険組合，さらには各種共済組合が存在するのに対して，年金保険の場合には，政府のほか共済組合があるだけであり，雇用保険と労災保険のいわゆる労働保険の保険者は政府であり，介護保険の保険者は市町村である。また後期高齢者医療の場合には，特別地方公共団体である広域連合が保険者とされる。

このように，政府や市町村などの地方公共団体のほかに，健康保険組合，国民健康保険組合などの公共組合が保険者とされている。大きくいえば，医療保険では国ないし地方公共団体と公共組合の並存主義が採用されている一方，年金保険と労働保険における保険者は政府とされている。

このような概観を前提に，保険者をどのように位置づけるかとなると，簡単に答えが出そうであるが，意外と難しい問題である[4]。それは，社会保障を国家対国民という二当事者関係として理解するのか[5]，国家，国民のほか社会

---

1) 西村健一郎『社会保障法』（有斐閣，2003 年）155 頁。
2) 堀勝洋『年金保険法（第 3 版）』（法律文化社，2013 年）111 頁。
3) 岩村正彦は，このような保険者と被保険者等との間の法律関係を保険関係という。岩村正彦『社会保障法Ⅰ』（弘文堂，2001 年）48 頁。
4) このことは，第 2 次世界大戦の前後で法体系の大変革が行われたにもかかわらず，公共組合たる保険者の位置づけについて十分な検討が行われなかったうえに，地方公共団体のあり方が大きく変化したことも影響している。
5) 「国民健康保険事業は，国の社会保障制度の一環をなすものであり，本来，国の責務

というものを想定して三当事者関係として捉えるのかという社会保障に関する制度観ともいうべき認識と密接に関係するからである。この意味で，この問題は社会保障法における基本的な論点のひとつといえる。当初は，政府管掌健康保険に対して，健康保険組合をどのように位置づけるかが議論された。その後，全国健康保険協会や日本年金機構が創設されると，保険者解体論ともいうべき文脈でふたたび保険者の位置づけが議論されている。

　ここでは，保険者の位置づけという問題を，いくつかの視点から検討してゆきたい。まず，保険者の位置づけ論に関連して，健康保険組合代行論と保険者解体論を検討する。次に，旭川市国保条例事件や横浜市不法滞在外国人被保険者資格事件をもとに，保険者自治論を検討したい。

1　保険者の位置づけ
——健康保険組合・全国健康保険協会の位置づけ

　健康保険法における保険者は，現在，全国健康保険協会と健康保険組合である。

　しかし，健康保険法が制定されてから全国健康保険協会に代わるまでの間，健康保険の保険者はながらく，政府と健康保険組合であった。社会保険庁の見直し・解体を受け，政府が管掌していた健康保険事業は，全国健康保険協会が引き継ぐこととされた。この全国健康保険協会は，平成20年10月1日に設立された法人である。

　ここで保険者の位置づけとは，まず第1に，政府管掌健康保険とともに保険者とされた健康保険組合をどのように理解するかという問題である。第2は，政府管掌健康保険から移行した全国健康保険協会をどのように捉えるかという問題である。これら2つの議論は，社会保険制度における当事者関係を国家対国民という二当事者関係で捉えるのか，国家，国民のほかに社会と

に属する行政事務であつて，市町村又は国民健康保険組合が保険者としてその事業を経営するのは，この国の事務を法の規定に基づいて遂行しているものと解される」という大阪市（柳沢）事件（最判昭49.5.30民集28巻4号594頁）は，まさに国家対国民という2当事者関係に立った立論と言える。この最判については，裁定的関与で取り上げる。

いう中間団体の存在を認め，国家，社会および国民という三当事者関係で捉えるのかという議論と密接に関連する[6]。

2 健康保険組合代行論

　厚労省の公式見解ではないものの，健康保険組合は「本来国が行うべき健康保険事業を，国に代わり行うもの，すなわち代行的性格を有する機関である」とされている[7]。

　学説においても，籾井常喜が代行論を展開し，「国が本来なすべき保険経営を代行する組織である」とする[8]。堀勝洋も，「労使による自主的な組織に給付を代行させる場合がある」として，厚生年金基金，健康保険組合，共済組合などをあげる[9]。また荒木誠之は，「社会保障法における生存権実現の独自の態様と領域が認められるのは，国が要保障者に対して直接的に給付を行うことによって生存権保障の責任を履行するところにある」といい，「究極的には国が給付の法的責任を負う原則が前提である」という立場に立つ。これらの立論の背景となっていると考えられるのは，日本国憲法の制定である。生存権規定が定められることにより，国家責任が明確化されたことにより，健康保険組合は代行的組織となったとの理解である。この代行論は後述するような健保組合の自治を尊重するという考え方に立たないところに，その核心

---

[6] 倉田聡「社会連帯の在処とその規範的意義」（民商法雑誌127巻4=5号（2003年）612頁以下）では荒木理論を対象に，「実定法制度がもつ団体的扶養の性格を生存権ないし生活権原理を媒介とすることで完全に払拭し，これらを国家の担うべき公共的ないし社会的責任に基づく制度に転換させることを狙」う方向の見解と（627頁），「実定法制度が団体的扶養の性格を完全に払拭しないだけでなく，さらにその再活性化を試みようとしている実態に，何らかの規範的な意義や必然性を見いだす方向の見解とが存在する」という。

[7] 厚生省保険局健康保険課『健康保険法の解釈と運用』（平成11年第10版）380頁。この記述は，筆者の手元にある同書においても同様である（平成2年改訂版349頁，平成5年第8版353頁，平成8年第9版367頁）。

[8] 籾井常喜『労働法実務大系18　社会保障法』（総合労働研究所，1972年）112頁。

[9] 堀勝洋『社会保障総論』（東京大学出版会，1994年）36頁。なお堀勝洋『社会保障法総論（第2版）』（東京大学出版会，2004年）33頁では，「国または地方公共団体は国民に必要な給付が確保される最終的な責任を負い，具体的な給付は別の組織・団体が代行して行ったり，委託を受けて行う場合も少なくない」として，健康保険組合，厚生年金基金，共済組合等をあげている。

がある。

　また，法技術的ないし制度運用の実態から，代行説を肯定するのが岩村正彦である。岩村は，健康保険組合が解散により消滅したとき，当該組合の組合員すなわち当該組合の適用範囲下にある事業所に使用される被用者は，政府管掌健康保険の被保険者となり（2006年改正法4条による改正前の健保法5条1項），当該組合の権利義務関係を政府が継承する（2006年改正法4条による改正前の健保法26条4項）ことから，代行説の妥当性を承認する[10]。

　しかし，健康保険法の制定過程を検討すると，健康保険組合は例外的組織と考えられていたわけではない。むしろ，健康保険組合（法制定過程に用いられていた用語でいえば，相互組織の組合）を原則とすべきであるとの考え方が存在した[11]。健保法の立案者は，健康保険事業は国が行うのが原則で健保組合はその例外だと考えていたわけではないのである。また，これも戦前に示された見解であるが，厚生年金保険と健康保険における健康保険組合との比較について次のようにいうものがある。健康保険のような短期給付の場合には政府において画一的な給付をなすよりも，その事業に使用される者の実情に即した給付を支給することが勤労者保護の徹底を期する上で適当であるのに対して，厚生年金保険の場合には，各事業に使用される者の間に給付に差別を設けるのは適当ではなく，実際上の運営においても不可能である，という[12][13]。

　他方，代行論に反対の立場から，筆者は以前，立法者意思，最終的責任主体と経営主体との相違および健保組合の公法人性の3点に基づいて健保組合

---

[10]　岩村正彦「社会保障改革と憲法25条」江頭憲治郎・碓井光明編『法の再構築［Ⅰ］国家と社会』（東京大学出版会，2007年）所収，108頁。

[11]　社会局保険部『健康保険法施行経過記録』（1935年）197頁，214頁。

[12]　花澤武夫『厚生年金保険法大要』（教学館，1944年）160頁以下（菅沼隆監修『日本社会保障基本文献集第Ⅰ期戦時体制における社会保険第8巻』（日本図書センター，2006年）所収）。

[13]　花澤武夫はさらに，厚生年金保険法が制定される前後に，厚生年金保険において保険者が政府のみであることについて，厚生年金が長期保険であり，多額の資金を長期にわたって管理運用すること，このため最も経済的な基礎が強固かつ永久的なこと，保険者を多数認めると被保険者が保険者間を転々と移動する事態が想定されるが，事務的には極めて煩雑になることを指摘している。花澤武夫『勞働者年金保険實務提要』（新民書房，1942年）21頁以下（菅沼隆監修『日本社会保障基本文献集第Ⅰ期戦時体制における社会保険第9巻』（日本図書センター，2006年）所収）。

代行説を批判した[14]。端的に言えば，従前の健康保険法22条においても現行法4条の規定においても，健康保険組合は，政府ないし全国健康保険協会と同列に位置づけられており，それ以下の存在ではないからである。

また島崎謙治は，根拠規定，協会けんぽ創設の意義および国家責任論への批判という3点から，代行説からの脱却を主張している[15]。とくに協会けんぽ創設の意義と国家責任論への批判は，以下の検討にも密接に関連するため，ここで検討しておきたい。

第1に，まず健保組合を代行である旨規定する条文は健保法上存在しない。第2に，協会けんぽの創設についてである。すなわち，政管健保から協会けんぽへ移行したことから，健康保険事業は「本来国が行う」という代行説の前提は崩れているという。そして，政管健保から協会けんぽへの移行は，単なる法人格の変更ではなく，ガバナンスの構造，裁量の範囲・機能等の変化を意味する。とくに，①被保険者や関係事業主の意見を踏まえた運営体制を確保するため，重要事項の議決機関として運営委員会を法定し（健保7条の18），協会の支部ごとに評議会を設置したこと（健保7条の21），②政管健保では保険料率の上下限の幅が狭かったのが健保組合と同様とされたこと（健保160条1項，13項）の意義は大きいと評価する[16]。第3の国家責任論については，国が自ら社会保障の実施主体となることまで憲法25条の規範性が及ぶと考えるべきではなく，国と個人との間に「中間団体が挟まりその当事者自治を尊重する方が成熟した社会のあり方というべきである」という。

国家責任論については，結論が先行しているとの印象もあるが，まさに社

---

14) 拙稿「医療保険制度における健康保険組合の機能」國武輝久・斉藤忠雄・駒宮史博編著『高齢社会の政策課題』（同文館，1998年）所収，137頁以下。
15) 島崎謙治『日本の医療』（東京大学出版会，2011年）268頁以下。
16) このように協会けんぽを肯定的に評価することができる反面，健康保険協会における都道府県別保険料率の設定において，運営委員会や評議会の委員構成が被保険者や事業主など保険料を負担する代表の組織として妥当なのか，委員構成に正当性が認められるのか，保険料率の変更や厚労大臣の職権による保険料率の変更はいかなる手続で正当化されるのか，その根拠は何かなど，が検討課題であることを指摘したものに，拙稿「平成18年改正法に基づく保険者の変容」ジュリ1327号（2007年）39頁がある。また，協会けんぽにとどまらず，国民健康保険における高額医療費共同事業や保険財政共同安定化事業の継続・創設などとの関係で，都道府県と保険者とがいかなる関係に立つのかが必ずしも明らかではないことを指摘するものに，笠木映里「医療・介護・障害者福祉と地方公共団体」ジュリ1327号（2007年）24-31頁がある。

会保障ないし社会保険に関する島崎の制度観を示すものであり，私見としても異論はない[17]。とくに，「社会保険の重要な意義は給付と負担の決定を自律的に行うことにあり，それを行うのが保険者である」という主張[18]は，保険者自治を検討するうえでの基本的な論点ないし議論の出発点となる仮説ということができる。

3　全国健康保険協会の位置づけ

　島崎のいうように，政管健保から協会けんぽへの移行に伴い，代行説がその前提を失ったとしても，そこから直ちに健保組合が保険者としての確固たる地位を占めるに至ったと評価することは難しい。立法裁量論からいえば，協会けんぽに新たな保険者像を与えたという評価も可能だからである。

　協会けんぽへの移行を「保険者解体」と捉えて，それがどこまで徹底できるかという視点から議論を展開するのが江口隆裕である[19]。江口は，①各種届出の受理や給付申請の受付等を民間企業が行うことは，守秘義務など必要なルールさえ確立しておけば可能である，②保険料の強制徴収でさえ，厚生労働大臣の認可を条件とするものの，非公務員型公法人である日本年金機構が自ら行うこととされている，ことなどから，「財政管理や保険料の算定・賦課決定等必要最小限の権力的・管理的業務だけを行う新たな保険者の姿が浮かび上がる」とし，このような保険者像は，後期高齢者医療や年金だけではなく，他の社会保険分野にも応用可能という。さらに，「ムラ」と「会社」とい

---

17)　島崎は，国家責任論との関係で保険者機能論について，以下のような議論を展開する。まず保険者の機能は，対内的機能と対外的機能に大別され，対内的機能には，①被保険者の適用・加入管理，②給付額の見積もりと保険料の設定，③保険料の賦課徴収，④療養の給付など保険給付の支給，⑤保健事業を通じた健康管理・健康増進であり，対外的機能は①レセプトの審査・支払，②医療の質・効率性向上に関する医療機関側への働きかけ，である。そして，従来の保険者機能論は対外的機能に着目した保険者の権限強化や競争を通じた医療の効率化などを図るといった論調が多いことを指摘する。

18)　島崎は保険者自治という言葉を直裁に使っているわけではないが，「給付額の見積もりとそれに見合った保険料率の設定，具体的には付加給付の実施およびその水準の決定が保険者機能の最も重要な要素のひとつとなる」とし，協会けんぽでも，支部単位あるいは事業所単位で付加給付を行うことも検討すべきであると主張する。島崎・前掲『日本の医療』271頁。

19)　江口隆裕『変貌する世界と日本の年金』（法律文化社，2008年）164頁。

う共同体意識ないし連帯意識に支えられた場を前提として創られている現行の社会保険制度を，より政策誘導的な姿に改める可能性を拡大することにつながると述べる。

ここで必要最小限の権力的・管理的業務とはいかなる範囲を想定しているのか，政策誘導的な姿とはどのような保険者を意味するのか曖昧であるが，「自ら事務の執行体制は備えていないが，管理運営の責任だけを担う保険者というものを観念することができ，保険者のあり方をこれまで以上に柔軟に設計できるようになる」とされている。保険料の賦課決定や算定だけを担う役割を想定し，保険料の徴収や被保険者の管理などの業務はいわばアウトソーシングするイメージのようである。保険料の賦課決定は収入の部分の枠組を確定することであるから，本来であれば，支出の部分すなわち給付に関する決定権と表裏一体の関係に立つはずであるが，そのことには論及せず，必要最小限という用語からは給付の枠組み，より明示的にいえば付加給付などに関する権限は想定していないように思われる。ありていにいえば，立法府および厚生労働省の定めた政策方針に忠実な管理運営主体として保険者がイメージされているようである。

江口の立論が実務的な視点からの考察であるとすれば，規範論からの検討を行うのが，岩村正彦である。岩村は，先に紹介した健保組合代行論に関する検討に続けて，「憲法25条は，健康保険制度を国の直営であることを規範的に要求しているか」という視点から，健康保険事業の移管について考察している。結論を急げば，岩村は「憲法25条は公的医療保険制度が国の直営であることを要求しておらず，まして，健康保険制度に限って国の直営であることを要求しているとは解しえない」とする[20]。このことから，全国健康保険協会を都道府県単位の法人に分割することについても，全国単一でなければならないという憲法上の制約はないという。しかし，全国健康保険協会を民

---

[20] 岩村・前掲「社会保障改革と憲法25条」107頁。これに続けて，「事務費の国庫負担あるいは給付費の国庫補助を廃止することが憲法25条に違反するか」との問いについては，憲法25条が健康保険事業の保険者に事務費についてその一部を国庫負担とすることを国の義務としていると考えることはできないとし，政府管掌健康保険事業に対する給付費用の一部の国庫補助を憲法25条とは関係がない（いいかえれば，国庫補助は立法府の裁量に委ねられている）と解するのが妥当であるとする（前掲110頁）。

営化することについては，25条1項2項一体説，分離説いずれに立つにせよ，2項に定める「社会福祉，社会保障」の向上・増進という国の努力義務と相容れるのかという問題に直面するとして，これを消極的に解している[21]。政策誘導的な保険者の定立は，それが国の努力義務に止まるとはいえ，憲法25条2項にいう「社会福祉，社会保障」の向上・増進に努めることに矛盾する可能性を示唆している。

　このように，全国健康保険協会を素材に保険者のあり方を検討すると，いかなる保険者像を策定するかについては立法裁量に委ねられているといわざるを得ない。それは，社会保障ないし社会保険において国家はいかなる役割を果たすべきか，それと同時に保険者はどのような業務を担当する組織として位置づけられるのかは，さまざまな要素を総合的に判断する立法府の裁量の中から導き出されることとなるからである。しかし，先に述べたように，社会福祉，社会保障に関する向上・増進という国の努力義務の存在からも明らかなように，立法府が限定のない裁量を有しているかは疑問である。そしてそこでは，立法裁量を制約する原理は存在しないのかが次に問われることになる。この意味で，以下では保険者自治という視点から，この問題を検討する。

---

21)　岩村・同上 111 頁以下。

第10章　保険者自治論

はじめに

　ここまで，健康保険組合や協会けんぽのありようを検討してきた。そこでは，健康保険法にせよ国民健康保険法にせよ，すべての国民を法の予定した政府または地方公共団体もしくは任意に設立される国民健康保険組合等を保険者とするいずれかの保険集団に参加すべきものとしたうえ，同じ集団に属する被保険者の疾病等によるリスクを当該保険集団が引き受けるものとしている。

　このようなシステムはあくまでも，法律に基づいて定められるものであるから，保険者にどのような役割を担わせ，いかなる任務を与えるかは，立法府の裁量に委ねられており，法の認める範囲でしか保険者の権能は認められないということになりそうである。しかし，保険者の役割をどのように設定するかについて，立法府に広範な裁量を認めるとしても，なおその裁量に制約をもたらすものとして，保険者自治の概念が存在するように思われる。

1　保険者自治に関する言明

　保険者自治を検討するうえで重要な示唆を提供する言明として，原田大樹と滝井繁男の見解を取り上げる[1]。

　原田大樹は，保険者自治を一般国民のなかから共通の利害集団をとりだして特定の公的任務を遂行させる作用特定的自治（機能的自治）の一種とす

---

[1] 保険者自治論に関する論考として，島崎謙治「憲法と社会保障の実施責任・財政責任の規律」季刊社会保障研究41巻4号（2006年）348頁以下，井原辰雄「保険者自治と国家責任」河野正輝・良永彌太郎・阿部和光・石橋敏郎編『社会保険改革の法理と将来像』（法律文化社，2010年），岩井勝弘「地域保険における保険者自治と議会による民主的統制のあり方」法政理論（新潟大学）43巻2号（2011年）71頁などがある。

る[2]。この見解によれば，給付のために必要な財源とその決定を一般行政活動から切り離すことが可能となり，受給権の実効性の向上に繋がることが期待される。また，被保険者との関係では，保険集団内部の民主的な意思形成によって被保険者のニーズに適合した給付を実現することができ，サービス提供者との関係では，被保険者の利益を組織化して交渉力を高めることでサービス提供費の高騰を抑制することができるとされる。もっとも，保険者自治を維持しているといわれるドイツ法においても，保険者内部における意思形成過程の民主性確保は現実には困難であると指摘されている[3]。

　いまひとつ，保険者自治を検討するうえで重要な示唆を提供する言明として，旭川市国保料事件最判における滝井繁男裁判官の補足意見がある。滝井は，租税法律主義との関係で，国民健康保険事業を実施するための費用すなわち保険料は「法定条件のもとで，それぞれの保険集団ごとに予定された議決機関において民主的に決めるところに委ねる」こととしており，保険料の料率や賦課額に関する最終的な決定を議会に委ねることが，予測可能性や法的安定性という観点から法の趣旨により合致するという。そして，一定の推測のもとに賦課総額を市長に決定することを一任し，その結果生ずる推測額と実額との差額について，「その当否と処理を特別会計の当年度の決算や次年度の予算の審議における統制に服せしめるにとどめることとしても，そのことも保険集団の議決機関の判断というべき」ものであり，そのことは「社会保険の目的や保険料の性格に照らし，保険者自治の観点から許容されている」という。

2　意思決定機関としての正当性

　これらの言明に共通する要点は，社会保険給付を行うために必要な財源とその決定（いわば使い道）を，一般的な行政活動から切り離して，保険集団

2）　原田大樹『例解行政法』（東京大学出版会，2013年）250頁。
3）　ドイツにおける保険者自治をどのように理解するか，その正統化根拠と限界を検討するものに，門脇美恵「ドイツ疾病保険における保険者自治の民主的正統化」法政論集（名古屋大学）242号〜252号（2011年12月〜2013年12月）がある。

内部の民主的な意思形成によって決定するシステムを法定しているということである。そして滝井の説示は，後に検討する自主財政権にも密接に関連するが，民主的な意思形成の手続として，予算決算の審議を通じた統制のあり方を肯定するものである。このような民主的な意思形成の手続として，意思決定機関の正当性が問題となる。意思形成の手続が保険者自治の根幹であるからこそ，カッコ書きながら「国民健康保険は住民の一部を加入者とするもので住民すべてを代表する議会は本来的な保険集団の議決機関とはいえない」という滝井の指摘は，保険者論において検討すべき重要な論点ということができる。社会保険の基本的な考え方として，保険集団を構成する被保険者の疾病や老齢というリスクを，保険集団が当該集団の責任として引き受けるところに，社会保険の基本的な立ち位置を求める倉田の見解とも通底する[4]。

最高裁も農作物共済の事案であるが，以下のようにいう[5]。「法は，共済事故により生ずる個人の経済的損害を組合員相互において分担することを目的とする農作物共済に係る共済掛金及び賦課金の具体的な決定を農業共済組合の定款又は総会若しくは総代会の議決にゆだねているが，これは，上記の決定を農業共済組合の自治にゆだね，その組合員による民主的な統制の下に置くものとしたものであって，その賦課に関する規律として合理性を有するものということができる。」

このような最高裁の判断には，先に示した保険集団としての責任の引受とともに，加入を強制されるばかりでなく負担も強制される以上，その帰趨に関する手続的参加の保障が必要であるとの認識が存在するものと思われる。

そして被保険者の範囲と意思決定機関の広狭という視点からみたとき，被保険者の範囲と意思決定機関における代表者の選出範囲という点でいえば，健康保険組合および国民健康保険組合における組合会[6]がもっとも整合性が高い。また，市町村国保および介護保険における市町村議会の場合は，被保険者の範囲と必ずしも一致しないと指摘されるものの[7]，保険集団内部の意

---

4) 倉田聡「医療保険法の財政構造」『社会保険の構造分析』（北海道大学出版会，2009年）202頁。
5) 農業災害補償事件・最判平18.3.28判時1930号83頁。
6) 健保18条以下，国保26条以下。
7) 旭川国保事件最判における滝井裁判官の補足意見。

思決定機関ということができる。さらに，全国健康保険協会における運営委員会[8]，後期高齢者医療制度における広域連合[9]も意思決定機関と位置づけられる。しかし，健康保険協会における都道府県別保険料率の設定において，運営委員会や評議会の委員構成が被保険者や事業主など保険料を負担する代表の組織として妥当なのか，委員構成に正当性が認められるのか，保険料率の変更や厚労大臣の職権による保険料率の変更はいかなる手続で正当化されるのか，その根拠は何かなど，手続的な参加が保障されているかは大いに疑問であるといわざるを得ない[10]。以上のことは，後期高齢者医療広域連合にもそのまま妥当するものと考える。

3　保険者としての自主立法権・自主行政権・自主財政権

　保険者自治を検討するうえで，有力な補助線となるのは地方自治，とくに「地方自治の本旨」に関する議論である[11]。最高裁も，地方公共団体について，単に法律で地方公共団体として取り扱われているということだけでは足らず，事実上，住民が経済的文化的に密接な共同生活を営み，共同体意識をもっているという社会的基盤を前提に，「自主立法権，自主行政権，自主財政権」を付与された団体としている[12]。これを保険者に則して敷衍すれば，保険事業

---

8)　健保7条の18以下。
9)　1994（平成6）年の地方自治法改正により設けられた特別地方公共団体であり，都道府県，市町村および特別区が設置することができる。後期高齢者医療制度の場合，都道府県の区域ごとに当該区域のすべての市町村が加入する広域連合を設けるものとされている（高確48条以下）。
10)　拙稿「平成18年改正法に基づく保険者の変容」ジュリ1327号（2007年）39頁。
11)　この点については，さしあたり人見剛「地方自治体の基礎と地方公共団体」法教367号（2011年）53頁参照。地方自治の本旨とは地方自治の基本的原理のことであり，それは伝統的に「団体自治」の原則と「住民自治」の原則からなる。ここで自治とは，対外的自治と構成員自治ないしは対内的自治とから構成される。対外的自治とは，その自治単位たる組織の意思決定及びその実施が外部からの干渉を受けないことをいい，構成員自治ないし対内的自治とは，組織の決定・実施がその構成員の意思に基づいてなされることをいう。
12)　地方公共団体といい得るためには，単に法律で地方公共団体として取り扱われているということだけでは足らず，事実上住民が経済的文化的に密接な共同生活を営み，共同体意識をもっているという社会的基盤が存在し，沿革的にみても，また現実の行政の上においても，相当程度の自主立法権，自主行政権，自主財政権等地方自治の基本的権能

の管理運営に対する行政当局の介入・監督，保険事業の財政運営に対する行政当局や国・地方公共団体の会計監査機関の介入・監督があるとはいえ，強制加入を前提とする事業運営に基づき，一定の行政作用を営む主体として，保険者にも一定の規則制定権，行政権および財政権が付与されていることになる。

　ここで留意すべきは，社会保険における保険者には，政府，地方公共団体および公共組合など多様な組織が存在することである。規則制定権，行政権および財政権が，これら多様な保険者に一様に認められるかは慎重に検討されるべきである。また，医療と年金とでは，保険集団のあり方が異なることと密接に関連して，自治のあり方も異なることである。年金部門では，政府が管掌することとされている関係から，国民年金法・厚生年金保険法に基づく制度運営がなされる。これに対して，医療保険の場合には，全国健康保険協会や健康保険組合，市町村国保や国民健康保険組合など多数の保険者が分立していることとの関係で，保険者自治という視点から分析を行うことになじみやすい。以下では，これらの留保を前提に，自主財政権，規則制定権を中心に検討を進めていきたい[13]。

(1) 自主財政権

　ここでは，まず自主財政権について検討する。
　ここで自主財政権とは，法律の定める範囲に限定されるものの，保険者が規約や条例に基づいて，保険料率や保険給付の給付水準を設定できることをいう。
　まず保険料率についてである。健康保険組合，市町村国保あるいは後期高

を附与された地域団体であることを必要とするものというべきである。そして，かかる実体を備えた団体である以上，その実体を無視して，憲法で保障した地方自治の権能を法律を以て奪うことは，許されないものと解するを相当とする（渋谷区長選挙贈収賄事件・最大判昭 38.3.27 刑集 17 巻 2 号 121 頁）。
13) 自主行政権は，規則制定権から具体化されるものであるため，自主立法権すなわち規則制定権の検討で足りると考える。これとの関連で，いわゆる裁定的関与も問題となるが，これはⅲ）別に項目を立てて，保険者自治論（最判昭 49.5.30 民集 28 巻 4 号 594 頁）のあとで検討する。また，自主財政権については財政規整や収支相等の原則とも関連するため，別に項目を立てて検討する。

齢者医療広域連合ごとに規約や条例によって保険料率を定めるとされている（健保160条13項，同162条，国保76条，高確104条2項）。なお，全国健康保険協会における都道府県単位保険料については，「協会が管掌する・・一般保険料率は，1000分の30から1000分の120までの範囲内において，支部被保険者を単位として協会が決定する」ものとされている（健保160条1項）。これらの保険料率を変更する場合には厚生労働大臣の認可を受けなければならない（同法160条8項）。また，国保法76条も「保険者は国民健康保険事業に要する費用に充てるため，……保険料を徴収しなければならない」と規定し，保険料の減免を規定する77条は「保険者は，条例又は規約の定めるところにより，特別の理由がある者に対し，保険料を減免し，又はその徴収を猶予することができる。」と定めている。

　また，給付水準については，健康保険組合における付加給付（健保53条）や，国民健康保険・後期高齢者医療における法定任意給付としての傷病手当金の支給その他の保険給付（国保58条2項，高確86条2項）が該当する。

　自主財政権に関する以上のような規定は，ある意味では格差の発生を承認していると考えられることが重要である。かくして，保険者自治は格差の発生と裏腹の関係にあり，そのことをどのように評価するかという問題が提起される。次に検討する規則制定権とも関連して，保険者自治のありかたについて，倉田は次のようにいう。「国保法77条は，免除・減額事由の決定を国保条例に委任しているだけなので，市町村が本来的な相互扶助の精神に基づいて，免除・減額の事由をより広く制定したとしても，おそらくは国保法77条の委任の範囲を超えたということはできない。しかし，……法政策論としては，低所得者層の保険料を減免する仕組みを作れば，その分だけ収入が減るので，財源調達の手当てをしなければならない。そうすると，現実的なのは，市町村の一般財源からの持ち出しか，国保条例の最高負担限度額を引き上げて総体的な高額所得の被保険者に莫大な保険料負担を課すしかないことになろう。」[14]。ここで指摘されている一般財源からの持ち出しや負担限度額の引き上げが不十分であれば，それを補うために公費ないし財政調整による

---

14)　倉田・前掲「医療保険法の財政構造」207頁。

手当てが必要となる。このことは，政府が管掌する国民年金や厚生年金保険では想定しがたい事態ということができる。

(2) 自主立法権＝規則制定権のあり方

以下では，とくに国民健康保険法に関する紛争事案を中心に，法令と条例との関係を見ていきたい。

国民健康保険法の趣旨に応えて具体的にどのような立法措置を講ずるかは，立法府たる国会および地方議会の広い裁量にゆだねられており，それが著しく合理性を欠き明らかに裁量の逸脱，濫用と見ざるを得ないような場合を除き，違憲とはならない[15]。

国民健康保険事業の財源である保険料の規定は，保険給付に要する費用の予想額，国および地方自治体の財政事情ならびに被保険者の所得状況等の複雑多様な諸事情を専門技術的な観点から考慮し，それに基づいた政策的判断によって定められるものであるから，「その内容については，広く国会及び地方議会の裁量に委ねられている」ものと解される[16]。

それでは，具体的に国民健康保険事業を担当する保険者である市町村や健康保険組合など公共組合は，どのような範囲で規則制定権を有しているだろうか。

「もともと立法府は国民健康保険の制度内容の決定について広範な裁量権を有しているものであり，(国民健康保険)法81条に規定する保険料の賦課及び徴収等に関する事項の決定についても，地域の実情に応じた各地方自治体の政策的かつ専門技術的な判断が不可欠であることを考えると，法81条による委任に基づき法施行令で定める基準や，同基準に基づいて制定された地方公共団体の条例についても，その規定内容が法や施行令の規定に違反していない限り，法が法施行令に授権した範囲内で制定されたものとして，憲法違反の問題を生じないというべきである。」[17]。

このように保険者（市町村・公共組合）は，一定の範囲で規則制定権すな

---

15) 最大判昭57.7.7民集36巻7号1235頁参照。
16) 神戸地判平20.7.31判例自治320号56頁神戸市垂水区保険料賦課処分取消請求。
17) 神戸地判平13.10.17判例自治227号71頁神戸市保険料賦課決定処分取消請求。

わち自主立法権を有している。国民健康保険法「81条は，国民健康保険料の賦課額，料率等について法施行令で基準を定めたうえ，各地方自治体が，条例又は規約によって，それぞれの地域の実情に応じた方式ないし割合をもって，国民健康保険料の賦課をすることを予定している」ため，各地方公共団体によって国民健康保険料の負担に格差が生じるのである[18]。市町村国保において，市町村毎にそれぞれ保険料率が異なること自体，保険者自治の象徴といえる。このことは言葉を換えれば，保険者自治として，自らが法令に認める範囲で，保険料や保険給付について，具体的な料率や給付水準を定めることを意味する。

(3) 規則制定権をめぐる紛争事案

こうして，市町村国保における保険料率の違いがそもそも，国民健康保険法の認める範囲で，保険者が規則制定権を行使した結果であることが理解される。以下では，規則制定権の内容に関する判断枠組を提示する判例として，不法滞在外国人に国民健康保険の被保険者資格が認められるかが争われた横浜市事件を検討したい（この問題については，第7章「不法滞在外国人に関する被保険者資格」も参照）。

① 不法滞在外国人に関する被保険者資格

不法滞在外国人に，国民健康保険の被保険者資格が認められるかという問題につき，下級審の考え方は分かれていた。

武蔵野市事件（東京地判平10.7.16判時1649号3頁）は，「居住関係を中心とする原告の客観的生活状況を基礎とし，その定住意思をも勘案して総合的に判断すれば，原告は，本件処分がされた時点において，在留資格を有してはいなかったものの，現居住地を生活の本拠としていたものと認めるのが相当である」として，原告は，本件処分がされた時点において，被告の区域内に住所を有していたものと判断した。

---

[18] 前掲・神戸地判13.10.17。神戸地裁は，市町村によって格差が発生する原因として，自治体ごとに住民1人当たりの年間医療費総額が異なることと，所得割を算定する方法として5つの方式を認めていることをあげている。

これに対し，東京都足立区事件（東京地判平 7.9.27 行集 46 巻 8=9 号 777 頁）は，「国民健康保険制度の持つ相互扶助及び社会連帯の精神からすると，その制度に強制的に加入せしめる対象となる被保険者は，少なくとも，わが国社会の構成員として社会生活を始めることができる者を当然の前提としているものと解すべきであり，不法に入国した外国人についてまで，かかる制度の適用の対象者とし，保険に強制加入させることは，国保法の予定しないところというべきである」として，原告のように他人名義の旅券を用いてわが国に不法入国した者が，たとえ発覚を免れて，一定の場所で事実上継続的な居住関係を築いたとしても，係る居住場所があることをもって，国保法五条にいう「住所を有する」ということはできないとした。

② 横浜市不法滞在外国人被保険者資格事件

　この事件は，不法滞在状態を解消するため入国管理局に出頭したものの，国籍を確認することができなかったこと，本件被保険者証の交付を請求した時点で外国人登録をしており，その半年後に，在留資格を定住者とする在留特別許可を受けていたというやや特殊な事情を前提としている（最判平 16.1.15 民集 58 巻 1 号 226 頁）。東京高裁平 14.2.6 民集 58 巻 1 号 302 頁は在留資格を有しない外国人は国民健康保険法 5 条所定の被保険者に該当しないとして，被保険者証を交付しない旨の横浜市長の処分を正当として，上告人（控訴人，原告）の請求を棄却した。最高裁は損害賠償の請求については上告を棄却したが，被保険者資格については原審の判断を是認できないとした点で注目される。以下では，もっぱら被保険者資格に関する部分を中心に検討する。

　最高裁はまず，国民健康保険法（以下，単に法という）5 条にいう「住所を有する者」は，市町村の区域内に継続的に生活の本拠を有する者をいうものとし，いわゆる難民条約の締結により適用除外者を定める規定の改正からいえば，法 5 条が「日本の国籍を有しない者のうち在留資格を有しないものを被保険者から一律に除外する趣旨を定めた規定であると解することはできない」という。一般的に，社会保障制度を外国人に適用する場合，国内に適法な居住関係を有する者のみを対象者とするのが一応の原則であるというこ

とができるが，マクリーン事件最判（昭53.3.30民集32巻2号435頁）を引用して，具体的な社会保障制度においてどの範囲の外国人を適用対象とするかは，それぞれの制度における政策決定の問題であるというのである。

また，国民健康保険が国民の税負担に由来する補助金や一般会計からの繰入金等によって費用の一部が賄われているとはいえ，基本的には，被保険者の属する世帯の世帯主が納付する保険料（税）によって保険給付を行う保険制度の一種であるから，我が国に適法に在留する資格のない外国人を被保険者とすることが国民健康保険の制度趣旨に反するとまでいうことはできないとする。

明確な判示と評価できるが，カッコ書きのなかで以下のように述べている点が注目される。それは，法6条8号を受けた国民健康保険法施行規則1条が「特別の事由のある者で条例で定めるもの」を適用除外者として規定していたことから，施行規則または各市町村の条例において，在留資格を有しない外国人を適用除外者として規定することが許されることはいうまでもない，と付言していることである。施行規則の改正については後に言及するが，少なくとも，条例によって，在留資格を有しない外国人を適用除外者として市町村条例に規定することも，本件当時においては可能であることを明言するものである。このことは逆に言えば，本件最判の基本的な筋である「在留する資格のない外国人を被保険者とすること」が国民健康保険の制度趣旨に反するといえない以上，その旨を市町村条例が定めることを認める可能性があることを意味する。

若干のまとめ

このように条例制定権が市町村議会にある以上，そして，被保険者資格の付与につき，法令の文言，裁判例の蓄積あるいは学説いずれについても，明確な政策指針が導き出せない場合には，本件事案から導き出される仮装事例に過ぎないとはいえ，条例の内容が，法律の文言に照らしても直ちに違法であると判断することができない場合があることを示唆している。

以上のように，たとえば外国人に対する被保険者資格の付与基準について，市町村ごとに違いがある場合，それを是正する必要があるとすれば，国，都

道府県はいかなる対応が可能であろうか。対応策は3つありそうである。

　ひとつは，国民健康保険法106条以下の監督権限の行使である。しかし，国民健康保険組合と比べると，市町村に対する処分権限はそう強くはない。これは国民健康保険事業が自治事務とされていることにも関係していると思われる。そこでいまひとつの対応は地方自治法に基づく措置であるが，これも直接的な効果は法規定上，強いものではないといえそうである。もっとも，本件裁判の結果を受けて，法施行規則の改正が行われ，この改正に伴い告示の制定がなされた。この施行規則の改正が3番目の対応策であり，これが最も強力かつ統一的に問題を解決する手法ということができる。

　この施行規則の改正により，以下のように定められることとなった。①国保の対象となる外国人は，外国人登録法に基づく登録を受けた者であり，かつ原則として入管法の規定による在留資格をもって本邦に在留する者で1年以上の在留期間を決定されたものとする。②ただし，在留期間が1年未満であっても，厚生労働大臣が定める在留資格に応じた資料により在留期間の始期から起算して1年以上本邦に在留すると認められるものについても国保の適用対象とする。具体的な取り扱いについては，「外国人に対する国民健康保険の適用について」（平成16年6月8日付国保発第06608001号）が発出されている[19]。この通知では，「不法滞在の外国人については，国民健康保険の適用対象とはならないこと」と明記されている。

　このような国民健康保険法施行規則の改正は，不法滞在外国人を国保の適用対象とはしないことを明記することによって，統一した取り扱いを図ったものといえる。

　滞在資格が適法から不法状態に移行した場合，法文上は不法状態になった翌日から，当該市町村国保の被保険者資格を喪失することになる[20]。ただし，資格喪失時点で療養継続中のような場合，ただちに療養給付請求権も喪失す

---

19) なお，この通達により平成4年3月31日付保険発41号は廃止されたにもかかわらず，平成16年通達（国保発第06608001号）は厚生労働省のHP（厚生労働省法令等データベースサービス・通知検索）には掲載されていない（平成27年8月30日現在）。奇妙である。
20) 条文上は国保法6条各号のいずれかに該当するに至った日の翌日に被保険者資格を失う。

るのかなど，検討すべき点が残されているように思われる。この問題は地方自治との側面からは，地方主権と社会保障に関する一定水準保障性との緊張関係ととらえることもできる[21]。これを保険者自治の問題にひきなおすと，社会保障制度ないし社会保険制度を実施運営する場面における保険者と国家との関係をどのように調和させるのか，という問題に帰着する。基本的に保険者格差の存在を許容する私見にあっては，規則制定権の問題は単独で論じるべきではなく，財政的な問題とも密接に関連することになる。この財政的な問題を，次章では財政調整に焦点を絞って論じることとしたい。

---

21) 島崎・前掲「実施責任・財政責任」349頁。

第 11 章　保険者としての市町村

はじめに

　公共的サービスに関して，いかなる法主体が担当主体として望ましいかは論議のあるところであり，法的観点から，あるべき担当主体について一義的回答を導き出すことは困難であるとされている[1]。事実，わが国の社会保険の担当主体として，多種多様な保険者が存在する。政府，市町村，健康保険組合，国民健康保険組合，各種共済組合のほか，最近相次いで設立された全国健康保険協会や日本年金機構あるいは広域連合などである。他方，社会保障制度を国家対国民という二当事者関係で捉えるのか，国，社会および市民という三当事者関係の構造として把握すべきかについては，見解の対立がみられるところである。私は三当事者構造として捉えるべきと考えるが，そこでは，市町村を行政庁としての地方公共団体ではなく，国民健康保険事業の権利義務主体，言い換えれば国民健康保険組合や健康保険組合と同列の行政主体と理解すべきことになる。かくして，国と社会の関係をどのように理解するかを検討するうえで密接に関連するのが，行政主体概念に関する議論であり[2]，大阪市（柳沢）事件（最判昭 49.5.30 民集 28 巻 4 号 594 頁）である[3]。

---

[1]　塩野宏「地方公共団体の法的地位論覚書き」『国と地方公共団体』（有斐閣，1990 年）所収，14 頁。

[2]　"公法人であるが故に当然に，その関係する法律関係は全て公法関係である，という考え方はなされるべきではなく，具体的な法律関係の性質が何であるかは，その法律関係ごとに具体的に定めなければならない"という考え方は，"ある法主体が私人と同じ法的地位に立つか，そうでないか（すなわち行政主体たる地位に立つか）は，具体的な法関係ごとに異なる"ということになる。藤田宙靖「行政主体の概念について」『行政法学の思考形式』（木鐸社，1978 年）78 頁以下参照。

[3]　本件最判の評釈はかなりの数にのぼる。佐藤繁「判批」最判解民昭 49 年度（1977 年）243 頁以下，桜田誉『別冊ジュリ 71 号　地方自治百選』（1981 年）16 頁，山村恒年・民商法雑誌 72 巻 3 号（1975 年）132 頁，荒木誠之・法政研究 41 巻 3 号（1975 年）300 頁などがある。社会保障判例百選（有斐閣）では，西原道雄『別冊ジュリ 56 号第 1 版』（1977 年）50 頁，久塚純一『別冊ジュリ 113 号第 2 版』（1991 年）28 頁，阿部泰隆『別

以下ではまず，大阪市（柳沢）事件の概要を紹介する。次に，審査会による審査の性格をもとに審査会と保険者との関係を検討したのち，国民健康保険事業の性格について考察する。

1　保険者の取消訴訟における原告適格

　大阪市（柳沢）事件は，国民健康保険における保険者としての地方公共団体が，国民健康保険審査会の裁決に対して，その取消を求める原告適格を有するかが争われた。行政法学上，地方公共団体の処分に対する行政上の不服申立に対して，国の機関が裁定を通じて関与することを裁定的関与といい，地方公共団体に対する国家の統制の一形態として，判例・学説を通じて議論が蓄積されてきた[4]。社会保険においても，船員保険審査会に関する事案[5]のほか，大阪市（上林）事件[6]などがある。大阪市（柳沢）事件最判（昭49.5.30民集28巻4号594頁）は，この裁定的関与の議論において避けて通ることのできない判例である[7]。

冊ジュリ153号第3版』(2000年) 26頁，亘理格『別冊ジュリ191号第4版』(2008年) 30頁が取り上げている。
4)　大阪市（柳沢）事件最判までの学説の状況については，佐藤・前掲「判批」243頁以下，最判が示された後の状況については，人見剛「地方自治体の自治事務に関する国家の裁定的関与の法的統制」『自治総研叢書16　分権改革と自治体法理』(敬文堂，2005年) 所収，村上裕章『行政訴訟の基礎理論』(有斐閣，2007年) 52頁以下参照。
5)　この事案は，乗組員が船舶沈没の日から3ヶ月間その生死不分明のため死亡推定を受けた場合の船員保険給付額算定について，船員保険審査官の審査決定に対して，保険者である厚生大臣が船員保険審査会に審査請求をしたものである。原告・控訴人らは審査会の裁決の取消を求めたが，1審・2審とも原告・控訴人らの請求を棄却した（東京高判昭30.1.27行集6巻1号167頁，東京地判昭26.5.11行集2巻6号953頁）。
6)　この事件は，被保険者が同市内に住所を有しなくなったことを理由とした療養の給付を行なわない旨の処分について，国民健康保険審査会が，住民票の記載から右被保険者が同市内に住所を有することを認めたため，保険者たる大阪市が，右処分を取り消した審査会裁決の取消を求めた事案である。1審判決（大阪地判昭44.4.19行集20巻4号568頁）は，大阪市の原告適格を認めたうえで，審査会の裁決を取り消した。これに対して，控訴審（大阪高判昭46.11.11行集22巻11=12号1806頁）は「裁決の相手方となつた行政庁は，訴訟その他如何なる手段に依るとを問わず，右裁決そのものを争うことができない」とし，「本件審査裁決自体の効力を争うことを目的とする被控訴人（大阪市；筆者注）の本訴は，右審査手続上の下級庁が上級庁に対してこれを為す機関訴訟の性質を脱却することはできない」として，原判決を取消し，大阪市の訴えを却下した。
7)　本件最判以後，最判平13.7.13訟月48巻8号2014頁，最判平14.7.9民集56巻6号

本件において，最高裁は，審査会裁決に関する取消訴訟につき，国保保険者の原告適格を認めなかった。ここでは，裁定的関与に関する行政法学の議論も参考にして，保険者としての市町村のあり方を検討したい。まわりくどい表現をあえて使えば，国民健康保険法は，権利義務の主体としての保険者として市町村に独立の地位を与えたのか，基礎的自治体としての市町村に国民健康保険の保険者機能を委ねたのかという問題を検討しようとするものである[8]。国民健康保険の保険者は行政庁としての市町村なのか，権利義務の主体すなわち公法人たる市町村なのかという問題と言い換えることもできる。

【事実の概要】

　肺結核で入院中の訴外Aが従前の住所登録地から大阪市に転入届を提出するとともに，国民健康保険の被保険者としての届出を行ったことに対して，保険者たる大阪市Xは住所要件を満たさないことを理由に被保険者証の交付を拒否した。Aは大阪府国民健康保険審査会Y（以下，単にY審査会という）に審査請求をなし，Y審査会は，Xの行った被保険者証交付拒否処分を取り消した。そこで，Xが本件裁決の取消訴訟を提起した。

　1審大阪地裁（大阪地判昭40.10.30民集28巻4号608頁）は，Xの訴えを適法として保険者の原告適格を認め，本件裁決を取り消した。原審大阪高裁（大阪高判昭46.8.2民集28巻4号630頁）も1審判決を引用して，Y審査会の控訴を棄却した。このため，審査会が上告した。

【判決の概要】

　1　国民健康保険の保険者たる市町村または国民健康保険組合は，保険給付等に関する処分を行なう問題では，行政庁として規定されているが，他面，これらの保険者は，いずれも独立の法人であって，保険事業を経営する権利

1134頁において，法律上の争訟性を否定している。
[8]）「保険者を行政機関としての地位と行政主体としての地位に概念的に区別し，抗告訴訟における原告適格の有無の判断基準とすることについてはその有効性を問われ，かなり疑わしいとされるのであるから」，「行政不服審査制度がいかなる建前を採り，行政不服審査庁がいかなる法的性格を有するのかを明らかにすること」を通じてはじめて解明できるとするものに，下元敏晴・民事研修212号（1974年）28頁以下がある。

義務の主体たる地位を有するから，みずからのした保険給付等に関する処分が審査会の裁決によって取り消されるときは，右の事業経営主体としての権利義務に影響を受けることとなるのを避けられない。しかし，そのことから直ちに，審査会の裁決によって不利益を受ける保険者は，一般の事業主体と同様に，訴訟によってその裁決を争うことができると解するのは早計であって，このことが認められるかどうかは，国民健康保険事業の性格に照らし，その運営について法がいかなる建前を採用しているかを検討したうえで決しなければならない。

2　国民健康保険事業は，国の社会保障制度の一環をなすものであり，本来，国の責務に属する行政事務であって，市町村または国民健康保険組合が保険者としてその事業を経営するのは，この国の事務を法の規定に基づいて遂行しているものと解される。

現行法上，国民健康保険事業は市町村または国民健康保険組合を保険者とするいわゆる保険方式によって運営されているとはいえ，その事業主体としての保険者の地位を通常の私保険における保険者の地位と同視して，事業経営による経済的利益を目的とするもの，あるいはそのような経済的関係について固有の利害を有するものとみるのは相当でなく，もっぱら，法の命ずるところにより，国の事務である国民健康保険事業の実施という行政作用を担当する行政主体としての地位に立つものと認めるのが，制度の趣旨に合致する。

3　審査会は，保険者の保険給付等に関する処分の適正を確保する目的をもって，行政監督的見地から瑕疵ある処分を是正するため，国民健康保険事業の実施という国の行政活動の一環として審査手続を設けることとし，その審査を右事業の運営について指導監督の立場にある都道府県に委ねるとともに，その審査の目的をいっそう適切公正に達成するため，都道府県に第三者的機関を設置して審査に当たらせることとしたものであって，審査会自体が保険者に対し一般的な指揮命令権を有しないからといって，その審査手続が通常の行政的監督作用たる行政不服審査としての性質を失い，あたかも本来の行政作用の系列を離れた独立の機関が保険者とその処分の相手方との間の法律関係に関する争いを裁断するいわゆる行政審判のごとき性質をもつもの

とはとうてい解されない。

4　保険者のした保険給付等に関する処分の審査に関するかぎり，審査会と保険者とは，一般的な上級行政庁とその指揮監督に服する下級行政庁の場合と同様の関係に立ち，右処分の適否については審査会の裁決に優越的効力が認められ，保険者はこれによって拘束されるべきことが制度上予定されているものとみるべきであって，その裁決により保険者の事業主体としての権利義務に影響が及ぶことを理由として保険者が右裁決を争うことは，法の認めていないところであるといわざるをえない。もしこれに反して，審査会の裁決に対する保険者からの出訴を認めるときは，審査会なる第三者機関を設けて処分の相手方の権利救済をより十分ならしめようとしたことが，かえって通常の行政不服審査の場合よりも権利救済を遅延させる結果をもたらし，制度の目的が没却されることになりかねない。以上の理由により，国民健康保険の保険者は，保険給付等に関する保険者の処分について審査会のした裁決につき，その取消訴訟を提起する適格を有しないものと解するのが相当である。

2　国保保険者と国保審査会との関係

ここでは，国保法91条にいう「不服がある者」に関する解釈，国民健康保険審査会（以下，国保審査会）と保険者との関係について，大阪地裁判決と最高裁判決とを比較する形で検討してゆく。

(1)　国保法91条にいう「不服がある者」

行政不服審査法の制定以降，国民健康保険法は，一般法に対する特別法として位置づけられ，国保法に特別の定めがあるものを除き，原則として行政不服審査法の規定が適用される。この特別の定めに該当するひとつが，国保法91条である。同条は「保険給付に関する処分（被保険者証の交付の請求又は返還に関する処分を含む。）又は保険料その他この法律の規定による徴収金に関する処分に不服がある者は，国民健康保険審査会に審査請求をすることができる」と規定する。

国民健康保険審査会は，保険者のした保険給付等に関する処分の不服申立を審査するために，都道府県知事の附属機関として各都道府県に設置される。形式上は保険者たる市町村とは別個の行政主体に属し，その構成も被保険者，保険者および公益の三者の代表よりなる合議制の機関である。

　国保法91条の解釈とも関連して，大阪地裁判決は，まず「保険者が裁決を争って出訴できるかどうかについては法律に明文の規定がない」とする。そのうえで「保険者は常に保険給付が適正に行われるか否かについて利害関係を持っているし，しかもこれが適正に行われるよう図るべき職責を持つ」ことから，裁決の取消を求めて出訴する権利を認めた。

　この理由に加えて，「処分者たる行政庁が自ら当事者として訴を提出することは法律に特別の規定がない限り許されないのではないかとの疑問も生じないわけではない」。しかし，市町村等は「その有する権利義務に利害関係を持つならば，権利又は利益の救済のためにその地位に基いて保険者は訴訟当事者として出訴するについて何らの制限を受けないものと解するのが相当である」とした。

　しかし最高裁は，審査会自体が保険者に対し一般的な指揮命令権を有しないからといつて，その審査手続が通常の行政的監督作用たる行政不服審査としての性質を失い，あたかも本来の行政作用の系列を離れた独立の機関が保険者とその処分の相手方との間の法律関係に関する争いを裁断するいわゆる行政審判のごとき性質をもつものとはとうてい解されない，と判示した。

(2)　審査会と保険者の関係

　(1)とも密接に関連して，審査会と保険者との関係についても，大阪地裁判決と最判は明確に異なる立場に立つ。

　1審判決は，行政庁相互間に上級下級の一般的指揮監督関係がある場合には，その間の紛争につき行政庁は審査庁の裁決を争って出訴することは許されないが，本件の場合，「審査会と保険者とは上級下級の関係にあるものではなく，その間に一般的な指揮監督関係は存しない」し，「審査会は保険者と被保険者その他の利害関係人との間の紛争を第三者的な立場から処理する裁定機関としての実質を有し，単に特定の被保険者その他利害関係人の権利ない

し利益の救済そのものを目的とする不服申立制度とはやや性格を異にするものといえる」から，出訴の提起が許されると結論づけた。

これに対して，最高裁は「審査会を審査機関としたのは，保険者の保険給付等に関する処分の適正を確保する目的をもって，行政監督的見地から瑕疵ある処分を是正するためであ」り，「審査会と保険者とは，一般的な上級行政庁とその指揮監督に服する下級行政庁の場合と同様の関係に立ち，右処分の適否については審査会の裁決に優越的効力が認められ，保険者はこれによって拘束されるべきことが制度上予定されている」とし，審査会の「裁決により保険者の事業主体としての権利義務に影響が及ぶことを理由として保険者が右裁決を争うこと」を，法は認めていないと明言した。

(3) 行政不服審査法体系

本件下級審判決に対する学説においては，国保法91条にいう「不服がある者」には「原処分庁」も含めて理解すべきである[9]とか，「裁決の拘束力もまた関係行政機関に対するものであって，公法人の保険者自体の出訴権を奪う趣旨ではない」とするものがある[10]。

これに対して，最高裁が重視したのは行政不服審査のあり方ともいうべきもので，それは「審査会の裁決に対する保険者からの出訴を認めるときは，審査会なる第三者機関を設けて処分の相手方の権利救済をより十分ならしめようとしたことが，かえつて通常の行政不服審査の場合よりも権利救済を遅延させる結果をもたらし，制度の目的が没却されることになりかねない」という説示に端的に示されているように思われる。

調査官解説もこのことを補強するように，次のようにいう。「行政不服審査法は，審査庁として，上級庁がなる場合とそれ以外の第三者機関がある場合とを予定しており，そのいずれであるかによって，執行停止と裁決で命じうる事項に若干の違いを設けたほかは，手続上なんらの区別も認めていない。したがって，審査庁が第三者機関であるということだけで，その審査手続が上級庁による審査の場合と一変して，行政内部における権利救済と行政監督

---

[9] 木村實・自治研究47巻7号（1971年）175頁。
[10] 尾上実・昭和47年度重要判例解説30頁。

の作用たる性格を失い，あたかも本来の行政作用の系列を離れた独立の機関が対立当事者間の法律関係に関する争訟について裁断する準司法作用のごとき性格をもつものになるとはいえない」[11]。

　学説においても，審査会を原処分庁の上級機関と捉えるか，第三者的な裁定機関と捉えるかについては，現行行政不服審査法の解釈論として，「基本的に前者の考え方をとっていることは疑いなく，それがそのまま裁定的関与にも適用されていることから」，保険者の原告適格を否定する見解に一理あるとする見解もある[12]。また，行政主体が本来，憲法が保障する基本的人権を享受するものではないことから，藤田宙靖は，行政主体が「法人格を有しているからといって，そのことから当然に，私人に対し公権力を行使する権限を裁判上実現する権利を，憲法および現行行政事件訴訟法によって保障されているとはいえない」[13]として，保険者に原告適格を認めることに消極的である。

　しかし，その一方でなお，独立の法人として権利主体性を有し，組織法上，審査会の下級機関でもない保険者が，なぜ，審査会との関係で「一般的な上級行政庁とその指揮監督に服する下級行政庁の場合と同様の関係」に立つのかについて，最高裁の立論は説得力に欠けると言わざるを得ないとする主張もある[14]。また，塩野宏は，保険事業者たる市町村の原告適格が否定されるべきかはなお疑問なしとしないとして，本件最判の結論を支持するのであれば「保険事業主体としての市町村は，経済的な独立的法主体の実態を有しない」あるいは「裁定的関与の結果如何によっても，経済的実損は大きくないという見方以外にはないように思われる」とする[15]。このことは自らの処分を取り消された地方公共団体は裁決を争うことができず，極めて強力な関与を受ける結果となり，「地方自治の本旨」に抵触する可能性が極めて大きい[16]。そし

---

11)　佐藤・前掲 248 頁。
12)　村上裕章「行政主体間の争訟と司法権」『行政訴訟の基礎理論』(有斐閣，2007 年) 66 頁。
13)　藤田宙靖「行政主体相互間の法関係について」『行政法の基礎理論 (下巻)』(有斐閣，2005 年) 所収，71 頁。
14)　亘理・前掲 31 頁。
15)　塩野・前掲 38 頁。
16)　村上・前掲「行政主体間の争訟と司法権」66-67 頁。

て，立法論として裁定的関与の全面廃止も提唱されている[17]。

　後者の見解すなわち裁定的関与に関する否定論の方が説得力を有すると考えるが，筆者の関心ももっぱら，国民健康保険事業の性格にあるため，行政不服審査法体系における保険者の原告適格に関する結論は，次章の検討を通して明らかにしたい。

---

17)　人見・前掲「地方自治体の自治事務に関する国家の裁定的関与の法的統制」291頁以下。

第 12 章　裁定的関与と行政主体性

はじめに

　前章で検討した大阪市（柳沢）事件において，最高裁は行政不服審査のあり方を重視して，国民健康保険事業の事業主体としての大阪市を，審査会との関係で下級行政庁と位置づけた。しかし，筆者の関心はもっぱら国民健康保険事業の性格にある。このためここでは，まず国民健康保険事業を検討し，次に社会保険における保険者像の考察を通して，大阪市（柳沢）事件最判に対する批判を試みたい。

1　国民健康保険事業の性格

　国民健康保険事業の性格について，行政法学では，2つの視点から検討されているように思われる。ひとつは団体委任事務との関係であり，いまひとつは団体委任事務とも関連する地方自治との関係である。そこで，ここではまず，地方自治との関係について判決と学説を概観する。社会保障法（学）の立場から，国民健康保険事業そのものを団体委任事務とも絡めて検討したいからである。

(1)　団体委任事務および地方自治との関係

　本件最判は，国民健康保険事業を行う市町村を「もっぱら，法の命ずるところにより，国の事務である国民健康保険事業の実施という行政作用を担当する行政庁」と位置づけた。このことに関連して，塩野宏は，最高裁が本件事務を団体委任事務と解しているとすれば，団体委任事務と固有事務との間に大きな違いが生ずること，すなわち裁定的関与について，団体委任事務と

固有事務の間で出訴資格が判然と分かれると指摘する[1]。かくして，団体委任事務も委任された以上は地方公共団体の事務となり，国の一般的な指揮・監督を受けないのであるから，自治事務同様，大阪市の原告適格を肯定すべきであるとの見解も見られる[2]。

このような団体委任事務，固有事務の区別は，当然のように地方自治にも波及する[3]。本件最判は，憲法で保障する地方自治との関係については直接言及するところはないが，この点，学説からは批判が多い。

塩野宏は「裁定的関与それ自体，地方自治の観点からして疑問の多い制度である」とし[4]，村上裕章は「憲法が保障する「地方自治の本旨」に抵触する可能性が極めて大きい」という[5]。亘理格は「裁定的関与に関する特別の制度設計は，地方自治権の保障への特別の配慮に由来すると解することも可能」であることを理由に，保険者の原告適格を認める可能性を指摘する[6]。

これらの見解に明確に反対するのが藤田宙靖である。藤田はまず，行政事件訴訟法に定める抗告訴訟は，基本的人権としての「裁判を受ける権利」に基づくものであることを前提に，統治団体としての地方公共団体は「本来当

---

1) 塩野宏「地方公共団体の法的地位論覚書き」『国と地方公共団体』（有斐閣，1990年）所収，38頁。
2) 曽和俊文「地方公共団体の訴訟」杉村敏正『行政救済法2』（有斐閣，1991年）所収，310頁。
3) 団体事務の3区分（公共事務，団体委任事務および行政事務）および機関委任事務制度は，1999年の地方分権一括法により廃止された。この地方分権一括法による地方自治法の改正によって，地方公共団体の事務は自治事務と法定受託事務に再編成された。自治事務は，法定受託事務以外の事務をいい（地方自治法2条8項），法定受託事務はさらに二分される。国民健康保険法に関する事業は，第1号法定受託事務（「法律又はこれに基づく政令により都道府県，市町村又は特別区が処理することとされる事務のうち，国が本来果たすべき役割に係るものであつて，国においてその適正な処理を特に確保する必要があるものとして法律又はこれに基づく政令に特に定めるもの」地方自治法2条9項1号）とされた。
この地方分権一括法による地方自治法の改正において，それまでの裁定的関与がそのまま残されたことを批判するものとして，村上裕章「行政主体間の争訟と司法権」『行政訴訟の基礎理論』（有斐閣，2007年）所収，67頁，人見剛「地方自治体の自治事務に関する国家の裁定的関与の法的統制」『自治総研叢書16　分権改革と自治体法理』（敬文堂，2005年）275頁参照。
4) 塩野・前掲「地方公共団体の法的地位論覚書き」38頁。
5) 村上・前掲「行政主体間の争訟と司法権」66頁-67頁。
6) 亘理格『別冊ジュリ191号　社会保障判例百選（第4版）』（2008年）30頁。

然には，抗告訴訟を提起する権能を持たない」と明言する。そして，地方自治の保障に由来する憲法上の自治権に基づいて，抗告訴訟を利用し得るかという問題設定をしたうえで，行政救済法制度の基本構造として，抗告訴訟は「行政庁の公権力行使に対して私人の権利を護るための訴訟なのであって，行政庁が私人の権利を抑制するために用いる訴訟であるのではない」とする[7]。

本件最判の調査官解説も国民健康保険事業が団体委任事務であることを前提に，自治権との関係でいかなる法的保護が与えられるかを検討する。しかし，国家の「監督ないし関与は自治権の内在的制約の範囲とされるので，これに対する出訴の許否は立法政策の問題」であり，結局は「制度の解釈」により決せられるとする[8]。

(2) 国民健康保険事業

ここでは，本件1審判決と比較する形で，最高裁の判決をもう一度敷衍しておきたい。

本件1審判決は，保険者が裁決を争って出訴できるかどうかについては明文の規定がなく，いずれとも断じがたいとしたうえで，「国民健康保険の保険者である市町村等は一般被保険者から保険料を徴収し，かつこれを被保険者全員のために保管するものであり，主として右保険料の中から給付事由が生じた場合に支給すべき保険給付に充てられるものと解すべきであるから，保険者は常に保険給付が適正に行われるか否かについて利害関係を持っているし，しかもこれが適正に行われるよう図るべき職責を持つ」と判示する。こうして，行政庁たる性格から行った処分の結果として「保険事業を経営する権利義務の主体たる地位」となるのではなく，国民健康保険「法によって当然（，権利義務の主体たる地位を：筆者注）有している」と結論づけた。

これに対して，最高裁は，市町村が保険事業を経営する権利義務の主体たる地位を有することを否定しない。むしろ，「みずからのした保険給付等に関する処分が審査会の裁決によって取り消されたときは，右の事業経営主体と

---

[7] 藤田宙靖「行政主体の概念について」『行政法学の思考形式』（木鐸社，1978年）77頁。
[8] 佐藤繁「判批」最判解民昭49年度（1977年）245頁-246頁。

しての権利義務に影響を受けることとなるのを避けられない」と権利義務の主体としての地位を積極的に肯定する。しかし，このことから結論を導くのは早計であって，国民健康保険事業の性格に照らし，その運営について法がいかなる建前を採用しているかを検討しなければならないとする。

最高裁は，国民健康保険事業を「国の社会保障制度の一環をなすものであり，本来，国の責務に属する行政事務」とする。その理由として，以下の6点を指摘する。①法が市町村に国民健康保険事業の実施を義務づけ，②国は国民健康保険事業の運営が健全に行われるようにつとめなければならないものと規定すると同時に，都道府県には右事業の健全な運営についての指導責任を負わせ，③国または国の機関としての都道府県知事に保険者の業務に対する強力な監督権を認めるとともに，④国民健康保険事業に要する費用につき国庫補助を規定し，⑤保険者の行なう滞納保険料等の徴収については強制徴収の権能を認め，また，⑥保険給付等に関する保険者の措置を行政処分と構成してその効力の早期安定を期していることである。

かくして，国民健康保険事業は，「市町村又は国民健康保険組合を保険者とするいわゆる保険方式によつて運営されているとはいえ，その事業主体としての保険者の地位を通常の私保険における保険者の地位と同視して，事業経営による経済的利益を目的とするもの，あるいはそのような経済的関係について固有の利害を有するものとみるのは相当でな（傍点筆者）」く，市町村（国民健康保険組合も含む）は「もつぱら，法の命ずるところにより，国の事務である国民健康保険事業の実施という行政作用を担当する行政主体としての地位に立つ（傍点筆者）」という。

2 社会保険における保険者像

最高裁は，保険者としての固有の利害よりも，国の事務としての国民健康保険事業という行政作用を担当する行政主体としての地位を重視し，保険者の原告適格を否定した。以下では，社会保障の制度像ともいうべきアプローチから，"固有の利害"論，"行政主体"論について批判的検討を行う。

まず第1に，固有の利害に関連して，最高裁は，私保険における保険者と

同視してはならないとする。その理由は，「国家統治機構の一環として，何らかの範囲において，国又はその機関の監督ないし関与のもとに，統一的な公行政の作用を分担する」からとされる[9]。しかし，国または都道府県知事の監督ないし関与は，国民健康保険事業における制度運用上の統一性を確保するためであって，保険業法による規制に服する私保険と，ことさらに区別する理由とは考えられない。それをあえて私保険の保険者と同視し得ないとするのは，被保険者たる私人と対置されるのは行政である，との認識が前提にあるように思われる。実際，「国民健康保険事業を含む社会保障の作用は，いわゆる給付行政の分野に属し，本来の権力的行政作用とは多くの点で異なるところがあるけれども，さりとて，これを一般私人の行う事業と同列のものとみることは，法の関係規定からしても無理といわざるを得ない」[10]。

行政本来の権力的作用と異なるところは多々あるとしても一般私人とは同列ではないから，結局，権力的行政作用に分類するという論法である。端的に言えば，ここにいう社会保障あるいは国民健康保険事業は，国家対国民という図式あるいは市町村対市町村民という二当事者構造のなかで理解されているとすれば，国民ないし市町村民の利害と対立する保険者は，国家側すなわち行政庁に位置するものと認識されることになり，この意味で，国民健康保険事業は「国の社会保障制度の一環をなすものであり，本来，国の責務に属する行政事務」とされるのである。

第2に，国民健康保険という行政作用を担当する行政主体という認識についても，国家主導的な社会保障制度像が前提とされている。調査官解説によると「地方公共団体の事業主体としての経済的利害は，団体固有の資格に基づくものではなく，国から分配された公行政の責任遂行に伴う効果にほかならない」という[11]。また，荒木誠之は，「保険者の事業主体説をとる見解は，一応形式的には論理の筋が通っているように見えるけれども，社会保険立法の肝心の点を看過しているところに致命的な欠陥」があるとする[12]。なぜなら

---

9) 佐藤・前掲「判批」244頁。
10) 同上。
11) 同上。
12) 荒木誠之・法政研究41巻3号（1975年）300頁以下。

ば,「国民健康保険による医療の給付は,生存権を保障している国の義務ともいうべきもので,保険者たる市町村はそれを団体委任事務として実施している」という[13]。

確かに,市町村国保の場合,国民健康保険法に基づき,事業の実施を義務づけられている。しかし,1審判決が説示するように,保険者は被保険者全体の利益を代表し,被保険者全体が負担する財源を適正に管理運営しなければならない。このような保険者のあり方から,2つの対立構造が考えられる。ひとつは被保険者全体の利益を代表する存在として,国家の利害と衝突する可能性がある。いまひとつは,時には被保険者全体の利益を擁護するため個別の被保険者と利害対立することが想定される。ここで,保険者の役割を「国から分配された公行政の責任遂行」と規定すると,行政機能の上下関係の中で,保険者は国家と対立するという図式を失うことになる。保険者が,単なる保険料（税）の徴収者かつ保険給付を含めた報酬支弁者に過ぎなくなるからである。しかし,筆者は,国民健康保険における制度運営の統一という土俵のうえで,保険者は個別の事業体（保険集団ともいうる）としての自律性を保持すべきであるとの立場に立つ。そして,この自律性の存在こそが,各保険者における経済的利害を生み出す源泉と考える。また,歴史的沿革からいえば,旧国保法では,市町村国保の前身であった普通国保組合であっても任意設立の時代が存在した[14]。さらに,国民健康保険組合や健康保険組合は,一応,団体固有の利害を実現するために組織化されているという側面を否定することはできないと思われる。このため,「国から分配された」責任遂行に伴う効果というのは,政府や市町村以外の団体にも社会保険の保険者たる資格を付与している状況を必ずしも十分に説明する論拠とはならないと考

---

13) 荒木・同上304-305頁。荒木は続けて「国民健康保険法の場合,かりに審査会が誤った裁決をして,当該保険者の地域内に住所を有しない者に保険給付を認める裁決をしたとしても,本来権利のない者に受給権を賦与したわけでなく,日本国民であればどこかの市町村から医療保険給付を受ける権利を有するのであるから,裁決がかりに誤っているとしても,その違法性の程度はきわめて軽いものといわねばならない」という。
14) 旧国民健康保険法の第3次改正（昭和23年）以前,市町村を単位に組織される普通国民健康保険組合の設立は任意であった。厚生省国民健康保険課編『詳解国民健康保険』（国民健康保険調査会,1960年）18頁参照。新田秀樹『国民健康保険の保険者』（信山社,2009年）参照。

える。

3　小括

　行政法学の視点からいえば，抗告訴訟は「行政庁の公権力行使に対して私人の権利を護るための訴訟なのであって，行政庁が私人の権利を抑制するために用いる訴訟であるのではない」[15]，あるいは「国民の権利・利益の擁護の視点から法律が地方公共団体の出訴資格を制限したものとみるほかない」[16]という解釈が，説得力に富むのかもしれない[17]。

　藤田宙靖は，「行政主体の公権力行使に対する他の行政主体からの監督行為は，対私人間においては「外部行為」であるにしても，行政主体相互間について見る限り，少なくとも行政主体と私人との関係と同じ意味での「外部関係」上の行為ではない，ということになる」として，大阪市（柳沢）事件最判を，「行政主体の公権力行使に対する他の行政主体からの監督行為であるから，私人に対する公権力行使の場合とは違って，外部行為であるとは言えず，従って，上級行政庁と下級行政庁との関係と同様の関係と考えるべきである」とする[18]。しかし，事業者としての権利義務主体に関する論点については，少なくとも公権力行使の適法性を争う場面において，行政主体は私人と同様の

---

[15]　藤田・前掲「行政主体の概念について」77頁。
[16]　曽和俊文「地方公共団体の訴訟」杉村敏正『行政救済法2』（有斐閣，1991年）所収，310頁。
[17]　本件が提起される以前の事案ではあるが，強制加入の合憲性が争われた小城町国保事件において，佐賀地裁は「強制加入の原則は国民健康保険の公共性を高めると共に，逆選択を防止し危険分散を行わんとする技術的考慮に基くものであり，市町村公営の原則は国民健康保険が住民の健康及び福祉に直接関係する制度であることに鑑み地方公共団体の本来的な事務とすべきものであるとの行政的考慮に基くものである」（傍点筆者）と判示している（佐賀地判昭29.3.13行集5巻3号640頁以下）。この考え方は，行政法学における公共組合論に関する議論に類似している。そこでは，公共組合自体が行政主体であることが，思想信条の自由などの侵害行為を法的に正当化する根拠となり得るし，経費や負担の強制徴収を含む事業執行方法についての公権力性の付与は，当該法人の大きな特権であるが，このような特権の付与も，それを受ける法人が行政主体であることによって正当化される，と説明されている（塩野宏『行政法Ⅲ（第3版）』（有斐閣，2008年）105頁）。
[18]　藤田宙靖「行政主体相互間の法関係について」『行政法の基礎理論（下巻）』（有斐閣，2005年）所収，71頁以下参照。

立場に立つものとは言えない，と言明するに止まる[19]。

　この点，保険事業者たる市町村の原告適格が否定されるべきかはなお疑問なしとしない，とする塩野宏は，本件最判の結論を支持するのであれば「保険事業主体としての市町村は，経済的な独立的法主体の実態を有しない」あるいは「裁定的関与の結果如何によっても，経済的実損は大きくないという見方以外にはないように思われる」[20]という。現実的な判断ということができる。しかしここでも，独立的法主体としての実態あるいは経済的実損の大小が，市町村の原告適格を否定する基準となるかについては疑問が残る。「経済的な独立的法主体ではない」とするならば，保険料（税）を賦課・徴収する根拠をどこに求めることになるのか。「経済的実損は大きくない」との判断は，当該市町村国保の置かれている経済的財政的状況に応じて変化するのではないか。かくして，経済的な損失が小さくても，保険事業を遂行する利益代表者として行動しなければならない状況が存在しうると考える。

　「経済的な独立的法主体」ではないことは，「経済的関係について固有の利害を有さない」ことを意味する。したがって，経済的な独立的法主体ではないことは，保険者をして単に保険料（税）を徴収し，保険給付を提供し，かつ診療報酬を支弁する者と評価するに過ぎないとも思われる。しかし，このような評価は，公権力の行使としての保険料（税）の徴収であり保険給付の提供である以上，保険者たる市町村を過小評価するものではないかとの反論が予想される。ただ，国保事業が，本件当時から団体委任事務とされ，現行地方自治法上も自治事務とされていることをどのように評価するかの問題が残される[21]。

　団体委任事務ないし自治事務である以上，どのように国保事業を運営するかは基本的に市町村すなわち保険者の裁量に委ねられているはずであり，であるからこそ，保険者ごとに保険料率や賦課割合が異なることが前提とされ

---

[19]　藤田・同上72頁。
[20]　塩野・前掲「地方公共団体の法的地位論覚書き」38頁。
[21]　近時の裁判例として，「要介護状態区分1」の要介護認定につき事実認定の誤り等を理由に，原告処分行政庁の認定を取り消した介護保険審査会裁決の裁決取消を争った和歌山地判平24.5.15LEX/DB：25481779がある。処分行政庁である田辺市に原告適格はないとして請求は却下された。

てきたのである。このことはまた，いかに形式的あるいは名目的にすぎないとしても，保険者ごとに財政的に収支均衡を維持する責務を負わされてきたということができる。このことからすれば，財政規整のためのツールのひとつとして，審査会裁決に対する取消訴訟という手段を認めないことは，国保事業に求められる財政規律の存在を没却することを意味する。繰り返しになるが，国保事業の保険者としての市町村は，むしろこの意味で，「経済的な独立的法主体」でなければならないのである。

第Ⅳ部
保 険 料

本書冒頭でも述べたように，財源に占める国庫負担割合の高さが日本の特徴のひとつである。保険料については，報酬比例方式，定額方式，応能負担・応益負担など多様な仕組みが存在し，検討すべき論点も多いが，ここでは国民健康保険料条例をめぐる旭川市国保料事件（最大判平18.3.1民集60巻2号587頁）をもとに保険料の強制性，けん連性について考察する（第13章，第14章）。次に，後期高齢者医療制度における後期高齢者支援金，前期高齢者納付金を中心に，その性格などを論ずる（第15章）。これらはいわゆる財政調整拠出金，そのなかでも健康保険制度や国民健康保険制度と後期高齢者医療制度との間で行われる制度間財政調整のための拠出金に分類される。

第13章　保険料の強制性

はじめに

社会保障の財源を保険料に求めるべきか租税に求めるべきかという論点は，社会保障に関する主要な議論のひとつである。この論点と密接に関連する裁判例に，旭川市の国民健康保険料条例に関する最大判平18.3.1民集60巻2号587頁（以下，本件を旭川市国保料事件といい，本件最判を平成18年最判という）[1]がある。

旭川市国保料事件は，租税とは何か，国民健康保険に関する保険料条例について，憲法84条に定める租税法律主義が適用されるか，を正面から論じたことに大きな意義がある。そして国民健康保険税については，下級審とはいえ租税法律主義の適用を認める秋田市事件（仙台高秋田支判昭57.7.23行集30巻4号891頁）が存在したこともあり，平成18年最判をめぐって，憲法学，租税法学および社会保障法学において活発な議論が展開された。結論から言えば，国民健康保険における保険料については，租税法律主義は直接適用されることはないものの，その趣旨は及ぶものとされた（以下では，これを趣旨支配説という）。この判決によって，国民健康保険料と租税法律主義との適用関係については一応の解決を見た。

ここでは，強制性とけん連性というふたつの視点から，保険料の法的分析を行う。租税は一方的・権力的課徴金と説明されるが，ここで強制性とは，この租税の性格に由来する一方的・権力的な賦課徴収の作用をいう。また，けん連性とは，特別の給付に対する反対給付であるか否かという保険料の性

---

[1] 本件最判に関する評釈として，阪本勝・曹時61巻2号（2009年）379頁，山本隆司・法教346号（2009年）42頁，藤谷武史『別冊ジュリ207号　租税法判例百選（第5版）』（2011年）8頁，碓井光明『別冊ジュリ191号　社会保障判例百選（第4版）』（2008年）14頁，島崎謙治『別冊ジュリ191号　社会保障判例百選（第4版）』（2008年）16頁，倉田聡・判時1944号（2006年）180頁などがある。

格に関連する。反対給付性ともいいうるが，ここでは「保険料と保険給付を受け得る地位とのけん連性」という表現に着目して，けん連性という用語を用いる。

以下では，旭川市国保料事件の事実の概要と判旨を概説したのち，強制性に関する学説判例について検討する。けん連性については，次章で検討する。

1　旭川市国保料事件

【事実の概要】

平成6年4月12日に被上告人旭川市（以下 Y_1 市という。）を保険者とする国民健康保険の一般被保険者で世帯主である上告人X（原告，被控訴人）は，平成6年度から同8年度までの各年度分の国民健康保険の保険料について，Y_1 市から賦課処分を受け，また，被上告人旭川市長（以下 Y_2 市長という）から所定の減免事由に該当しないとして減免しない旨の通知（以下「減免非該当処分」という）を受けた。これに対して，Xは，Y_1 市に対し上記各賦課処分の取消しおよび無効確認を，Y_2 市長に対し上記各減免非該当処分の取消しおよび無効確認をそれぞれ求めた。

1審旭川地裁（平成10年4月21日判決）は，Xの請求を認容して，本件条例は憲法92条，84条および国民健康保険法81条に違反するとした。これに対して，原審札幌高裁（平成11年12月21日判決）は，「強制加入，強制徴収は社会保険としての国民健康保険の目的・性質に由来するものであり，さらに，公的資金の導入は，保険料の対価性による欠損を補充するにすぎないものというべく，Y_1 市の国民健康保険事業に要する経費が前記の程度の公的資金によってまかなわれているからといって，その社会保険としての性格や保険料の対価性が失われるものとは認められない」から，「保険料について，租税法律（条例）主義が直接に適用されることはないというべきである」として，原判決を取り消した。このため，Xが上告した。

【判旨】 上告棄却

1a　国又は地方公共団体が，課税権に基づき，その経費に充てるための資

金を調達する目的をもって，特別の給付に対する反対給付としてでなく，一定の要件に該当するすべての者に対して課する金銭給付は，その形式のいかんにかかわらず，憲法84条に規定する租税に当たるというべきである。

b　市町村が行う国民健康保険の保険料は，これと異なり，被保険者において保険給付を受け得ることに対する反対給付として徴収されるものである。前記のとおり，Y_1市における国民健康保険事業に要する経費の約3分の2は公的資金によって賄われているが，これによって，保険料と保険給付を受け得る地位とのけん連性が断ち切られるものではない。

c　また，国民健康保険が強制加入とされ，保険料が強制徴収されるのは，保険給付を受ける被保険者をなるべく保険事故を生ずべき者の全部とし，保険事故により生ずる個人の経済的損害を加入者相互において分担すべきであるとする社会保険としての国民健康保険の目的及び性質に由来するものというべきである。

したがって，上記保険料に憲法84条の規定が直接に適用されることはないというべきである（国民健康保険税は，前記のとおり目的税であって，上記の反対給付として徴収されるものであるが，形式が税である以上は，憲法84条の規定が適用されることとなる）。

2a　憲法84条は，課税要件及び租税の賦課徴収の手続が法律で明確に定められるべきことを規定するものであり，直接的には，租税について法律による規律の在り方を定めるものであるが，同条は，国民に対して義務を課し又は権利を制限するには法律の根拠を要するという法原則を租税について厳格化した形で明文化したものというべきである。したがって，国，地方公共団体等が賦課徴収する租税以外の公課であっても，その性質に応じて，法律又は法律の範囲内で制定された条例によって適正な規律がされるべきものと解すべきであり，憲法84条に規定する租税ではないという理由だけから，そのすべてが当然に同条に現れた上記のような法原則のらち外にあると判断することは相当ではない。

b　そして，租税以外の公課であっても，賦課徴収の強制の度合い等の点において租税に類似する性質を有するものについては，憲法84条の趣旨が及ぶと解すべきであるが，その場合であっても，租税以外の公課は，租税とそ

の性質が共通する点や異なる点があり，また，賦課徴収の目的に応じて多種多様であるから，賦課要件が法律又は条例にどの程度明確に定められるべきかなどその規律の在り方については，当該公課の性質，賦課徴収の目的，その強制の度合い等を総合考慮して判断すべきものである。

　c　市町村が行う国民健康保険は，保険料を徴収する方式のものであっても，強制加入とされ，保険料が強制徴収され，賦課徴収の強制の度合いにおいては租税に類似する性質を有するものであるから，これについても憲法84条の趣旨が及ぶと解すべきであるが，他方において，保険料の使途は，国民健康保険事業に要する費用に限定されているのであって，法81条の委任に基づき条例において賦課要件がどの程度明確に定められるべきかは，賦課徴収の強制の度合いのほか，社会保険としての国民健康保険の目的，特質等をも総合考慮して判断する必要がある。

2　強制性

　租税の特徴のひとつを，一方的・権力的な課徴金たる性格に求め，その一方的・権力的な賦課徴収の作用を強制性と表現すれば，この強制性について，学説判例はどのような議論を展開しているだろうか。強制性について言及する学説は少ないものの，そこでは説得力ある議論が展開されており，国保保険料に関する租税法律主義の趣旨支配説を採用する本件最判の考え方とも親和性を有しているといえよう。この意味で，強制性に関する議論は，保険料の性格を検討するうえで重要である。

(1)　学説

　財政法学の碓井光明は，比較的早くから，強制性に着目した租税概念を提唱している。「租税」には「固有の意味での租税」のほか，「法律上国の独占に属する事業で直接に国の財政収入を目的としているものの料金又は対価（財政専売），負担を法律上強制される金銭的その他の経済的負担を含むもの

と解される」[2]とし，負担強制の典型的なものとして，受益者負担金や社会保険料をあげている。とくに，国民健康保険については保険税・保険料の別なく，強制加入・強制徴収とされる以上，「租税」に含まれるべきであるとする[3]。

また租税法学においても，畠山武道が租税の範囲について，「租税の意義を租税法規に規定される『固有の意義の租税』に限定するのは狭すぎるが，本人の自由選択の余地がなく一方的・強制的に課せられ，徴収されるものに限定されると解すべきである」としている[4]。このほか，強制加入を扶養原理に基づく弱者保護のためのものであることから，医療保険における保険料を基本的に租税的性格を有するという主張も見られる[5]。

碓井自らが命名した「広義の租税法律主義」は，健康保険組合や国民健康保険組合あるいは全国健康保険協会による保険料に関して，租税法律主義の趣旨が適用されるのか否かという本件最判の射程との関係で新たな問題を提起する[6]。すなわち，健康保険組合や全国健康保険協会は，「『国』ではないとして，その賦課する健康保険料は，憲法84条趣旨支配説の妥当する範囲からも消えるのか」あるいは全国健康保険協会における運営委員会は「民主的統制」という見地からみて，統制システムとして民主的と評価されるのかという論点である。このような思考は，加入を強制されることによって「被保険者相互間において，対価性以外の因子により公共サービスのための負担の分担・分配が決定されるとすれば，その基準ないし方法は，国や地方公共団体の議会が法律や条令により，あるいは被保険者の自治団体の議事機関が規約により，決定する必要がある」とする考え方とも共通する[7]。

---

2) 碓井光明「憲法84条にいう『租税』の概念の外延について」ジュリ705号（1979年）122頁以下，126頁。
3) 碓井・同上126頁。碓井光明「租税の意義」『憲法の争点〈新版〉〔法律学の争点シリーズ2〕』（有斐閣，1985年）所収，228頁。
4) 畠山武道「国会の権限」雄川一郎・塩野宏・園部逸夫編『現代行政法大系第10巻』（有斐閣，1984年）所収，28頁。
5) 甲斐素直・ジュリ1202号（2001年）22頁。甲斐はここで保険原理と扶養原理との優劣により租税性を確定するが，その場合，公費負担をどのようにとらえるかの問題が残される。
6) 碓井光明「財政法学の視点から見た国民健康保険料」法教309号（2006年）19頁。
7) 山本隆司「私人の法的地位と一般法原則（2）国民健康保険の保険料と租税法律主義」

(2) 裁判例

① 本件最判

【判旨】1cで述べるように,強制加入の合憲性が争われた昭和33年最判[8]を引用し,保険料が強制徴収されるのは,「保険給付を受ける被保険者をなるべく保険事故を生ずべき者の全部とし,保険事故により生ずる個人の経済的損害を加入者相互において分担すべきであるとする社会保険としての国民健康保険の目的及び性質に由来する」と述べる。しかし,租税法律主義は,国民に対して義務を課し又は権利を制限するには法律の根拠を要するという法原則を租税について厳格化した形で明文化したものであるから,「国,地方公共団体等が賦課徴収する租税以外の公課であっても,その性質に応じて,法律又は法律の範囲内で制定された条例によって適正な規律がされるべきものと解すべきであり,憲法84条に規定する租税ではないという理由だけから」,84条に定める法原則のらち外にあるといえないとして,【判旨】2bのように「租税以外の公課であっても,賦課徴収の強制の度合い等の点において租税に類似する性質を有するものについては,憲法84条の趣旨が及ぶと解すべきである」とする。かくして本件最判は,保険料には憲法84条の規定が直接適用されることはないと断言する。

繰り返しになるが,本件最判は,「賦課徴収の強制の度合い等」の点で租税に類似する性質のものには,租税法律主義の趣旨が及ぶという趣旨支配説をとった。この立論は,租税の判断基準としては強制性とけん連性をメルクマールとするものの,強制性という点で保険料も租税も変わるところはなく,その意味で保険料は趣旨支配説が妥当するという立論である[9]。

法教346号(2009年)51頁,山本隆司『判例から探求する行政法』(有斐閣,2012年)2頁以下参照。
8) 最大判昭33.2.12民集12巻2号190頁以下。
9) 本件控訴審(札幌高判平11.12.21判時1723号37頁)は,「強制加入,強制徴収は社会保険としての国民健康保険の目的・性質に由来するものである」とする。この点につき,新村とわ・法学(東北大学)65巻4号(2001年)132頁以下参照。

② 関連裁判例

　本件最判が示される以前ではあるが，介護保険の保険料について，けん連性の点で租税に該当しないが，「保険料を強制的に徴収される点は租税と共通するところがある」として強制性の点から趣旨支配説を採用した事案がある[10]。

　また本件最判と同じ時期に示された農業共済掛金について，最高裁は「公共組合である農業共済組合が組合員に対して賦課徴収する共済掛金及び賦課金は，国又は地方公共団体が課税権に基づいて課する租税ではないから，これに憲法84条の規定が直接に適用されることはない」とするも，「農作物共済に関しては農業共済組合への当然加入制が採られ，共済掛金及び賦課金が強制徴収され，賦課徴収の強制の度合いにおいては租税に類似する性質を有する」ことを理由に，趣旨支配説を採用した[11]。

　本件最判以降の下級審裁判例においては，厚生年金基金における特別掛金，労働保険の保険料および厚生年金基金の掛金について趣旨支配説がとられている。このうち，厚生年金基金の特別掛金および掛金については，「一方的・強制的な金銭の賦課徴収について恣意的な運用から国民を保護するという租税法律主義の趣旨は特別掛金の賦課徴収についても妥当する」[12]とか，「国税徴収の例によって徴収される点において租税に類似する」ことに着目している[13]。労働保険料が争われた事案では，「労災保険に係る労働保険料は，一定の事由が生じた労働者が保険給付を受け取ることの反対給付として徴収されるものであるから，憲法八四条の規定が直接に適用されることはない」としつつ，「労働保険料については，適用事業の事業主に対しては，保険関係が法律上当然に成立することとされ，強制的に保険に加入させられるものであり，また，その徴収は，国税徴収の例により徴収するとされ，納付しないときは強制徴収されるものであることに鑑みると，賦課徴収の強制の度合いにおい

---

10) 大阪地判平17.6.28判例自治283号96頁。控訴審（大阪高判平18.5.11判例自治283号87頁）も租税法律主義の点では1審判決を踏襲している。
11) 最判平18.3.28判時1930号83頁。なお旭川市介護保険条例事件・最判平18.3.28判時1930号80頁も参照。
12) 岐阜地判平18.10.26LEX/DB：28130118。
13) 東京地判平20.3.28LEX/DB：25420946。本件は加入員の減少に伴う未償却債務の一括徴収が争われた事案であり，控訴審東高判平20.12.26LEX/DB：25440901も同旨である。

ては，租税に類似した性格を有しているということができる」として趣旨支配説の立場から事案を判断している[14]。

このように，介護保険の保険料，農作物共済の共済掛金・賦課金，厚生年金基金における特別掛金・掛金および労働保険の保険料は，その強制性は肯定されているものの，憲法84条の直接適用は否定されている。かくして，国民健康保険料であっても「強制加入とされ，保険料が強制徴収され，賦課徴収の強制の度合いにおいては租税に類似する性質を有するもの」の，憲法84条が直接適用されるのではなく，その趣旨が及ぶものとされるのである。

③ 保険料と保険税

これに対して，国民健康保険税についてはどうか。

最高裁は【判旨】1cにおいてカッコ書きながら，「形式が税である以上，憲法84条の規定が適用されることとなる」と明言した[15]。国保税と国保料との実質的な同一性論にはくみしなかったのである。この結果，国民健康保険の保険料と保険税について，趣旨支配説と直接適用説とを使い分けることとなった。すなわち，保険税条例には租税法律主義が直接適用されるのに対して，保険料条例については租税法律主義の趣旨に応じた司法審査が行われることとなったからである。このことをどのように考えるかはひとつの問題であり，本判決が引き起こした小さくない"余震"である。この点については，実質的に判断すべきであるというのが学説の多数といえそうである。

そもそも1951（昭和26）年の国民健康保険税の導入は，国保財政の再建のために収納率の向上を図るために，地方税法を改正したものといわれる。一種の便法として「10年もしたら廃止する」と考えられていた[16]。このような立法事実があるが故に，本件最判が示される以前の見解であるが，「国保保険税もその性質に照らせば保険料である」と明言するものが散見されるのであ

---

[14] 東京地判平20.4.17判時2008号78頁。
[15] この点につき，調査官解説（阪本勝・曹時61巻2号379頁）では，念のため括弧書きの中で判示したと述べている。
[16] 山本正淑・下村健「特別対談 保険主義の王道 (1) 昭和20年代」『健康保険』56巻1号（2002年1月号）20頁。山本は，1951年当時の厚生省国保課長であった。

る[17]。また，本件に関する滝井繁男裁判官の補足意見は，「市町村が行う国民健康保険においては，これを税として徴収することが選択的に認められているが，そのことによって保険料として支払われているもののもつ性格自体が変わるものではない」と述べており，保険税と保険料を実質的には同一とみる見解も完全に否定されたとはいえない。

　また，本件最判が出される以前の下級審判決であるが，国保税条例の年度途中での改正につき，租税法律主義の不遡及原則が争われた日進市事件において，名古屋地判は，国保税が目的税であることなどを意識して，課税法規の遡及的適用の「禁止は絶対的なものではなく，租税の性質及びそれが課される状況を考慮し，予測可能性が存在し，法的安定性に対する信頼を著しく害することがないとか，納税者に著しい不利益を与えないといった範囲内においては遡及して適用することも許されると解するのが相当である」としている[18]。直接適用説を厳格に解釈するならば，遡及適用は許されないことになろう[19]。

---

17)　島崎謙治「わが国の医療保険制度の歴史と展開」池上直己・遠藤久夫編著『医療保険・診療報酬制度』（勁草書房，2005 年）所収，51 頁（注 63）。碓井光明「社会保障財政における社会保険料と租税——財政法学からの分析——」国立社会保障・人口問題研究所編『社会保障財源の制度分析』（東京大学出版会，2009 年）所収，93 頁。

18)　名古屋地判平 9.12.25 判例自治 175 号 37 頁。日進市事件は国民健康保険税における事案であるが，保険料に関する遡及適用を争う事案として，浜松市事件・東京高判昭 49.4.30 行集 25 巻 4 号 330 頁（静岡地判昭 47.10.27 行集 23 巻 10＝11 号 774 頁）がある。ここで東京高裁は，「行政法規は単に一般的，抽象的な法規範に止まらず，具体的な行政上の必要を充すためという性格を持つものであるから，国民ないし住民の既得権を侵害せずしかも遡つて適用すべき予測可能性のある場合には遡及することも許されるものと解するを相当とする」とし，改正条例が制定公布されるまでに納付を求められた保険料は「暫定的に徴収された額に過ぎないのであるから被保険者の既得権を侵害するものではなく，その増減のあることは予測可能であつた」として，行政法規不遡及の原則に違反するとの主張を斥けた。

19)　金子宏は，過去の事実や取引から生ずる納税義務の内容を，納税者の利益に変更する遡及立法は許されるが，「納税義務者の不利益に変更する遡及立法は，原則として許されないと解すべきであろう」という（金子宏『租税法（第17版）』（弘文堂，2012 年）108 頁）。しかし，遡及立法禁止の原則も例外を許容するとされ，周知・予測可能性を判断基準とすることが主張されており，近時，最高裁も 2 つの判決（平 23.9.22 民集 65 巻 6 号 2756 頁，平 23.9.30 集民 237 号 519 頁で遡及立法につき憲法 84 条違反を否定した。前者の評釈として，中里実・ジュリ 1444 号（2012 年）132 頁，弘中聡浩・ジュリ 1436 号（2012 年）8 頁，後者の評釈として渕圭吾『別冊ジュリ 207 号　租税法判例百選（第 5 版）』（2011 年）10 頁など参照。

さらに，本件最判に対する判例評釈など，学説においては実質判断の立場から最判に対する否定的見解が示されている。

　碓井光明は国保税について「『租税』のレッテルにより憲法84条の適用を受けるとする論法は，吟味を要する」とする[20]。また，国保料と国保税の違いは「あくまでも徴収手続の差にとどまり，賦課基準などの実体法上の差はほとんど見られない。それゆえ，本判決のこの部分は，理論的一貫性を欠くものといわざるを得ない」というのは倉田聡である[21]。さらに，堀勝洋は，本来社会保険料であるはずのものが税という名で徴収される例として「国民健康保険料」をあげる。そして，それが給付と対価関係にあれば，その性格は社会保険料というべきであるとする[22]。新田秀樹も，国保税については形式的には租税として扱われているが，その創設経緯・目的・機能等から見て実質的に社会保険料であると考えられるという[23]。

　本件最判は，国民健康保険税と国民健康保険料とを峻別して，国民健康保険税は形式が税である以上，憲法84条が直接適用されるのに対して，国民健康保険料については憲法84条の趣旨が及ぶという趣旨支配説を採用した。それでは，直接適用説と趣旨支配説とはどのように異なるのか，あるいは異なるところはないのか。この点については，次章におけるけん連性ないし対価性の検討を通して，租税法定主義と趣旨支配説との異同について考察を加える。

---

20)　碓井・前掲「財政法学の視点から見た国民健康保険料」24頁注11。
21)　倉田聡「旭川国民健康保険条例事件最高裁大法廷判決について」判評574号（2006年）180頁以下。
22)　堀勝洋『年金保険法（第3版）』（法律文化社，2013年）55頁。
23)　新田秀樹「財政調整の根拠と法的性格」社会保障法研究第2号（信山社，2013年）65頁注3。

第 14 章　保険料のけん連性あるいは対価性

はじめに

　ここでは前章に引き続き，旭川市国保料事件最高裁判決を対象に，対価性ないしけん連性という観点から，保険料の問題を検討してゆきたい。

　まず，対価性ないしはけん連性という用語法について言及しておきたい。最高裁は従来から，保険料と給付との間に対価関係があることを"けん連性"ないしは"けん連関係"という表現を用いてきた。この用語法は保険料の拠出と保険給付を受けることのできる地位とが個人ベースで対応していることを意識して"けん連性"という概念でとらえている[1]。これに対して，学説の多くは，保険料と給付との間の緩やかな対価関係の存在を対価性と表現してきた[2]。本来であれば，けん連性と対価性とを定義づけて，その違いに着目して文脈に応じた使い分けをすべきである。しかし，2 つの表現に大きな違いは存在しないと思われる。そこで，学説等を検討する際には論者の用いている表現を優先して採用するが，基本的な検討の過程ではけん連性という表現

---

1) 菊池馨実・季刊社会保障研究 42 巻 3 号（2006 年）304 頁以下，309 頁。
2) 対価性を検討している論考として，太田匡彦「権利・決定・対価－社会保障給付の諸相と行政法ドグマーティク，基礎的考察（1）～（3）」法学協会雑誌 116 巻 2 号，3 号，5 号（1999 年），江口隆裕「租税と社会保険料に関する考察」同『変貌する世界と日本の年金』（法律文化社，2008 年）所収，江口隆裕「社会保障における給付と負担の関連性」国立社会保障・人口問題研究所『社会保障財源の制度分析』（東京大学出版会，2009 年）所収，堀勝洋『社会保障・社会福祉の原理・法・政策』（ミネルヴァ書房，2009 年），堀勝洋『年金保険法（第 3 版）』（法律文化社，2013 年），倉田聡「旭川市国民健康保険条例事件最高裁大法廷判決について」判評 574 号（2006 年）180 頁以下『社会保険の構造分析』（北海道大学出版会，2009 年）所収，台豊「医療保険料（被保険者負担）と保険者による給付の間の「対価性」について」青山法学論集 51 巻 1-2 合併号（2009 年）677 頁以下，新田秀樹「介護保険の保険性」菊池馨実編『社会保険の法原理』（法律文化社，2012 年）所収，碓井光明「社会保障財政における社会保険料と租税」国立社会保障・人口問題研究所『社会保障財源の制度分析』（東京大学出版会，2009 年）所収，石崎浩『公的年金制度の再構築』（信山社，2012 年）などがある。

を用いることとする。

　以下では，旭川市国保料事件最判の判旨を起点に，その後の裁判例を概観した後，学説を，社会保障法の学説，けん連性に疑問を呈する学説および具体的けん連性と抽象的けん連性に分けて検討する。

1　旭川市国保料事件と関連裁判例

(1)　本件判旨

　本件1審である旭川地裁は「保険料という形式を採っていても，加入強制に始まって，必ずしも保険給付と対価関係に立たない保険料を強制的に徴収するものである以上，その本質は税と異ならないか，あるいは税に準ずるものと言わなければならない」とした。これに対して，控訴審札幌高裁は国民健康保険事業に要する経費が一定程度の公的資金によってまかなわれているからといって，「その社会保険としての性格や保険料の対価性が失われるものとは認められない」と述べ，下級審の見解は対立していた。

　本件最判は，【判旨】1aにおいて，「国または地方公共団体が，課税権に基づき，その経費に充てるための資金を調達する目的をもって，特別の給付に対する反対給付としてではなく，一定の要件に該当するすべての者に対して課する金銭給付」を憲法84条に規定する租税とした[3]。こうして"特別の給付に対する反対給付としてではない"非対価性を指摘したうえで，【判旨】1bにおいて国民健康保険の保険料は「被保険者において保険給付を受け得ることに対する反対給付として徴収される」ことから租税には該当しないと結論づけ，このことは，国民健康保険事業に要する経費の約3分の2が公的資金によって賄われているとしても，「保険料と保険給付を受け得る地位とのけん連性が断ち切られるものではない」としている。

---

[3]　本判決は，「国または地方公共団体」と述べることによって，憲法84条にいう「法律」に条例を含めることを認めた。この点につき，倉田・前掲「旭川国民健康保険条例事件最高裁大法廷判決について」，山本隆司『判例から探求する行政法』（有斐閣，2012年）8頁以下。

(2) 関連裁判例

このように本件下級審では対価性という表現を用いているにもかかわらず，本件最判は"けん連性"という用語を用いている。これには，老齢基礎年金など公的年金給付等が，損害賠償における逸失利益に該当するかが争われた事案において，最高裁は従来から，けん連性という用語を用いてきたという経緯がある。

障害基礎年金および障害厚生年金の受給者が医療事故で死亡した事案で，最高裁は，障害基礎年金も障害厚生年金も「原則として，保険料を納付している被保険者が所定の障害等級に該当する障害の状態になったときに支給されるものであって，程度の差はあるものの，いずれも保険料が拠出されたことに基づく給付としての性格を有している」としてこれら年金の逸失利益性を肯定した[4]。他方，子および妻の加給分については「受給権者と一定の関係がある者の存否により支給の有無が決まるという意味において，拠出された保険料とのけん連関係があるものとはいえず，社会保障的性格の強い給付である」として逸失利益性を否定した。

最高裁が"けん連性"ないし"けん連関係"という用語を用いるようになった経緯は以下のようであると思われる。各種公的年金の逸失利益性の判断に関連して，先例たる最判（昭41.4.7民集20巻4号499頁）は，普通恩給について「損失補償ないし生活保障」という性格を有するものとして，その逸失利益性を認めた。その後，「損失補償ないし生活保障」という性格付けは各種の公的年金給付に係る判例でも踏襲されてきたが，「損失補償ないし生活保障」概念については曖昧であるとの批判が提起されていた。その後，老齢共済年金の事案において最大判（平5.3.24民集47巻4号3039頁）は昭和41年最判を引用しないまま，退職共済年金を「本人及びその退職又は死亡の当時その者が直接扶養する者のその後における適当な生活の維持を図る」給付と説明するに至った。そして，前掲沖縄医療生協事件において，拠出された保険料との"けん連関係"という概念が提示されたのである。

---

[4] 沖縄医療生協事件・最判平11.10.22民集53巻7号1211頁。

けん連性という考え方は，遺族厚生年金や軍人恩給の扶助料についても踏襲されている。遺族厚生年金については「受給権者自身が保険料を拠出しておらず，給付と保険料とのけん連性が間接的であるところからして，社会保障的性格の強い給付」として，また市議会議員共済会の共済給付金としての遺族年金についても「受給権者自身は掛金及び特別掛金を拠出していない」ことから遺族厚生年金とその目的，性格を同じくするとして逸失利益性を否定した（最判平 12.11.14 民集 54 巻 9 号 2683 頁）。また軍人恩給の扶助料についても，同じ理由から逸失利益性を否定している（最判平 12.11.14 判時 1732 号 83 頁）。

　このように，最高裁は，保険料の納付実績と保険給付の可否との関係を"けん連関係"ないし"けん連性"と表現している[5]。本件 1 審，控訴審および滝井補足意見ともに「対価性」という概念を用いているのに対して，なぜ最高裁はけん連性という表現を用いているのか。これについては，菊池馨実が指摘するように，「対価性」概念は公費投入に伴い希薄化するなどその程度いかんが問題となるのに対して，最高裁はあくまでも「保険料拠出と保険給付を受けうる地位とが個人ベースで対応している社会保険法の構造を『けん連性』という概念で捉え，それに法的に評価している」と思われる[6]。

5）　けん連関係ないしけん連性という表現こそ用いていないものの，国民年金制度について「保険方式により被保険者の拠出した保険料を基として年金給付を行うことを基本として創設されたものである」と述べるのは第 1 次塩見訴訟・最判平元 .3.2 判時 1363 号 68 頁である。また，下級審判決であるが，保険料の応益負担・応能負担に関連して，「国民健康保険における保険料の負担については，それが強制加入の社会保険であることや，相扶共済・社会福祉の理念から，応能負担の原則を無視することはできないが，他方，それが保険理論に基づく医療保険であることから，保険料と保険給付の対応関係にも配慮した応益負担の原則によるべきことも，また当然であり，この関係で，受益（保険給付）の程度からかけ離れた応能負担に一定の限界を設けるため，保険料に最高限度額を定めることには，合理的な理由がある」とするもの（横浜地判平 2.11.26 判タ 765 号 185 頁）があるほか，拠出制の国民年金制度について「被保険者の保険料負担と老齢年金等の給付はある程度対価的関係にある」という裁判例（金鉉釣事件・東京高判昭 58.10.20 行集 34 巻 10 号 1777 頁）がある。

6）　菊池馨実・季刊社会保障研究 42 巻 3 号（2006 年）304 頁以下，特に 309 頁参照。

2 学説

以下では，社会保障法学における学説，けん連性の存在に疑問を呈する学説を概観した後，具体的対価性と抽象的対価性に関する検討を行う。

(1) 社会保障法学における学説

社会保障法学においては，秋田市国保税事件においても，けん連性の観点から，租税法律主義の適用については躊躇する立場が多数を占めている。

まず，租税法律主義との関係で，堀勝洋は「社会保険料，費用徴収等対価的性格のあるものについては，租税法律主義は直接適用されない」と明言している[7]。しかし，社会保険においては「保険料拠出の見返りとして保険給付を受ける権利が生じるため，保険料は保険給付に対する反対給付（対価）としての性質を有する」とし，対価性それ自体については肯定している点が重要である[8]。

次に，国民健康保険を検討の素材とする見解には，以下のようなものがある。

岩村正彦は，「公費負担が相当の比重を占める」としても，国民健康保険は社会保険として位置づけられていることを理由に，保険料と給付との間には対価性があるとする。そして，保険料滞納の場合の被保険者証の返還，特別療養費の支給，保険給付の差し止め等が，この保険料と給付の対価性に着目

---

[7] 堀勝洋『社会保障法総論（第2版）』（東京大学出版会，2004年）179頁。
[8] 堀勝洋「社会保障法判例（杉尾訴訟控訴審判決）」季刊社会保障研究36巻3号（2000年）470頁。堀は，等価性を「保険数理的に保険料と給付が同一価値である」ことを意味する概念として用いるのに対して，対価性については「必ずしも保険数理的な，すなわち量的な概念としては用いず，保険料と保険給付の関係」を示す概念として用いている（堀・前掲『年金保険法（第3版）』69-70頁）。対価性・等価性について，以下のように説明するものがある。江口隆裕は「保険料の拠出を要件として給付がなされ（対価性），給付に拠出期間や拠出額が反映されること（緩い等価性）」とし（江口「社会保険料と租税に関する一考察」青柳幸一編『融合する法律学下巻』（信山社，2006年）所収，607頁），新田秀樹は，対価性を「保険料の納付が給付を受ける直接の根拠となること」または「保険料の納付があれば給付が行われること」，等価性を「負担と給付の定量的な（あるいは金額的な）対応関係が存在すること」としている（新田秀樹「財政調整の根拠と法的性格」社会保障法研究第2号（信山社，2013年）68頁）。

した措置であるとする[9][10]。

倉田聡は本件最判について,「公的資金の導入によって対価性が切断されないと述べるのみであり,そもそも何ゆえに国保料と保険給付の間に対価性があると解釈できるのかは示していない」といい,対価性を認める根拠として以下の2点を指摘する。ひとつは,保険料を構成する要素のなかに,国保事業からの受益可能性に着目した「応益割」部分が存在すること,いまひとつは「所得割」部分における保険料賦課限度額の設定によって,国保からの受益可能性と著しく乖離した保険料賦課が認められていないこと,である。

台豊は,対価性の存否は実定法規およびその解釈から得られる事実認識であるとしたうえで,「医療保険における拠出と給付に関する規定を見るならば,対価性の存在は明らかである」という[11]。

国民年金を素材に立論する江口隆裕は,国民年金における高齢任意加入という制度の存在を指摘して,「保険料納付義務の存否自体を被保険者の意思にかからしめることができる仕組みとなってお」り,「社会保険料は受益に対応した負担としての性格を有している」とする[12]。

太田匡彦は,生活保護給付との比較検討において,社会保険給付には対価性ともいいかえることのできる保険料との「緩やかな交換」が存在すること

---

9) 岩村正彦『社会保障法Ⅰ』(弘文堂,2001年)128頁。
10) 岩村が被保険者証の返還を対価性の判断基準のひとつとしていることに対して,江口隆裕は「限定的な対価性の発露と考えるべきであろう」といい(江口・前掲『変貌する世界と日本の年金』209頁注38),倉田聡は,被保険者証の返還を対価性を示すひとつの理由とすることは被保険者証の返還措置を導入する(1986年法改正)以前の対価性すなわち反対給付性を肯定できないとする(倉田聡『社会保険の基本構造』(北海道大学出版会,2009年)232頁。)。また,台豊は,対価性の存在につき最もわかりやすい例が国保法63条の2(保険料滞納に関する保険給付の制限)であり,この保険給付の差し止めが「まさに履行上の牽連性のストレートな発露に他ならない」という(台・前掲703頁)。
11) 台・前掲703頁。
12) 江口隆裕『社会保障の基本原理を考える』(有斐閣,1996年)192頁。江口は,対価性について「個人としての受益」と「制度としての受益」とを峻別する。すなわち,社会保険料=対価性という「図式が社会保険制度において必ずしも妥当しないという立場に立つものの,「個人の負担が受益との関係で対価性を持たなくても,保険者としては加入者の保険料を年金,医療等特定の給付のために使用するという意味で対価性を保持している」という。つまり,「個人としての受益」と「制度としての受益」という概念を用いれば,「個人の観点からは必ずしも対価性はないが,制度としての受益という観点からは対価性がある」という(江口・前掲「社会保険料と租税に関する考察」631頁)。

を指摘している[13]。

さらに租税との違いを意識してけん連性を論じる場合，健康保険・厚生年金保険にあっては任意包括加入制度（健保31条，厚年6条3項，4項）や任意継続被保険者制度（健保37条），国民年金にあっては高齢任意加入制度（国年附則5条）のように，一定の受益可能性を前提に，被保険者側が保険料の納付を選択することができる。このことは，租税負担には見られない保険料のけん連性を説明する要素ということができる。

以上のように，社会保障法学では，保険料について保険給付との関係について，それを対価性というかけん連性と表現するかの違いはあるものの，けん連性を認める点で異論を見ない。

(2) けん連性に疑問を呈する学説

旭川市国保料事件下級審および最判の評釈において，保険料をめぐる対価性あるいはけん連性の問題について，強制性と比較すると否定的な論調がいくつかみられる。

憲法学では，斉藤一久が太田匡彦の「緩やかな交換」を意識しながら，次のように述べている。「『緩やかな交換』の有無が『租税』概念に対して決定的な要素を持つかどうかは難しい問題である。固有の『租税』自体，たとえば税金を支払う代わりに何らかの公的サービスを受けるという『緩やかな交換』的要素が含まれているからである。確かに固有の『租税』よりも，国民健康保険の方が対価性の度合いが高いことは確かであるが，どれほどの対価性があれば租税法律主義の適用を受けないのかについては確定し難く，したがってここでの対価性の議論は，結局，水掛け論にならざるを得ない」[14]という。このように，対価性の議論は保険料に関する租税該当性の決め手とはならないとする主張が散見される[15]。

---

13) 太田匡彦「権利・決定・対価（3）」法協116巻5号（1999年）806頁。太田はしかし他方で，「社会保険における拠出と給付の連関，「拠出に基づく権利」の観念はそれほど単純に強調してよいものではないし，その機能を法学としてはあまり高く評価できない」と指摘している点に留意する必要がある。同「社会保険における保険性の在処をめぐって——ドイツを手がかりとした基礎的考察——」社会保障法13号（1998年）72頁以下。
14) 斉藤一久・自治研究78巻9号（2002年）138頁以下，145頁。
15) 増井良啓『別冊ジュリ153号　社会保障百選（第3版）』（2000年）69頁は，「保険料

また，社会保障法学の分野では，福田素生が「社会保険の保険料にはもともと個々の給付の対価という意味での対価性はないが，給付総額については，一般の行政サービスと異なり（公費負担などを含めた）収支相等の原則が求められる」とする[16]。福田は，対価性が妥当するのは，医療保険の場合には一部負担金であるとして，結論的には，強制加入・強制徴収という強制性によって租税法律主義の適用を導くべきであると主張している。

　対価性あるいはけん連性について，積極的な議論を展開するのは碓井光明である。先に検討した「広義の租税法律主義」を主張する理由として，「対価性の一事をもって租税法律主義の適用範囲からまったく除く」べきではなく，「国家が強制的に徴収する金銭債権について，無償か有償かの違いが，たとえば租税法律主義との関係を考えるうえにおいて決定的な違いをもたらすといえるのであろうか」という[17]。強制性に重点を置いた判断ともいえそうである。

(3)　具体的対価性と抽象的対価性

　このようなけん連性に対するスタンスは，社会保険の種類によって具体的対価性と抽象的対価性とを区別することと密接に関連している[18]。

　碓井光明は医療保険や介護保険については具体的対価性を認めるものの，将来の法改正により年金給付が左右されることを阻止できないという不安定

と給付との「対価性」の有無は決め手になるとは思われない」という。同旨，新村とわ・法学65巻598号（2001年）603頁，碓井光明「憲法84条にいう『租税』の概念の外延について」ジュリ705号（1979年）126頁。
16)　福田素生・季刊社会保障研究34巻4号（1999年）425頁。ここで「個々の給付」とは何か明らかではなく，各種の社会保険給付を総体的に含めているものと思われる。しかし，たとえば日々の外来診療それぞれを意味しているとすれば，基本的には，個別の療養給付請求権を基礎づけているのは，保険料の負担を前提とする被保険者資格ではないかと考える。また，一部負担金もたしかに対価性の徴表ともいえるが，理論上10割給付も想定できる。このような場合には，医療保険の保険給付に対価性がないと断言できるかなお検討の余地があると思われる。
17)　碓井光明「財政法学の観点からみた社会保険料と税制との関係」季刊社会保障研究42巻3号（2006年）249頁以下，253頁。
18)　碓井・前掲「社会保険料と税制との関係」253頁。なお，労災保険には被保険者という概念は存在せず，労働者は被災労働者として登場するに過ぎない（碓井光明『社会保障財政法精義』（信山社，2009年）90頁）。また，労災保険の保険料に関連して，東京地判平20.4.17判時2008号78頁参照。

な状況にあることから，年金保険料の対価性にあっては「法改正の可能性」の故に抽象的対価性にとどまるという。たしかに，年金保険の保険料が抽象的対価性にとどまるとの認識を全面的に否定することは困難であるかもしれない。しかしながら，年金保険は老齢以外にも障害・死亡をも保険事故としていることに注目すべきである。

　それでは，障害・死亡を保険事故とする給付については抽象的対価性に止まるのであろうか。障害基礎年金もまた，一定の支給要件に基づいて支給の可否が決せられる。しかし，老齢基礎年金と障害基礎年金とではその支給要件は大きく異なる。老齢基礎年金は，20歳から60歳までの間の40年間に25年以上の保険料納付済み期間等があることを要件に支給される（国保26条）。ここに「法改正の可能性」による抽象的対価性の根拠が求められる。これに対して，障害基礎年金は，被保険者期間，保険料納付済期間および障害等級該当性という3つの要件のもとに支給される。また遺族基礎年金も障害基礎年金同様，被保険者期間，保険料納付済期間および遺族該当性という要件のもとで支給される。これら障害基礎年金や遺族基礎年金は，一定の保険料納付を要件に支給される以上，医療保険や介護保険と同じく具体的対価性を有する給付といえる。とくに保険料納付済期間との関係では，いわゆる3分の2要件と直近1年要件とが存在する[19]。

　ここで留意しなければならないのは，老齢基礎年金の場合における25年以上の保険料納付済期間との違いである。一定の期間という以上，「法改正の可能性」による影響を否定することはできないが，障害や遺族という保険事故に基づく所得保障の必要性から，これらの給付には具体的対価性があると考えられる[20]。このようなことから，私見では，老齢と障害・死亡という保険事故に対する支給要件の違いは，ある意味では，老齢年金だけでは抽象的なけん連性にとどまる事態を，障害や死亡という保険事故にも対応することに

---

19)　障害基礎年金に関する保険料納付要件は，原則として被保険者期間の3分の2以上とされる（国年法30条1項但書）。このほか，国年法昭和60年附則20条により，いわゆる直近1年要件が認められている。

20)　堀勝洋も「公的年金保険では等価性は守られないが，対価性は原則として守られる」とし，原則として被保険者期間の3分の2以上の季刊保険料を納めなければ支給されない障害基礎年金や遺族基礎年金についても，この支給要件がまさに「保険料と保険給付の対価性を示す」としている（堀・前掲『年金保険法（第3版）』67頁）。

よって具体的なけん連性を備える制度化の現れと考えたい[21]。すなわち，社会保険における保険料は，基本的に，保険事故が発生した場合に生じる所得の中断，減少あるいは喪失もしくは支出の増大に備えるためのものである。このため，保険料の負担を前提に，保険事故が発生した場合，一定の要件のもとで保険給付請求権を取得する。このような構造をとる以上，社会保険の保険料と保険給付との間には，けん連性が認められる。言葉を換えれば，給付の種別や受給資格によって対価性ないしけん連性の強弱が発生することはあっても，対価性ないしけん連性自体の存在を否定することはできない。

3　本件最判の意義

ここでは，旭川市国保料事件最判の意義について，まとめておきたい。

(1)　「けん連性」ないし対価性について

まず，本件最判は2つの側面で，社会保障法学における「けん連性」ないし対価性の知見を支持するものと評価ができる。

ひとつは，保険料について「保険給付を受け得ることに対する反対給付として徴収される」という意味でのけん連性を認めたことである。

やや逆説的であるが，最高裁は「国または地方公共団体が課税権に基づき，その経費に充てるための資金を調達する目的をもって，一定の要件に該当するすべての者に対して課する金銭給付」を租税と定義した。すなわち租税は「特別の給付に対する反対給付ではない」のであり，国民健康保険の保険料は租税とは異なり，「被保険者において保険給付を受け得ることに対する反対給付として徴収される」という定義が導き出される。

このような租税と保険料の区別について，西村健一郎は，健康保険組合な

---

[21]　障害基礎年金については，保険料を負担した実績を問わずに障害基礎年金を支給する若年障害者障害基礎年金も存在する（国年30条の4）。また，やや技術的な問題ではあるが，20歳になったばかりの国民年金1号被保険者がはじめての保険料の納付期限前に発生した事故により障害等級に該当した場合，障害基礎年金を支給されるとすれば，ここでも保険料の負担実績なしに保険給付が支給されることに留意すべきである。しかし，このことが，ただちに障害基礎年金の給付全体を「抽象的対価性」たらしめるとはいえないであろう。

ど「多様な法主体が徴収する保険料をすべて租税と同一視することが憲法84条の要請であるとするのは困難であ」り,「社会保険料を租税と同一視して憲法84条を直接適用することに必ずしも合理的理由は見いだしがたい」とする[22]。このことは,健康保険組合,国民健康保険組合あるいは共済組合における保険料率は規約や定款により定められることが端的に示しており[23],社会保障法研究者の多くが,国民健康保険料に対する憲法84条に関する直接適用説に躊躇を覚える認識ということができる。

保険料と保険給付というけん連性については,なお慎重な検討が必要であることが指摘されている[24]。国保における擬制世帯主,労災保険における事業主あるいは医療・年金・雇用保険における保険料納付義務者としての事業主に,それぞれ保険料負担と給付との間に「けん連性」ありといいうるのか,という問題である。碓井によれば,とくに被用者保険における事業主の保険料負担については,「けん連性」を認めることは相当困難であるという。さらに,制度間調整のためのウエイトが高くなるときにも「けん連性」が一定程度弱められることにも注意を要するとしている。制度間調整については次章で検討したい。

いまひとつは,国保事業の経費の3分の2が公費によって賄われていても,「保険料と保険給付を受け得る地位とのけん連性が断ち切られるものではない」としたことである。本件控訴審も「公的資金の導入は,保険料の対価性による欠損を補充するにすぎない」と判示しており,本件最判も同様の立場に立つものと思われる[25]。この点については,岩村正彦がすでに国,都道府県および市町村の「公的負担が相当の比重を占めるものの,国民健康保険は,社会保険として位置づけられる」と指摘していたところである[26]。

(2) 直接適用説と趣旨支配説

次に,旭川市国保料事件最判がもたらした最大の問題は,憲法84条租税法

---

22) 西村健一郎『社会保障法』(有斐閣,2003年) 49頁。
23) 岩村・前掲『社会保障法Ⅰ』128-129頁参照。
24) 碓井・前掲『社会保障財政法精義』89-90頁。
25) 札幌高判平11.12.21民集60巻2号713頁。
26) 岩村・前掲『社会保障法Ⅰ』128頁。

律主義に関する直接適用説と趣旨支配説との異同についてである[27]。結論を急げば，趣旨支配説と直接適用説の間に大きな違いはないと考える。

　繰り返しになるが，【判旨】2b でいうように，租税以外の公課は「租税とその性質が共通する点や異なる点があり，また賦課徴収の目的に応じて多種多様であるから，賦課要件が法律又は条例にどの程度明確に定められるべきかなどその規律の在り方については，当該公課の性質，賦課徴収の目的，その強制の度合い等を総合考慮して判断すべきである」とした。そのうえでやや確認的であるが，国民健康保険における加入の強制性と保険料の租税類似性から，保険料の場合には趣旨支配説の及ぶものの保険料の使途が国保事業に要する費用に限定されていることから，賦課要件がどの程度明確に定められるべきかについて，「賦課徴収の強制の度合いのほか，社会保険としての国民健康保険の目的，特質等をも総合考慮して判断する必要がある」とする。

　そして，この賦課要件については，本件最判は以下の２点から結論を導いている。ひとつは，合理的な選択論ともいうべき判断である[28]。すなわち本件条例の場合，保険料率算定の基礎となる賦課総額の算定基準を明確に定めたうえで，その算定に必要な費用と収入の各見込額と予定収納率の推計に関する事項を市長の合理的な選択に委ねていることから，憲法 84 条の趣旨に反することはないとしている[29]。いまひとつは，民主的統制論である。すなわち，費用・収入の見込額等の推計については，「国民健康保険事業特別会計の予算

---

27) 阿部泰隆は，憲法 84 条の適用関係につき，「対価性がなく強制徴収される租税にだけ適用されるか，反対給付がある強制保険にも適用があるのかが論じられる」が，「租税法律主義の上位の原理である法律による行政の原理によりルールは明確でなければならないので，その議論の実益ない」という（阿部泰隆『行政法解釈学Ⅰ』（有斐閣，2008 年）167-168 頁）。
28) 直接適用説に立つ森稔樹は「保険料も実質的には租税またはそれに近似するものであり，租税法律主義・地方税条例主義の直接的な適用があると解するため，当然，保険料についても「課税要件条例主義」および「賦課要件明確主義」が要請されると解される」という（森稔樹「租税法律主義・地方税条例主義の射程距離（上・下）」税務弘報，2006 年 10 号 129 頁，2006 年 11 号 135 頁以下，とくに 2006 年 11 号 140 頁）。したがって，合理的選択論の文脈は「賦課要件明確主義」を趣旨支配説の立場から審査したものということができる。
29) この点，原審は市長の合理的な選択ではなく，「賦課徴収の根拠を条例で定め，具体的な保険料率等については階の放棄に委任することも許される」ことから導かれる市長の条例執行上の「認定」との違いを指摘するものに，碓井光明『別冊ジュリ 191 号　社会保障判例百選（第 4 版）』（2008 年）15 頁がある。

および決算の審議を通じて議会による民主的統制が及ぶ」としている。この点に関連して，補足意見ではあるが滝井繁男裁判官は以下のように述べている。「法は，すべての国民を法の予定した政府又は地方公共団体若しくは任意に設立される国民健康保険組合等を保険者とするいずれかの保険集団に参加すべきものとした上，同じ集団に属する被保険者の疾病等によるリスクを当該保険集団が引き受けるものとし，その費用は法定条件のもとで，それぞれの保険集団ごとに予定された議決機関において民主的に決めるところに委ねることとしているのである。」

最後に，趣旨支配説と直接適用説に大きな違いはないとの結論を敷衍すれば，以下のように考える。

国民健康保険事業は前年度の実績をベースに翌年度の予算を編成する。しかし，一般財源における予算執行としての道路建設などの場合と異なり，予算財源を消化したからといって療養の給付などサービスの提供を止めるわけにはいかない。他方，費用や収入の見込額があくまでも予測であることを理由に，賦課徴収の規律が曖昧であることは許されない。国民健康保険における保険料は強制性という点では租税と変わるところはないからである。また，国民健康保険の目的や特質等の検討も，それは意思決定機関における手続の厳格な適用のもとで賦課徴収を行うという民主的統制を緩和させるものではない。この意味で，趣旨支配説と直接適用説の間に大きな違いはない。保険税についてどのように考えるかという問題は残されるものの，言葉を換えれば，保険料であれ保険税であれ，強制的に負担を強いられる以上，負担額，負担の算定および徴収に関する方法・手続について明確なルールが求められるため，趣旨支配説と直接適用説との違いは小さいのである。

第 15 章　後期高齢者医療制度等における財政調整

はじめに

　財政調整について，新田秀樹は「論者により必ずしも一義的ではない」としつつ，①本来は財政的に独立した複数の運営主体間での資金（金銭）の移転がある，②一定の目的（負担の公平化，財政力の弱い主体への支援による制度の安定化等）をもって行われる，③財政調整が行われる領域としては主として社会保険の領域が想定されている，という共通要素が認められるという[1]。また行政学において地方交付税を中心とする財政結合を論じるなかで，財政調整を「複数の総体的に自立した財政主体（政府会計）から構成される関係を，ある適正な状態に保とうとする営みである」と定義するものがある[2]。

　新田の分析にみられるように，保険集団ごとに収支相等の原則が成立するのであれば，保険料格差や保険給付に関する給付格差が発生する[3]。そして，

1）　新田秀樹「財政調整の根拠と法的性格」岩村正彦・菊池馨実責任編集『社会保障法研究』2 号（2013 年）63 頁以下。
2）　金井利之『財政調整の一般理論』（東京大学出版会，1999 年）。金井はここで，諸政府間の財源融通が事実として進行しているにもかかわらず，それを財源管理の面から捕捉できないときには，財源管理における答責性の後退と独善性の発生という 2 つの管理問題が生じることを指摘する（同書 1 頁）。
3）　以下の論者も財政力の格差に着目して，財政調整を以下のように定義する。堀勝洋は，財政力格差を前提に，財政余裕制度が貧窮制度を救済する場合と構造的要因に着目した負担の公平確保をあげ，社会保険制度間または保険者間の負担の不均衡を是正するものとする（『社会保障法総論（第 2 版）』（東京大学出版会，2004 年）60 頁，305 頁）。碓井光明は，財政力の弱い保険者に対して一定の基準に基づき政府が資金を交付する方式（垂直的調整）と，同一の目的により複数の制度が設けられている場合に，その制度間の調整を行う方式（制度間調整）をあげる（『社会保障財政法精義』（信山社，2009 年）73 頁以下）。
　このほか，社会保障法学の領域において財政調整の問題を正面から取り上げる論考として，倉田聡「老人保健拠出金の問題点と健康保険事業の可能性（上）（中）（下）」健康保険 56 巻 9 号（以下すべて 2002 年）22 頁，56 巻 10 号 40 頁，56 巻 11 号 48 頁（「財政

このような財政力格差・給付格差を是正して負担ないし給付の公正を図ろうとする要請をうけて財政調整が導入される。社会保険財源に公費負担あるいは財政調整を投入するか否かは立法裁量の問題であるが、わが国では他の諸国と比較して、財源に占める財政調整の割合が高いことが大きな特徴である[4]。なお財政調整は社会保険領域で多様に実施されているが、法文上、財政調整という用語を用いる例は多くはない。しかも財政調整を定義する条文は存在しない[5]。

公費負担や財政調整に対する依存度の高い保険者や個別制度について、収支相等の原則に基づいて一定の評価を下すことも理論的には可能であろう。しかし、そのことから直ちに当該制度が違憲・違法であるという法的評価には結びつくものではない。さりとて、一定の限界があってしかるべきであるから、一定の保険者や個別制度に対して財政調整が際限なく投入されるという事態も疑問である。かくして、財政調整はいかなる規律に服することになるのかが重要な論点となる。見方を変えれば、その目的に合理性が認められるとしても、財政調整について何らかの規範を設定する必要は無いのか、あ

調整の法理論」と改題して『社会保険の構造分析』（北海道大学出版会、2009 年）所収)、同「社会保険財政の法理論－医療保険法を素材にした一考察」北海学園大学法学研究 35 巻 1 号（1999 年）29 頁、台豊「医療保険法における財政調整に関する予備的考察」青山法学論集 52 巻 2 号（2010 年）87 頁などがある。

4） 前注であげた論文のほか、広く財政問題を論じるものとして、江口隆裕「社会保険料と租税に関する一考察」青柳幸一編『融合する法律学（下巻)』（信山社、2006 年）所収、同「社会保険料と租税に関する考察」『変貌する世界と日本の年金』（法律文化社、2008 年）所収、同「社会保障における給付と負担の関連性」国立社会保障・人口問題研究所『社会保障財源の制度分析』（東京大学出版会、2009 年）所収、同「社会保障の財政」『講座社会保障法第 1 巻 21 世紀の社会保障法』（法律文化社、2010 年)、同「公的年金の財政」日本社会保障法学会編『新・講座社会保障法第 1 巻 これからの医療と年金』（法律文化社、2012 年)、島崎謙治「憲法と社会保障の実施責任・財政責任の規律」季刊社会保障研究 41 巻 4 号（2006 年）348 頁以下、阿部和光「社会保険の形成と展開」河野正輝他編『社会保険改革の法理と将来像』（法律文化社、2010 年)、柴田洋二郎「公的医療保険の財政」日本社会保障法学会編・前掲『新・講座社会保障法第 1 巻 これからの医療と年金』、笠木映里「医療・年金の運営方式――社会保険方式と税方式――」同前 11 頁以下がある。

5） 社会保険領域では、健康保険法附則第 2 条、厚生年金保険法施行令平成 9 年附則 2 条、国家公務員共済組合法・地方公務員共済組合法の各 6 章の 2 などがあり、地方自治法 282 条が「特別区財政調整交付金」を規定している関係で、地方自治法施行令、地方財政法 4 条の 3 にも財政調整という用語が散見される。地方財政法については石原信雄・二橋正弘『新版地方財政法逐条解説』（ぎょうせい、2000 年）参照。

るとしていかなる規律に従うのかを検討する必要がある。

　介護保険法における第2号被保険者の保険料負担をどう理解するかも興味深い問題であるものの，ここでは老人保健法における医療費拠出金，高齢者医療確保法に基づく前期高齢者納付金と後期高齢者支援金を検討の対象に，これらの法的性格を中心に考察し，徴収のあり方を検討する（以下では，老人保健法における医療費拠出金，前期高齢者納付金，後期高齢者支援金を含めて財政調整に関わる費目を財政調整拠出金と総称することがある）[6]。自主財政権という視点からは，国庫負担金や国庫補助金の存在も検討しなければならないが，財政調整拠出金における国庫負担等も含めて，紙幅の関係から検討の対象としない。

1　老人保健制度における拠出金

　老人保健法における財政調整は老人医療費拠出金のほか事務費拠出金がある[7]。

　老人医療費拠出金とは，老人保健制度において市町村が支弁する医療に要する費用の7割に相当する額などを賄うための費用であり，医療保険各法の保険者が負担する。残りの3割は公費負担でまかなわれる。この老人医療費拠出金は，社会保険診療報酬支払基金（以下，支払基金と略す）が保険者から徴収し，支払基金から各市町村に交付される（老健53条）。なお，老人保健法における医療費拠出金は，医療保険各法における保険者が負担することとされたため，論者によっては保険者拠出金ともいうが，ここでは老人保健制度における費目であることを特定させる意味で老人医療費拠出金という用

---

[6]　介護保険の2号被保険者の場合，実質的には保険料の相当部分が1号被保険者の給付に振り向けられるものの，かつ特定疾病に限定されているとはいえ，保険料の負担と受益とのけん連性はこれを認めることができる。なお碓井・前掲『社会保障財政法精義』も参照。

[7]　老人保健制度については多数の文献および論考が存在するが，ここではひとまず吉原健二編著『老人保健法の解説』（中央法規出版，1983年），岡光序治編著『老人保健制度解説』（ぎょうせい，1993年），老人保健制度の立法過程について渡邉芳樹「老人保健法制定の立法過程」北大法学論集42巻4号（1992年）203頁以下，岡光序治「平成三年老人保健法改正の立法過程」北大法学論集43巻2号（1993年）269頁以下をあげておきたい。

語で統一する。

　老人医療費拠出金は，医療費按分額と加入者按分額とからなり，制度発足当初，この按分率はそれぞれ 2 分の 1 であった（老健 55 条 2 項）。ここで医療費按分額とは，各保険者における老人医療費の額そのままに応じて割り振られる額であり，加入者按分額とは各保険者の老人加入率が全保険者平均であると仮定した場合に負担すべき老人医療費に応じた負担額である。この拠出金は当該年度は概算をもって徴収し，2 年後に確定額との精算を行うこととされた（老健 54 条）。

　このような老人医療費拠出金の算定は，制度発足当時は 70 歳以上，2007（平成 19）年からは 75 歳以上高齢者の加入割合の高い市町村国保にとっては財源補填としての機能を果たすが，逆に老人加入率の低い健保組合等にとっては過重な負担との不満を残すこととなる。このため，加入者按分率は老健制度の円滑な発足を図るための特例的な措置とされ，法施行後 3 年を目途に見直すものとされていた。しかし，法制定当時における健康保険組合の強硬な抵抗とは裏腹に，医療費按分額と加入者按分額との折半方式は，昭和 62 年 1 月から加入者按分率の引き上げが行われ，平成 2 年度以降加入者按分率が 100％とされるに至った。

2　老人医療費拠出金の意義

　以上のような老人医療費拠出金について，立法担当者の吉原健二は財政調整ではないと明言している。ここに，老人医療費拠出金を財政調整と捉えるか否かが問題となる。

(1)　共同事業説

　この拠出金について，多くの論者が財政調整とするなか，立法担当者である吉原健二は「財政調整ではない」あるいは「共同事業」と明言している[8]。

---

8)　吉原・前掲『老人保健法の解説』43 頁，また，昭和 56 年 11 月 5 日衆議院社会労働委員会において，梅野泰二委員の質問に対し吉原は「従来個々の制度でやっていた老人の医療を，公と，地方公共団体ももちろんお金を出しますけれども，各保険制度の共同

吉原は，老人保健法の新しい考え方として，老人医療費拠出金を各保険者の加入者按分率すなわち老人加入率によって調整する要素を取り入れたことにあるとし，その理由として，各保険者間の老人医療費負担の不均衡が老人加入率の違いによるとする[9]。そして医療費按分と加入者按分との配分について，「全部を加入者按分するという考え方もないわけではないが，そうすると健保組合の負担増がこれまでより著しく増えることになるし，実際にかかった医療費按分の比を全く考慮しないのは医療費の適正化，節減に向けての各保険者の経営努力が拠出額に全く反映しないことになり，逆に負担の不公平にもなる」と述べる。

しかし，この按分率を法律で固定的なものとせず，その後の推移に応じて動かすことができるようにするのが妥当と判断し，加入者按分率を「二分の一から一」の範囲内で政令で定めることとした。吉原の見立て通り，最終的に，加入者按分率は100％とされた。このことは「保険者の経営努力が拠出額に全く反映しな」くなったこと，すなわち負担の不公平が進行したことを意味する。

(2) 財政調整説

島崎謙治は，吉原が老人医療費拠出金を財政調整ではなく共同事業であるとした点について，財政調整に広狭2つの定義を与えて，次のようにいう[10]。まず，財政力格差の要因に着目して，公平の観点からその是正を図るために保険者間で行われる"お金の移転"を広義の財政調整と定義すれば，老人保健制度における医療費拠出金は，老人加入率の相違に着目した財政調整ということができる。しかし，「保険者の財政状態や加入者の所得水準による負担能力の格差を是正すること」を狭義の財政調整とすれば，吉原のいうとおり，老人保健制度は財政調整にあたらない。

の事業としてやろうというのがこの考え方でございます」と答弁している。なお，前期高齢者医療制度について，「老人保健制度と同様の共同事業方式によっていると捉えることが可能」であるとするものに，江口・前掲「社会保険料と租税に関する一考察」632頁がある。

9) 吉原・同上42頁。
10) 島崎謙治「わが国の医療保険制度の歴史と展開」池上直己・遠藤久夫編著『講座　医療経済・政策学第2巻　医療保険・診療報酬制度』（勁草書房，2005年）所収，23頁。

事実，吉原は「加入者の負担能力や所得水準に関する被用者保険と国保の共通の物差しというものがない」として，負担能力等に基づいた格差是正の手法を「あきらめた」[11]。こうして「老人保健制度は，所得に着目した狭義の財政調整に比べれば総体的に反対しにくい老人加入率の差に着目し，かつ，共同事業というロジックを組み立て，さらに加入者按分率に上限を設定することによって，どうにか制定にこぎ着けた」という[12]。

　また，老人保健事業を「財政調整」ではなく「共同事業」と説明したことは，すべての保険者がこの事業に対して拠出を義務づけられる経済的負担，すなわち老人保健拠出金の性格を曖昧なものにするという効果を持っていたとの批判も見られる[13]。加えて，「事業の実施にかかる『共同事業者』の実質的な決定ないし参加についてはほとんど省みられることはなかった」[14]。このように老人保健事業に関する財政調整の実態は，負担の配分という点では共同事業ともいうべき性格を備えるものであったが，負担した後の財源の使われ方については負担した保険者もそれを受け入れた市町村も互いに関心もなく責任も曖昧であったという意味で，共同負担事業・相互無関心無責任と評価することができる[15]。

3　老人医療費拠出金の立法理由・法的性格

(1)　立法当局・政府答弁

　吉原健二は，老人医療費拠出金を保険料に近い賦課金と性格づけている。すなわち，1981（昭和56）年10月22日，社会労働委員会における大原亨委員の質問に対して，それまでの保険料とまったく別なものでもなく，さりとて税金ということでもなく「どちらかというと，むしろ従来の保険料に近い

---

[11]　吉原・前掲『老人保健法の解説』43頁。
[12]　島崎・前掲「わが国の医療保険制度の歴史と展開」23頁。
[13]　倉田・前掲「財政調整の法理論」245頁。
[14]　倉田・同上278頁。
[15]　2006（平成18）年4月21日，第164回国会衆議院厚生労働委員会（15号）における三井辨雄委員の質問に対して，川崎二郎厚生労働大臣は老人保健制度の問題点として「医療費の支払を行う市町村と実際の費用の負担を行う保険者が分かれているため，だれが財政運営に責任を持っているのかが不明確である」ことを言明している。

性格を持った賦課金ではないかというふうに思っております。」と答弁している。

また，内閣法制局もこの見解に与している。内閣法制局の工藤政府委員は，昭和 56 年 10 月 22 日，社会労働委員会において，「吉原審議官からのお答えがございましたのと，私はほぼ同様に考えております。……各保険者からそれ相応の所定の拠出を求めるということだろうと思います。」と答弁している。

老人保健制度に関するコンメンタールでも「広い意味での保険料的性格を有する」としている[16]。やや長くなるが，以下のように説明されている。「拠出金の負担根拠は，各保険者が従前の制度において 70 歳以上の加入者等に対して行っていた医療の給付が本法により事実上市町村長によって肩代わりされることになることから各保険者に受益が生じる」点にあり，この意味で拠出金は「広義の受益者負担」に該当する。この拠出金として負担する部分について，医療保険各法に基づいて，保険者が被保険者から保険料として徴収することとしている。しかし，その理由は「市町村長が本法に基づき行う医療の実態が経済的な意味では各保険者による 70 歳以上の加入者等に対する医療の給付の共同事業的なものであると理解し得るところから，被保険者についての給付と負担の関係は従前の社会保険制度の場合と相違はなく，保険料としてすべての被保険者に分担させることが妥当であると考えられるからである。したがって，拠出金は，被保険者の立場からみれば，広い意味での保険料的性格を有し，保険者にとっては，特定の公益的な事業に特別の利害関係をもつ者が法律に基づいて負担する負担金である。」という[17]。

このように，当局側は保険料に近い性格を有するとする点で共通していると思われる。しかし，被保険者の立場から見れば広い意味での保険料であり，保険者の立場から見れば利害関係者として法律に基づき負担する負担金という説明は一見合理的に見えるが，どのような論理的な帰結で広い意味での保険料と解するのか，共同事業的なものという説明ではリクツになっていないように思われる。

[16) 岡光序治編著『老人保健制度解説』(ぎょうせい，1993 年) 226 頁。
[17) 吉原・前掲『老人保健法の解説』518-519 頁。

(2) 学説

　老人医療費拠出金に対して，早い時期に問題提起をした倉田聡は，老人医療費の拠出金の目的が被用者保険と市町村国保との財政調整にあったにもかかわらず，法理論上，老人医療費拠出金が「老人保健事業によって生じた各保険者の受益をベースに算定される点を根拠に，社会保険料と類似の性格を付与することが可能であった」とする[18]。しかし，「給付と拠出の間のゆるやかな有償関係さえあれば，その拠出を税金から区別される別の法システムすなわち社会保険に近いものと理解する考え方が存在している」ことに否定的なニュアンスを示している。すなわち，「給付と拠出の間にゆるやかな有償関係を求める以上，そこには何らかの限界や制限も存在しないのか」という問題提起である。ここには，老人医療費拠出金を保険料的性格と捉えることに対する違和感が表明されている。

　学説において明確に租税説に立つのは台豊である[19]。

　台は，老健拠出金の法的性質に関する議論を，受益者負担金説，再保険における保険料である出再保険料説および租税説に分類する。

　まず，老人加入率が保険者全体の平均を下回る保険者にあっては，負担が受益を上回ることがあることから，受益者負担金説の妥当性を否定する。次に，出再保険料説については，元受保険者による拠出と再保険者による危険負担給付との間にけん連関係がないこと，言い換えれば拠出金の納付義務不履行が交付金の不交付その他の制約をもたらすことはないことから，出再保険料説の妥当性もこれを否定する。こうして，支払基金が徴収主体となることにつき，それが法律に基づき支払基金に行わせることとしたこと，支払基金が行った徴収に関する処分に不服がある者は，厚生労働大臣を審査庁とする行政不服審査法による審査請求をすることができることから，租税説を主張する。すなわち，「老健拠出金は，国が老人医療費の負担調整という政策目的をもって，老人加入率に応じて異なる財政力（担税力）に着目しつつ保険者に賦課する租税（目的税たる法人課税）である」とする。

---

18) 倉田・前掲「財政調整の法理論」254頁。
19) 台・前掲「医療保険法における財政調整に関する予備的考察」87頁。

台の租税説について反論するのは，受益者負担（保険料）説に立つ新田秀樹である[20]。拠出金と交付金との関係には，「拠出（負担）あれば給付あり」という対価性すなわちけん連関係が存在するから，「老人医療費拠出金の不拠出が交付金の不交付と連動しないことをもって，拠出金に保険料と共通する要素（すなわち保険料的性格）が全くないと断じるのは早計であ」るとする。拠出金の不拠出が交付金の不交付と連動しないのは，立法者が拠出金の保険料的性格を否定していたためではなく，むしろ「医療保険者による拠出金納付義務の不履行は現実にはほとんど発生しないであろうから，納付がない場合の対応は督促・滞納処分のみで足りると考えたためである可能性もある」という。

　老人保健制度の特徴のひとつは，老人保健事業のサービスを受ける高齢者が市町村国保の被保険者でもあることから，市町村の立場が，老人保健事業を行う市町村と国保保険者としての市町村と重なり合うことである。この点に注目すれば，「交付金により市町村が老人医療を実施することは，医療保険に加入する高齢者が医療給付を受けることを意味し，実質的には医療保険者の利益となることから，拠出金（負担）と交付金（受益）の間に対価性がある」といえる[21]。

　こうして新田は，老人医療費拠出金の拠出根拠について「建前としては，①緩やかな意味での受益者負担の発生と②各保険者の拠出金と各保険者の加入高齢者が受け取る給付との間の弱い等価性（及びその前提としての対価性）の存在」であるが，それだけでは拠出を正当化しづらいので，「③社会連帯（原理）が根拠として必要になる」という。

　次に法的性格については，「㋐緩やかな意味での受益者負担金，すなわち（一定の対価性と等価性があるという意味での）保険料的性格と，㋑社会連帯に基づく負担金とが入り混じったもの」とする。ここで㋑については「受益者負担金でもなく保険料でもない，強制的負担金という意味で，拠出金の租税的性格を示す」としている。

20）　新田・前掲「財政調整の根拠と法的性格」69-70 頁。
21）　新田・同上 70 頁。

4　後期高齢者医療制度における財政調整

　老人保健法は 2006（平成 18）年に全部改正されて，その名称を「高齢者の医療の確保に関する法律（以下，高確法と略す）」とした。高確法は法制定時，注目を集めることは少なかった。しかし，制度内容に対する周知が十分ではなかったこともあり，後期高齢者という呼称に対する感情的な反感と，それに対する"長寿医療制度"と呼称変更する小手先の対応のため混乱した。民主党政権はいったんは廃案にする方針を示したが，結果的に存続することとなり現在に至っている。

　老人保健法における医療の給付を継承して，高確法は，後期高齢者医療制度を創設するとともに前期高齢者の財政調整を設け，老人保健制度が行っていた健康診断等の保健事業については，医療保険各法の保険者に対して40歳以上の加入者を対象とする生活習慣病検診を義務づけることとした。こうして高確法は，後期高齢者支援金，前期高齢者納付金および特別高額医療費共同事業という財政調整を行うこととされた[22]。しかし，これら支援金や納付金などの内容は，総じてわかりづらいものとなっている。事実，後期高齢者医療制度の性格ないし運営主体に関連して，政府は以下のように説明している。すなわち「後期高齢者の保険料は10％，残りは公費と現役世代からの支援という仕組みとなっている」ことから，「法律上，医療保険という名称は使わない」が，「保険料を決定する，保険給付を行うということ，財政責任を持つ運営主体という意味では，広域連合が保険者である」という[23]。

　この言明が「保険料の割合が10％に過ぎない以上，医療保険と名乗ることはできない」との認識であることは理解できるとしても，それでは現役世代に求められる支援は一体どういう性格のものなのだろうか。素直に読めば，

---

22) 特別高額医療費共同事業は，著しく高額な医療費が発生した場合に，当該高額医療費を広域連合が共同で負担することによって個別の広域連合の財政負担を緩和することを目的とする（高確117条，「高齢者の医療の確保に関する法律による保険者の前期高齢者交付金等の額の算定等に関する省令」（平成19年厚生労働省令140号））。
23) 平成18年4月21日衆議院厚生労働委員会における三井辨雄委員の質問に対する水田邦雄厚生労働省保険局長の答弁。

保険料ではないということになるのであろうか[24]。以下では，前期高齢者納付金および後期高齢者支援金に焦点を当てて，その概要，議会での議論状況および学説に区分してその法的性格を検討してゆきたい。

(1) 後期高齢者支援金

① 後期高齢者支援金の概要

後期高齢者医療制度は財政運営の責任の明確化という観点から，基本的に保険料1割，現役世代からの後期高齢者支援金4割および公費5割という財源構成となっている[25]。しかし，現役並み所得者に対する療養の給付等に要する費用については，後期高齢者支援金は，概算金額と確定金額とを用いる。そして，大きく図式的かつ用語の重複を略して示せば，

当該年度の後期高齢者支援金額
　＝概算支援金額＋前々年度における〔確定支援金額－概算支援金額〕
　　＋調整金額＋関係事務費拠出金額

となる[26]。

このうち概算支援金額は，すべての広域連合における保険納付対象見込額総額に高齢者支援金調整率を乗じて算定される。この調整率は平成20年度から24年度までは100分の100であるが，平成25年度以降は特定健診等の実施率に応じて100分の90から100分の110の範囲内で定められる。調整金額

---

[24] 旭川市国保条例事件において，最高裁（最判平18.3.1民集60巻2号587頁）は周知のように，国民健康保険事業に要する経費の約3分の2は公的資金によって賄われているが，「これによって保険料と保険給付を受け得る地位とのけん連性が断ち切られるものではない」としている。

[25] 後期高齢者医療制度の場合，通常，一部負担割合は1割であるが，現役並み所得者は3割とされる（高確67条）。この現役並み所得者に対する療養に要する費用等に関する費用について公費負担は充当されない。

[26] 前期高齢者交付金は，前期高齢者の医療給付費や加入者数を基礎に納付金額を算定するシステムを採用しているが，当該年度の概算と前々年度すなわち2年前の精算によって確定される。すなわち，前々年度の前期高齢者の「医療費の高騰」や加入者数の変動により，交付金額が大きく変動する。一方，医療保険者は，基本的に単年度で収支均衡を図らなければならない（健保7条の25，健保令15条等）。安定的な財政運営が確保されるのか疑問であり，予測可能性の点でも問題があるように思われる。

は支払基金の支払い事務によって生じる支払利息と受取利息の差額に掛かる費用であり，関係事務費拠出金額は関係事務費単価に基づいて算定される。

　こうした枠組の下で，各保険者が負担すべき支援金は，74歳以下の全医療保険加入者（被保険者および被扶養者）1人当たりの負担額に基づいて保険者ごとの加入者数と特定健康診査等の実績に応じて100分の90から100分の110で定まる支援金調整率を乗じて算定される（高確119条）。このような特定検診等の達成状況による調整率の導入は，2015（平成27）年から適用される。これは，糖尿病等の生活習慣病対策の推進が脳卒中等の重病化を予防し，後期高齢者の医療費の適正化につながることから，特定検診等の実施に向けたインセンティブとするために導入された[27]。

　後期高齢者支援金は，年度ごとに医療保険各法における保険者から支払基金が徴収し，保険者はこれを納付する義務を負う（高確118条）。このように算定される後期高齢者支援金について，各保険者は，特定保険料という名目で一般保険料と同様，被保険者と事業主から賦課徴収を行う（健保160条14項，国保70条等）。また，支援金の額の決定，通知，督促および滞納処分，延滞金等については，後に述べるように前期高齢者納付金に関する規定が準用される（高確124条）。

　さらに，老人保健制度や退職者医療制度に対して，保険料を拠出金として負担する制度と拠出金を受け取る制度が分離しており，財政・運営責任が不明確であったとの批判をうけて，負担を払う側の意見を反映させるために運営協議会が設置された（高確157条の2）[28]。

　公費負担の5割については，国庫負担金が国庫負担金の12分の4（うち調整交付金分が12分の1），都道府県および市町村がそれぞれ12分の1ずつの割合で負担するものとされている（高確93条2項，95条，96条，98条）。

---

27)　これについては，生活習慣病の有病者・予備軍の減少率等に応じた加算減算の仕組みを導入することは合理的であり，具体的に実施されるまでの期間，十分な実施状況等を踏まえて検討するとされている（土佐和夫編著『高齢者の医療の確保に関する法律の解説』（法研，2008年）400頁）。
28)　その設置が努力義務規定でしかない保険者協議会が財政運営責任の明確化に結びつくとは思われない。

② 按分方式の総報酬割化

　先に示したように，後期高齢者支援金は制度発足当初，各保険者の0歳から74歳までの加入者数で按分していた。その後，2010（平成22）年の法改正により2010年度から2012年度まで，3分の1を総報酬制，3分の2を加入者割とする負担方法が採用された[29]。

　さらに，2013（平成25）年8月6日，社会保障制度改革国民会議がその報告書のなかで，後期高齢者支援金の按分方法を全面的に総報酬割にすることを目指すべきであるとの方針を示した。これは被用者保険者間の負担の按分方法を全面的に報酬割とすることによって，協会けんぽ，健保組合，共済組合の保険料負担を平準化するというものである。このことを通じて，約4割弱の健保組合の負担が軽減され，協会けんぽの支援金負担に関する国庫補助も不要となることから，これを国保保険者の都道府県化への移行措置に充てるとされている。

　こうして，2015（平成27）年5月29日に成立した「持続可能な医療保険制度を構築するための国民健康保険法等の一部を改正する法律」により，平成29年度を目処に段階的に全面総報酬割を導入することとされた。この結果，後期高齢者支援金は2006（平成18）年の法改正以降，2008（平成20）年の施行時点での加入者按分方式，2010（平成22）年度からの3分の1総報酬割導入から，2分の1，3分の2と順次拡大され，2014（平成29）年度からの全面総報酬割化することとされた。

(2) 前期高齢者納付金・交付金の概要

　前期高齢者納付金は，退職者医療制度における退職者医療給付拠出金を引き継ぐ拠出金ということができる。1984（昭和59）年4月，政府は退職者医療制度を導入する趣旨について，健保等被用者保険から国保への異動に伴い，給付水準が低下するとともに，医療費の負担は主として国庫と国保加入者に

---

[29] 「医療保健制度の安定的運営を図るための国民健康保険法等の一部を改正する法律」平成22年5月19日公布・施行，ただし後期高齢者支援金に関する規定については，平成22年7月1日施行。なお，3分1の総報酬割3分の1については，平成25年から2年間延長する措置が講じられている。

依存するという不合理・不公平が生じることを是正すると説明している[30]。このような不合理・不公正の解消のため，その財源は被用者保険全体で負担することとされ，退職者医療給付拠出金が導入された。その後 2002（平成 14）年に，健保・国保ともに 3 割の一部負担割合に平準化されたため，その意義の大半を失ったものの，純粋に健保から国保への財政支援制度として存続してきた[31]。

　前期高齢者納付金（交付金）は，各保険者における加入者数に占める前期高齢者数の割合に関する不均衡を調整するものである。各保険者は，各保険者の前期高齢者給付費および前期高齢者に係る後期高齢者支援金の額をもとに，全保険者の平均前期高齢者加入率との関係で，この平均加入率を下回る保険者にあっては平均的な加入率との差額を前期高齢者納付金として，支払基金に納付する（高確 36 条以下）。逆に，前期高齢者加入率が全保険者の平均値を上回る保険者にあっては，平均加入率との差額を支払基金から前期高齢者交付金として受け取ることになる（高確 32 条以下）。すなわち，前期高齢者交付金は，支払基金が徴収する前期高齢者納付金をもって充てられるのである（高確 32 条 2 項）。

　支払基金は，各年度につき，各保険者が納付すべき前期高齢者納付金等の額を決定し，当該各保険者に対し，その者が納付すべき前期高齢者納付金等の額，納付の方法および納付すべき期限その他必要な事項を通知しなければならず，納付金額に変更する必要が生じたときは保険者の納付すべき額を変更することができる（高確 43 条）。また支払基金は，保険者が，納付すべき期限までに前期高齢者納付金等を納付しないときは，期限を指定してこれを督促し，督促を受けた保険者がその指定期限までにその督促状に係る前期高齢者納付金等を完納しないときは，その徴収を厚生労働大臣または都道府県知事に請求する。この請求を受けたときは厚生労働大臣または都道府県知事は，国税滞納処分の例により処分することができる（同 44 条）。そして，こ

---

[30] 第 101 国会衆議院社会労働委員会（昭和 59 年 4 月 5 日）における渡部恒三厚生大臣の趣旨説明。
[31] 純粋な財政支援制度と位置づけるものに，泉眞樹子「高齢者医療制度の概要とこれまでの経緯――財政調整を中心に――」レファレンス（2010 年 2 月）68 頁がある。

の法律に基づく支払基金の処分またはその不作為に不服のある者は，厚生労働大臣に対し，審査請求をすることができる（高確154条）[32]。なお健康保険の場合，納付金等は特定保険料として賦課徴収される。そして，保険料等の賦課徴収，督促等の処分に不服がある者は社会保険審査会に対して審査請求することができる（健保190条）[33]。

このように，支払基金は，年度ごとに，保険者から前期高齢者納付金および前期高齢者関係事務費拠出金を徴収し，保険者はこれら納付金および事務費拠出金を納付する義務を負う（高確36条）。なお，前期高齢者納付金額は，当該年分は概算で納付し，2年後に精算され確定する。

以上のような前期高齢者納付金のほか後期高齢者支援金などの負担を透明化するため，一般保険料率を二分することとした。従来は一般保険料率と介護保険への納付金に充てる介護保険料率に分けられていた。このうち，一般保険料率を，加入者に対する医療給付等に充当される基本保険料率と前期高齢者納付金や後期高齢者支援金等に充てるための特定保険料率とに分けることとされた（健保160条1項，14項等）。これら保険料率および「保険料額の明示については，「明示することは望ましい」としながら，最終的には保険者や事業主の判断に委ねられている[34)35)]。

(3) 後期高齢者支援金・前期高齢者納付金をめぐる財政状況

ここでは，後期高齢者支援金と前期高齢者納付金が医療保険保険者にいか

---

32) 行政不服審査法25条2項などの規定の適用について，厚生労働大臣は支払基金の上級行政庁とみなされる。なお本条は，平成26年法69号により改正された規定である。
33) 国民健康保険法では91条以下の規定により，国民健康保険審査会に審査請求することができる。
34) 栄畑潤『医療保険の構造改革』（法研，2007年）134頁。
35) このような取扱いは，賃金全額払いの原則および賃金台帳への記載事項に関して控除した額としか規定されていないため，一般保険料の額を明らかにすれば足りるとの解釈も可能である（労基則54条1項8号）。しかし，これは特定保険料の存在とその大きさを一般保険料という費目に紛れ込ませることになるうえ，特定保険料に関する説明責任を保険者や事業主に転嫁することを意味する。保険料負担に関する予測可能性ないし算定可能性という観点について，趣旨支配説にも適うとの立場であれば，保険料額および料率ともに正々堂々と明示すべきことを明文化すべきである。なお，予測可能性あるいは算定可能性に関連する裁判例として，最判平18.3.28判時1930号80頁，東京高判平20.8.20判タ1309号137頁，静岡地下田支判平21.10.29判タ1317号149頁などがある。

なる影響を及ぼしているか，それらの財政状況を概観しておきたい。

　厚生労働省保険局が社会保障審議会医療保険部会に提出した資料によれば，平成24年度決算見込で健保組合の経常収支は約7兆円だが，その4割の約3兆円が高齢者医療への拠出金に充てられている。また，義務的経費に占める高齢者医療分の割合は上昇傾向にあり平成元年の31.8％から平成26年概算ベースで47.7％に達することが見込まれている（平成26年5月19日）。健保連のまとめた報告書では後期高齢者支援金等が1兆5767億円（対保険料割合21.8％），前期高齢者納付金・退職者給付拠出金等合算額が1兆6971億円（対保険料割合23.5％）あわせて3兆2739億円（対保険料割合45.3％）となっている[36]。

　このような状況は，全国健康保険協会も同様であり，平成25年度決算ベースで協会けんぽの収支は約9兆円であるが，その4割約3.5兆円が高齢者への拠出金に充てられている。具体的には，前期高齢者納付金が1兆4466億円，後期高齢者支援金が1兆7101億円である[37]。市町村国保の場合には，同じく平成25年度において後期高齢者支援金は1兆8206億円，前期高齢者納付金18億円余で，合計1兆8224億円で全体の支出が13兆9315億円であり，支出に占める割合は13.08％である[38]。

　このように，被用者の保険の場合，健保組合にせよ協会けんぽにせよ高齢者に対する拠出金が支出の4割から5割近くに達している。このことは，被保険者個人のレベルでみれば，負担する保険料の半分近くが保険給付とは関係のない費用に使われていることを意味する。国会審議でも，この点は議論された。そこでは，所要保険料に占める後期高齢者支援金・前期高齢者納付金等をあわせた支出額の割合は，健保組合では平成27年度50％，平成37年度52％とされ，平成27年度以降，健保組合の持ち出し率は50％を上回ることとなる[39][40]。

---

36)　健保連『平成25年度健保組合決算見込みの概要』。
37)　全国健康保険協会『全国健康保険協会管掌健康保険事業年報（平成25年度）』。
38)　厚生労働省保険局『国民健康保険事業年報（平成25年度）』。
39)　栄畑・前掲『医療保険の構造改革』134頁。
40)　「医療保険制度における公費投入は保険給付費の半分を限度とするという考え方は一つの節度として重要である」というものに，島崎謙治『日本の医療―制度と政策―』（東京大学，2011年）233頁がある。この議論からやや外れるが，保険料に関して労使折半

表2 健保組合の保険料に占める後期高齢者支援金・前期高齢者納付金比率の推移

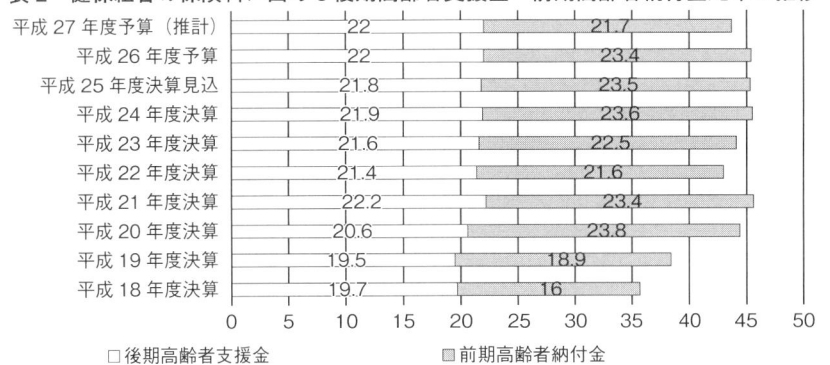

年度	後期高齢者支援金	前期高齢者納付金
平成27年度予算（推計）	22	21.7
平成26年度予算	22	23.4
平成25年度決算見込	21.8	23.5
平成24年度決算	21.9	23.6
平成23年度決算	21.6	22.5
平成22年度決算	21.4	21.6
平成21年度決算	22.2	23.4
平成20年度決算	20.6	23.8
平成19年度決算	19.5	18.9
平成18年度決算	19.7	16

□ 後期高齢者支援金（老人保健拠出金）保険料割合（％）
■ 前期高齢者納付金（退職者給付拠出金）保険料割合（％）

＊平成27年度健保組合予算早期集計結果の概要（平成27年4月22日）に基づき加藤作成。

表3 国民健康保険の収支状況（市町村）

			平成24年度	％	平成25年度	％
収入	単年度収入	保険料（税）	30634	21.64	31078	21.66
		国庫支出金	32757	23.14	32989	22.99
		療養給付費交付金	7755	5.48	7319	5.10
		前期高齢者交付金	32189	22.74	33474	23.33
		共同事業交付金	15331	10.83	15453	10.77
	収入総額		141576	100.00	143494	100.00
支出	単年度支出	保険給付費	92149	66.31	93025	66.04
		後期高齢者支援金	17442	12.55	18206	12.92
		前期高齢者納付金	19	0.01	19	0.01
		共同事業拠出金	15317	11.02	15436	10.96
	支出総額		138958	100.00	140863	100.00
収支差			2619		2631	

＊平成25年度国民健康保険事業年報に基づき加藤作成

　このように財政調整の進展とその後の財源占有率の上昇傾向は，社会保険料と公費負担ひいては租税との相対化の進行，あるいは社会保険料概念の拡張とも評される事態の帰結である。江口隆裕はかつて，これを"社会保険料の租税化"と表現した[41]。そこには，財政調整拠出金が社会保険料なのか租税なのか，その法的性格が不明確であるうえ，その算定システムがきわめて複

　が世界的にも通用する原則であるかの誤解がまま見られるが，これは"日本の常識"であって，"世界の常識"ではない。
41）江口・前掲「社会保険料と租税に関する一考察」595頁。

表 4　後期高齢者医療広域連合の収支状況

			平成 24 年度	%	平成 25 年度	%
収入	単年度収入	保険料	9922	7.62	10246	7.37
		保険基盤安定（保険料軽減分）	2243	1.72	2306	1.66
		国庫支出金	41838	32.13	44274	31.86
		都道府県支出金	10831	8.32	11145	8.02
		市町村負担金	10280	7.89	10617	7.64
		後期高齢者交付金	53677	41.22	55591	40.00
	収入総額		130210	100.00	138975	100.00
支出	保険給付費（単年度支出）		126869	98.07	131383	97.95
	支出総額		129368	100.00	134131	100.00
収支差			2999		4274	

＊平成 25 年度後期高齢者医療事業報告に基づき加藤作成

雑であり，給付と負担のけん連性ないし対価性という社会保険の特性を失わせ，負担に対する被保険者の理解を妨げるという批判が込められている[42]。

5　後期高齢者支援金・前期高齢者納付金の立法理由・法的性格

　財政状況の概観からも明らかなように，後期高齢者支援金，前期高齢者交付金の存在は，医療保険者にとっては大きな財政制約となっている。財政運営について硬直的な規律は好ましくないにしても，保険料の半分以上が財政調整に用いられること自体見過ごすことはできない。以下では，老人医療費拠出金の検討手法と同じように，拠出・負担と給付とのけん連性ないし対価性に着目しながら，後期高齢者支援金と前期高齢者納付金の立法理由，法的性格について検討する。

(1)　後期高齢者支援金の立法理由・法的性格

①　立法当局・政府答弁
　立法当局は後期高齢者支援金の納付根拠として，以下の 4 点をあげる。①

---

42)　江口・前掲「社会保障における給付と負担の関連性」130 頁。

後期高齢者の医療費については国民全体で公平に負担すべきという「社会連帯」ないし「国民の共同連帯」の精神，②国民皆保険の下，社会連帯の理念に基づき現役世代が高齢者を支援するという老健制度の理念の踏襲，③国保および被用者保険の保険者にとっては，後期高齢者医療制度の創設により老健拠出金の負担を免れることになる。あるいは，④そもそも後期高齢者を被保険者とせず医療給付を免れるという意味での受益の発生，である。

また，後期高齢者支援金について前期高齢者を含めて按分する理由については，以下の3点がその理由として示されている。①前期高齢者を抱えることによる負担であること，②退職者医療制度においても，退職者に係る老人保健拠出金についても被用者保険が負担する扱いとなっていたこと，③特段の調整を行わない場合，前期高齢者の国保への偏在により，前期高齢者に賦課される支援金の8割が国保の負担となり，国保への過重な負担となること，である[43]。

そして，行政コンメンタールは，後期高齢者支援金について，これを「後期高齢者の医療費について国民全体で公平に負担すべきという『社会連帯』の理念の下に，国保及び被用者保険の保険者が法律の規定に基づき負担する負担金（傍点：筆者）と位置づけられる」という[44]。すなわち行政当局の説明によれば，後期高齢者支援金の法的性格は負担金と性格づけられることになる。しかしここで指摘しておくべきことは，健康保険法では特定保険料として徴収されることである（健保160条14項など）[45]。

② 学説

政府・立法当局は，後期高齢者支援金を国民全体の支え合いによる負担，言葉を換えれば「社会連帯」に依拠する負担金という性格付けを行っているが，それが何故，保険料として徴収されるのかについては満足のゆく説明はされていない。このような政府の説明に対して，学説は総じて批判的である。

---

43) 土佐・前掲『解説』399頁。
44) 栄畑・前掲『医療保険の構造改革』128頁。
45) 被用者保険および国保の各保険者が高確法118条の規定に基づき，その被保険者から徴収する保険料により負担すると説明するものに，土佐・前掲『解説』391頁。

第1の問題は，加入者按分方式から総報酬割への移行である。制度施行の2008（平成20）年からわずか5年で総報酬割の方針が打ち出され，制度発足10年で総報酬割を実施するというのは，安易な制度変更と言わざるを得ない。なぜなら，加入者按分方式について，立法当局は，国民健康保険，被用者保険を通じた公平な所得把握が困難であることから，国保・被用者保険共通の物差しとして加入者の頭割り方式をとらざるを得ないと説明してきたからである[46]。所得把握が困難であるから，0歳から74歳までの国民1人当たりの負担という意味で，加入者按分方式を採用したのである。それを，加入者按分方式では低所得者に重い負担となるから全面報酬割に変更するというのであれば，そもそも加入者按分方式自体，その合理性を疑わざるを得ない[47]。また，能力に応じた負担という意味から負担の公平を図ったというのであれば，所得把握が困難であるという加入者按分方式での説明と整合性がとれない。さらに，協会けんぽや健保組合あるいは国保という保険者類型に応じた負担方式は必ずしも公平性を担保しない点に留意すべきである。すなわち，被保険者の所得能力とその被保険者が属する制度特性との相関関係によって，負担の有無が決まるからである。言葉を換えれば，市町村国保のように総報酬額が少ない保険者に所属している高所得者は負担を免れることになるのである。

　第2に，老人医療費拠出金の負担を免れることになるという根拠は，従来の老人保健制度における医療費拠出金の負担が当然のものであるならば成立するが，もしその負担が当然といえないならば「免れる」という説明はミスリードである。加えて，高齢者を被保険者としないことによって「医療給付」を免れるという説明も，わずかな後期高齢者のみを有する保険者に対して現役世代の加入者に応じた負担を求める根拠にはならない[48]。このように，老人保健制度と後期高齢者医療制度との関係が，医療保険者にとって，なぜ負担

---

[46]　第164回国会厚生労働委員会第16号（平成18年4月21日）における三井辨雄委員の質問に対する水田邦雄政府委員（厚労省保険局長）の答弁。
[47]　子どもの多い世帯ないし保険者ほど負担が多くなり，少子化対策に逆行している。
[48]　ここでの「当然」か否かの評価には，老健制度が存続していたであろうという推定だけでなく，老健制度の給付内容なども含めた老健拠出金が論理的に正当かという判断が必要であると思われる（碓井・前掲『社会保障財政法講義』275頁以下参照）。

を免れる関係になるのか，後期高齢者医療制度を創設する理由と必ずしも整合性がとれていない。すなわち，それまでの保険者間の共同事業としていた老人医療を独立の制度とし，給付と負担の運営に関する責任主体を明確化するというのが後期高齢者医療制度の創設趣旨であった。したがって，この老人医療拠出金を免れるという根拠は，老人医療制度において負担を担っていた以上，後期高齢者医療制度でも負担するのが当然であるという発想が前提となっている。

第3は，特定検診等の達成状況による調整率についてである。有病率の高さや慢性疾患患者の増加により医療費が増大することから，健康状態の保持増進のため健康診断を受けるべきことは理解できる。しかし，検診実施の状況に応じて調整率を設けることは，保険者としての保健事業への取り組みに関する自主性を尊重し，それを評価するシステムといえる。しかも，達成状況の影響がみずからの保険料の減少や保険給付の充実に結びつくのではなく，負担を強いられる支援金額に反映されなければならないのか疑問である[49]。

要約すれば，支援金の納付根拠は「国家が国民連帯の理念に基づき，保険者に対してその納付を強制する（権力的に義務づける）ところ」にあり，その法的性格は「国民連帯に基づき負担する負担金と解さざるを得」ず，「対価性がない以上，その性格は租税的性格がきわめて強い」[50]。また，ややニュアンスを含んだ表現であるが，「各保険者を媒介にした租税であると評価するほ

---

[49] 当局の説明は，個人としての加入者がなぜ後期高齢者支援金を負担することになるのかの説明にはなっていないと批判し，強いてその理由を求めるとすれば，それは「社会連帯の精神に基づき，国民全体で支え合うべきである」という考え方に行き着くが，そのことは逆に特定健診等の検診状況による調整を「どう理解するかが問題となる」ことを指摘するものに，江口・前掲「社会保険料と租税に関する一考察」632頁がある。また，やや横道にそれるが，負担する側に対するインセンティブを設けるのであれば，支援を受け取る側においても，健康維持に関する努力など医療費適正化に向けた取り組みに応じた傾斜配分のシステムを導入することが世代間の公平にも適うのではないだろうか。

[50] 新田・前掲「財政調整の根拠と法的性格」73頁，拙稿「社会保険における強制加入の一考察——強制加入団体における強制性との比較を通して——」菊池馨実編『社会保険の基礎理論』（法律文化社，2012年）所収，拙稿「医療保険制度の変容と保険者のあり方」社会保障法26号（法律文化社，2011年）114頁参照。

かない」という見解もある[51]。

かくして，保険給付とのけん連性が曖昧である点では，現役世代の被保険者にとって，保険料の名を借りた租税負担であるし，拠出した負担金の帰趨に関する情報が明らかにされない点では，租税にも劣る負担と言わざるを得ないように思われる。

(2) 前期高齢者納付金・交付金の立法理由・法的性格

① 立法当局・政府答弁

前期高齢者納付金・交付金について，行政コンメンタールは，論理的な説得力があるかはさておき，多くの視点からその必要性を説明し，正当化を試みている。この点に敬意を払いつつ，直截的であるが，その説明を検討する[52]。

まず，前期高齢者の財政調整制度は医療費が高い前期高齢者の偏在・不均衡を調整する制度であり，被用者保険と国保の費用負担に関する公平性の確保と医療保険制度の安定性確保が前期高齢者の医療費を100％財政調整する理由とされる[53]。そして，例えば20歳の前後により所得の有無が明確に区分されるものではなく，国保と被用者保険を通じた公平な所得把握も困難であることから，所得水準を加味した調整をしないとともに，負担能力のない者を除外することなく0歳から74歳までの加入者数に応じた負担とせざるを得ないという[54]。ここで興味深いのは，老人保健制度における医療費拠出金における議論においても被用者と自営業者との所得捕捉率の違いが挙げられてい

---

51) 碓井・前掲『社会保障財政法精義』275頁。
52) ここでの行政当局の説明は特に断りのない限り，土佐・前掲『高齢者の医療の確保に関する法律の解説』220頁以下に依拠している。
53) 被用者保険と国保との間の公平性の確保という点では，2006（平成18）年4月21日，衆議院厚生労働委員会において，園田康博委員の質問に対して水田邦雄政府委員（厚労省保険局長）は，退職を機にサラリーマンOBが国保制度に加入する実態を「そのままにして国保の若手，現役に（負担：筆者注）をかぶせることになってしまう，これはいかがなものかということで財政調整をする」と答弁している。
54) このことは，第164回国会厚生労働委員会第16号（平成18年4月21日）における園田康博委員の質問に対する水田邦雄政府委員（厚労省保険局長）の答弁でも同じような発言がなされている。

ることである[55]。

　また，平均給付費を用いることにより「地域差部分」が調整されないことから，各保険者の医療費適正化のインセンティブが働きやすいという理由により，全保険者の平均給付費を調整金算定の基礎としたと説明されている[56]。

　さらに，退職者医療給付拠出金が主に被用者保険と国保との一部負担金に関する格差解消を目的に導入された経緯からすれば，一部負担金が原則 3 割で統一された時点で，退職者医療給付拠出金およびその後継費目である前期高齢者交付金は，その存在意義を失うはずのものである。この点，行政コンメンタールは前期高齢者の医療費を国民全員で支えるという趣旨について言及し，「前期高齢者については，現行制度でもこれに着目した公費は投入されておらず，限られた財源を後期高齢者に重点的に投入するためには，若年世代と同様，基本的には保険料財源により給付費を賄う必要がある。」という[57]。

　このように前期高齢者納付金を導入する必要性については縷々説明するが，その法的性格については，明確な言及はなく，費用負担というにとどまるものと思われる。

② 学説

　退職者医療制度については国庫負担を導入すべしとの意見も存在したが，被用者保険全体で退職者医療給付拠出金を負担することで決着したという経緯がある[58]。しかし，退職者医療給付拠出金の導入は，一部負担金の差額に苦しむ OB・OG を現役被用者が助けるという側面があった。したがって給付水準の格差が解消された以上，退職者医療給付拠出金の必要性は失われたといえる。

　また，被用者が退職した場合，被用者保険の被保険者資格を喪失し国保被保険者となることは，制度構造上の問題である。自営業者など従来からの国

---

55)　吉原・前掲『老人保健法の解説』43 頁。
56)　これに加えて「自己医療費」を用いて調整を行うことは他の保険者の保険料財源で調整することになり不適当とするが，そもそも「自己医療費」の内容が説明されていないため，論旨不明である。土佐・前掲『高齢者の医療の確保に関する法律の解説』221-222 頁。
57)　土佐・同上 220 頁，222 頁。
58)　吉原健二・和田勝著『日本医療保険制度史』（東洋経済新報社，2009 年）332 頁。

保被保険者には公費が手当されるにもかかわらず，被用者OB・OGについて公費が投入されない理由はどこにあるのであろうか。なぜ被用者OB・OGの給付費は，行政コンメンタールの文言に従えば「保険料財源」でまかなう必要があるのであろうか。この意味で，財源の欠乏から財政調整をする必要性が繰り返し強調されているが，保険料でなければならない理由は説明されていない。

さらに，けん連性ないし対価性という側面に着目すれば，前期高齢者納付金は，老人医療費拠出金と異なり，前期高齢者の加入率に応じて一方的な資金の移転が発生する。ここでの問題は2つある。

ひとつは，前期高齢者納付金を負担する保険者は，前期高齢者交付金を受け取る立場には立たないため，被保険者個人のレベルでも，その被保険者が加入している保険者のレベルでも，負担と給付とのけん連性は発生しない。一方的な資金の移転であるため，納付保険者が交付金を受け取るという「制度上の対価性はない」と言い換えることもできる[59]。

いまひとつの問題は，加入する保険者により特定保険料額が異なることをどのように評価するかという問題である。前期高齢者の加入率が異なるふたつの健康保険組合を想定してみよう。この場合，所属する健康保険組合により，前期高齢者納付金額ひいては納付金の原資となる特定保険料の金額が異なることになる。特に，報酬等級が同じであることを想定すれば，所属する保険者の前期高齢者の加入率という特性に応じて特定保険料が異なることになる。このような取り扱いは，およそ合理的な差別とはいえず，平等原則違反ともいえるのではないだろうか。

加えて，定年を迎えた退職者が被用者保険から国保へ移行することは，療養の給付を受ける可能性の高い者が国保へ移ることにより，その分，被保険者の負担が減少するため受益が派生するとされる。しかし，こうした事実上の受益の発生は，前期高齢者納付金の納付を規範的に根拠づけることには無理がある。かくして，前期高齢者納付金の法的性格は「租税的性格が強い」ということになる[60]。

---

59) 同旨，新田・前掲「財政調整の根拠と法的性格」74頁。
60) 同旨，新田・同上。

6　後期高齢者支援金・前期高齢者納付金の賦課徴収に関する規律

　ここまで後期高齢者支援金，前期高齢者納付金の概要と，それらを導入する理由および法的性格を検討してきた。

　これらの検討を踏まえて，被保険者の視点から後期高齢者支援金・前期高齢者納付金をみれば，負担と給付とのけん連性からいって，ともに租税であるといえそうである。これに対して，行政当局は少なくとも後期高齢者支援金については，その性格を負担金であるとしている。また，前期高齢者納付金の性格については特に言及はなく，明言を避けているかのような印象を受ける。しかしいずれにせよ，後期高齢者支援金・前期高齢者納付金は，保険者と被保険者との関係において，特定保険料として賦課徴収されている。

　他方，保険者レベルあるいは制度全体に視点を広げると，後期高齢者支援金など財政調整拠出金を賦課徴収する機能と賦課徴収した財源を配分する機能とに分解することができる。つまり，財政調整は財源の賦課徴収とその配分というふたつの側面を併有する。

　以下では，まず被保険者に焦点を当てて特定保険料としての意義を検討し，その後，保険者レベルからみた後期高齢者支援金・前期高齢者納付金の意義について考察する。

(1)　特定保険料の意義

　後期高齢者支援金，前期高齢者納付金は，保険者と被保険者との間では，特定保険料として賦課徴収される関係にある（健保160条等）[61]。この関係については「国，地方公共団体等が賦課徴収する租税以外の公課であっても，その性質に応じて，法律又は法律の範囲内で制定された条例によって適正な規律がされるべきものと解すべき」であるから，旭川市国保料事件にいうところの趣旨支配説に基づく規律を受けることとなる。

---

61)　しかし，国民健康保険法にあっては特定保険料という名称は用いられていない。国民健康保険事業に要する費用に前期高齢者納付金等を含める形式をとっている（国保76条）。

先に示した旭川市国保料事件最判の「国，地方公共団体等」には，国民健康保険法の保険者たる市町村だけでなく，協会けんぽや健康保険組合も含まれるというべきであり，その意味で，特定保険料をめぐる保険者と被保険者との間には，少なくとも趣旨支配説が妥当する[62]。この点に関連して，老人保健拠出金，退職者医療給付拠出金あるいは基礎年金拠出金といった制度間財政調整のための負担について，「法律において拠出金の算定方法が詳細に規定されており，拠出金負担の内容が観念的かつ一義的に明確になっているような場合には，租税法律主義が許容する具体的個別的委任の範囲内にある」とする見解がある[63]。このように，前期高齢者納付金および後期高齢者支援金についても，その定め方は租税法律主義の趣旨に合致しているとの評価も可能である。租税法律主義に関する直接適用説であれ趣旨支配説であれ，国民にとって簡単に理解できるものではないとはいえ，その定め方に問題はないという判断である。しかし2つの疑問点を指摘しておきたい。

①　後期高齢者支援金における総報酬割化

　ひとつは，後期高齢者支援金における加入者按分方式から総報酬割化への移行についてである。先に概観したように，後期高齢者支援金は，所得捕捉が困難であることから加入按分方式を採用したと繰り返し説明されてきた。それを平成22年度から3分の1の総報酬割を導入し，平成27年度からふたたび全面，総報酬割とすることは支援金自体の性格に変更を迫るものである。総報酬割化を決定づけた社会保障制度改革国民会議の報告書（平成25年8月6日）によれば，加入者按分方式は負担能力の低い被用者保険者の負担が相対的に重くなっていて，健保組合の中でも3倍程度の保険料率の格差が問題とされている。加入者按分方式による後期高齢者支援金は，後期高齢者の医療費を支援するため，所得捕捉が困難であるため，0歳から74歳までのすべて国民が負担するというものである。しかし，組合健保間での格差を解消するとともに，協会けんぽの負担も圧縮するという報酬割方式は，高齢者の医

---

62)　農業共済組合が問題となった最判平18.3.28判時1930号83頁も，旭川市国保料事件を引用し，趣旨支配説を採用している。
63)　江口・前掲「社会保険料と租税に関する一考察」635頁。

療費を，極端にいえば負担能力の高い健保組合に集中的に負担させることを意味する。後期高齢者医療制度の土俵で，被用者保険における保険者間の格差是正と国庫負担金の縮減を図っているという意味で，後期高齢者支援金そのものの，そして支援金の負担方法に関する原理的な変更と評価できるものである[64]。

② 前期高齢者納付金・前期高齢者交付金

いまひとつは，前期高齢者納付金と前期高齢者交付金についてである。

先に概説したように，前期高齢者納付金を負担するか前期高齢者交付金を受け取るかは，各保険者における前期高齢者加入率と全国平均の加入率との関係で定まる。したがって，被保険者の視点からいえば，どのような保険者に加入しているかによって，納付金を負担することになるか，交付金を受けとる側の被保険者となるかが決まる。また，納付金を負担する場合も，各保険者の加入率に応じて納付金額が異なるから，所属する保険者に応じて保険料額が異なることになる。

このように前期高齢者納付金は，以下のような3つの問題を抱えている。第1は，前期高齢者納付金にかかる保険料は保険給付とけん連性がない。それは，納付金を負担する側と交付金を受けとる側が峻別されているからでもある。第2は，所得が同じであっても所属する保険者により保険料負担の有無が生じる。第3は，所得が同じであっても，所属する保険者の前期高齢者加入率に応じて，保険料額が異なることになる。前章でも触れたように，けん連性が保険料のメルクマールではないとの立場から，前期高齢者納付金にかかる保険料の実質的な性格が租税であるとしても，第2，第3の点は，負担能力に応じた賦課徴収ではないし，公平な賦課徴収でもないという点で租税公平主義に抵触すると言わざるを得ない。

---

[64] 社会保障制度改革国民会議の報告書では，「国民健康保険の保険者を都道府県に移行する」際の財源については，「後期高齢者支援金に対する負担法を全面総報酬割にすることにより生ずる財源を考慮に入れるべきである」としている。また，総報酬割導入については，「全国高齢者医療・国民健康保険主管課（部）長及び後期高齢者医療広域連合事務局長会議・保険局高齢者医療課説明資料」（平成27年3月16日）(http://www.mhlw.go.jp/file/05-Shingikai-12401000-Hokenkyoku-Soumuka/0000077876.pdf：last nisit2015/11/11）等参照。

(2) 保険者における後期高齢者支援金等の意義

　支払基金に対して後期高齢者支援金・前期高齢者納付金の納付義務を負う保険者が存在する一方で，支払基金から後期高齢者支援金や前期高齢者交付金を交付される保険者も存在する。そして，支払基金に対する不服申立に関しては厚生労働大臣が上級行政庁とみなされる。

　このような保険者と支払基金・厚生労働大臣との関係において，財政調整はどのように理解されるのであろうか。財政調整における財源の賦課徴収とその配分という機能に着目すれば，2つの問題が生じる。第1に賦課徴収の側面では，国家との関係で保険者を賦課徴収の客体つまり納税者としての国民と同視しうるか，という問題が生じる。第2に，配分の側面では財政民主主義との抵触，すなわち財源の使途は個別の納税者の影響から切り離して，国民全体を代表する議会によって民主的に決定されるという要請と保険者の保険料決定権限との抵触が問題となる。

　第1の問題については，租税法律主義がたとえ保険者に適用されるとしても，後期高齢者支援金等に関する規律は租税法律主義に反するところはないとの反論が存在する[65]。このことは先に示したとおりである。そこで，以下では第2の保険者の保険料決定権限との抵触問題を取り上げる。

　この問題は，国家統制論あるいは機能分担論と保険者自治論との対抗関係と捉え直すことができる。ここから，介護保険に関連する立論であるが，「介護保険の実施主体すなわち保険者は市町村だとしても，保険料基準や要介護認定基準の策定，市町村間の高齢者割合や所得の相違に着目した財政調整は国が行うというように，適切な機能分担を行うことが現実的かつ妥当である」という理解，あるいは「財政責任なくして真の実施責任の自覚は生まれない」としつつも，国と地方公共団体の実施責任・財政責任の規律も，「二律背反的に捉えるのではなく，国と地方公共団体における適切な機能分担が現実的か

---

[65]　「各保険者を媒介にした租税であると評価するほかない」という見解も，国民とは峻別される保険者としての地位に配慮したものといえる（碓井・前掲『社会保障財政法精義』275頁）。

つ妥当である」という見解がある[66]。このような機能分担論の現実性，妥当性は否定できないものの，そこから直ちに財政調整の実施およびその具体的な内容が正当化されることにはならないと考える。

　それではどう考えるべきか。明確な答えがあるわけではないが，次のように考えたい。議論を単純化するため，健康保険組合を想定して，検討を進めたい。

　繰り返しになるが，保険者は，基本保険料と特定保険料を被保険者から徴収することとなる（健保160条13項，同162条）。このうち基本保険料は，当該健保組合が提供する保険給付を賄うための財源を確保するものであり，健保組合は当該組合の財政状況に応じて保険料率を規約で定め（健保162条13項），規約の定めるところにより，事業主の負担すべき保険料額の負担割合を増加することができる（健保162条）。これに対して特定保険料の算定，特に前期高齢者納付金に関する調整対象給付費見込額，前期高齢者加入率の下限割合および負担調整基準率が毎年政令で定められ，健康保険組合にあっては「納付金等の見込額の算出方法について」をもとに算定される[67]。このように条文上，各保険者が保険料率を定め賦課徴収する形式を採っているが，保険者が独自に定める権限を有しているものではない。

　保険料に関する料率や保険料額を保険者が決定できることを自主財政権とすれば，基本保険料と特定保険料との定め方の違いから明らかなように，当該保険者における財政状況において，特定保険料は自主財政権の裁量範囲を狭めるものとして機能する。

　ここで想起されるのは，旭川市国保料事件における滝井裁判官の補足意見

---

[66] 島崎・前掲「憲法と社会保障の実施責任・財政責任の規律」360頁，362頁。碓井光明も，国の法令による統制の強化と自治体の自主性を尊重すべきという考え方との「いずれかに徹底するわけにはいかない」という（碓井光明「地方財務の法的統制」日本財政法学会『地方自治と財務会計制度』（学陽書房，1989年）所収，45頁以下。）。

[67] 特定保険料の算定に関連する政省令として，「高齢者の医療の確保に関する法律による保険者の前期高齢者交付金等の額の算定等に関する省令」（平19.11.22厚労省令140号）のほか，「平成二十七年度における高齢者の医療の確保に関する法律による前期高齢者交付金及び前期高齢者納付金の額の算定に係る率及び割合を定める政令」（平成27.3.27政令118号）などがあり，「納付金等の見込額の算出方法」は正確には「健康保険組合の平成27年度予算編成における納付金等の見込額の算定方法について」という http://www.sociohealth.co.jp/book/legal/nofukin.pdf#search=：last visit=2015.11.14）。

である。国民健康保険をめぐる事案であるが、医療保険制度に一般化して「法は、すべての国民を法の予定した政府又は地方公共団体若しくは任意に設立される国民健康保険組合等を保険者とするいずれかの保険集団に参加すべきものとした上、同じ集団に属する被保険者の疾病等によるリスクを当該保険集団が引き受けるものとし、その費用は法定条件のもとで、それぞれの保険集団ごとに予定された議決機関において民主的に決めるところに委ねることとしている」という。つまり、保険者は基本保険料については、それぞれの保険集団毎に予定された議決機関で民主的に決定することとされている。特定保険料が、「法定条件のもとで」というところの法定条件に含まれるという解釈もありうる。しかし、けん連性との関係からいえば、後期高齢者支援金や前期高齢者納付金はそもそも保険料になじまない性格のものである。しかも保険料総額の5割近くを占める特定保険料の存在は、当該保険集団の議決に大きな影響を与える。この意味で、これらの拠出金は、保険者の自主財政権を侵害している。

　また、「財政調整の存在についてはこれを肯定するものの、社会保険を基盤とした財政調整システムでは、「連帯」との関係で「有償性ないし互酬性は"修正"が許されるだけ」であって、「保険者拠出金の性格から完全に有償性ないし互酬性を取り除くことを許容すると理解すべきではない」という立論も、自主財政権への侵害を抑制するための考え方といえる[68]。さらに、財政民主主義へのメタ・コントロールとして「部分最適化による規律」を指摘する見解も保険者自治ないし自主財政権を尊重する立場に与する議論となり得る[69]。しかし、これらの議論は太田匡彦が正当に指摘するように、「地方自治ほどに憲法上の根拠が定かでない」保険者自治においては迫力の欠けたものとならざるを得ない[70]。さらに検討を深めるべき領域である。

---

[68] 倉田・前掲「財政調整の法理論」277頁。
[69] 原田大樹「財政民主主義へのメタ・コントロールとその法的課題」『行政法研究』第1号（2012年）129頁以下。
[70] 太田匡彦「リスク社会科の社会保障行政（下）」ジュリスト1357号（2008年）104頁。またそこで引用されている菊池馨実『社会保障の法理念』（有斐閣、2000年）270頁参照。なお太田は「被保険者自治」という用語を用いている。

むすびにかえて

　社会保険にあって保険料の負担と保険給付の受益との関係は，あくまでも保険事故が発生し，一定の支給要件を満たした場合に支給されるという可能性の問題であり，その意味で保険給付の受益とは受益可能性に止まるものである。しかもこの受益可能性は被保険者個人のレベルではなく，保険集団の枠組で観念され，それが被保険者個人の利益にもなることが制度的前提となる。つまり「保険集団の構成員相互間に相手の受益可能性を自己の受益可能性と同一視しうるような意識の存在」が必要なのである[71]。

　このような認識に基づく保険集団の組織化を"連帯"原理とすれば，健康保険は事業所などに着目した職域連帯，国民健康保険は地域住民たる資格に基づく地域連帯により保険集団を形成したことになる。もとより，どのような範囲，いかなる資格で保険集団を組織化するかは立法裁量の問題ということができるが，職域連帯も地域連帯も，ある意味では一定の範囲に限定された"閉じられた社会"における組織化である。したがって，原理的には，保険料と保険給付のけん連関係において，けん連性が希薄になるとは，連帯原理の虚構性が強まることを意味することになる。つまり，財政調整拠出金を，地域連帯や職域連帯の枠を超えて国民連帯で根拠づけることは，負担と給付のけん連関係を社会保険の枠外に求めていることにほかならない。この意味で，国民連帯にその徴収根拠を求める後期高齢者支援金および前期高齢者納付金はともに保険料たる性格を失う。租税と言わざるを得ないのである[72]。

　あるいは租税的性格を有する賦課を保険料ということに違法性ないし問題性はないのだ，という理解もありうるかもしれない。そうだとすれば，保険料と言い含める範囲で，保険料の財源調達能力は限りなく広いものとなるが，

---

[71] 江口隆裕『社会保険の基本原理を考える』（有斐閣，1996 年）191 頁。
[72] 介護保険の 2 号被保険者は，保険事故としての「要介護」につき，特定疾病に起因するとの制約はあるものの受益可能性があり，保険料の負担を根拠づけることが可能である。倉田の言葉を借りれば「2 号被保険者の保険料は定量的には 1 号被保険者に移転するものの，定性的には自分の要介護リスクにも保険料を支払う」という対価関係が存在するのである（倉田・前掲『社会保険の構造分析』294 頁）。同じことは公的年金保険における保険料と給付の関係にも妥当する。

このような対応は，ありていにいえば，"まやかし"以外の何物でもない[73]。バランス論として，せいぜい5割を超えない程度という制約を主張することも可能であろう[74]。しかしここでは財政調整の限界として，①保険者の保険料決定権限を損なう財政調整，②保険者レベルでの負担と受益のけん連性が全く存在しないような財政調整は認められない，というべきである[75]。

[73) フランスでは，EUの通貨統合の影響もあるとはいえ，1990年代末に医療保障の普遍性に基づいて社会保障目的税たる一般社会拠出金の大幅な引き上げを行った。一般社会拠出金について，さしあたり拙稿「フランス社会保障制度における一般化社会拠出金の導入」国立社会保障・人口問題研究所『海外社会保障情報』109号（1994年12月）36 - 46頁，拙稿「フランス社会保障制度を考える視点」，国立社会保障・人口問題研究所『海外社会保障研究』161号（2007年12月）4 - 14頁参照。
74) 公費投入に関して「保険給付費の半分を限度とする考え方は1つの節度として重要である」とするものに，島崎謙治『日本の医療』（東京大学出版会，2011年）233頁がある。
75) この点，新田・前掲「財政調整の根拠と法的性格」83頁は，財政調整の限界として，①保険者分立の意義を損なうような財調は認められない，②個々の保険者を超えた保険者間の連帯に基づく財調が，個々の保険者内の被保険者間の連帯を完全に否定するような財調は認められない，③保険者の負担（拠出金等の拠出・納付）と受益（交付金の受領）との対価性がまったく存在しないような財調は（本来は）認められない，といった指標を立てることは可能である，と述べている。

書き終えて

　本書では，加入者（被保険者）全体が保険料を負担することによって，個人の自助努力では対応の難しいリスクを加入者全体に分散し，個々の加入者の保険料負担の軽減と給付水準の向上を可能とするシステムを社会保険と定義した。

　ここで強制加入は，3つの側面で社会保険システムを具体化する。

　第1に社会保険の組織化機能である。強制加入は，一定の範囲に限定されるとはいえ，その範囲に該当する者を被保険者とし保険集団を形成するための手段として用いられる。この加入強制という手段を用いることによって，被保険者となるべき者のリスクあるいは所得の有無，高低に関わりなく，保険集団が組織される。

　第2に財源調達機能である。加入者（被保険者）は，加入を強制されるとともに保険料の負担義務を負う。保険料はリスクの高低ではなく，所得の高低によって算定される。あるいはリスクの高低とは関係なく定額保険料とされる場合もある。他方，保険料の減額，免除が認められている。そして，減免の対象は所得の有無・減少にとどまらず，育児休業等の取得などにも拡大している。

　第3は，保険給付を確保する機能である。第1と第2の機能を統合した機能といえる。すなわち給付に目を転じると，医療保険にあっては，保険料の高低に関わりなく，適切な医療が必要な限りで提供される。老齢基礎年金や老齢厚生年金は，保険料納付期間や平均賃金額に応じて給付額が算定されるものの，障害基礎年金や遺族基礎年金においては保険料納付期間の長短と給付額は連動しない。給付額の水準について評価が分かれる可能性はあるものの，一定の法定額を支給するものとしている。加えて，強制加入は保険事故に遭遇する確率の高い者の加入を排除せず，これらの者にも支給要件を満たす限りで保険給付を支給することになる。

このような強制加入の機能は，就業構造や就労形態の変化などにより，大きな制約を受けている。ここでは，非正規雇用労働者の資格付与と後期高齢者医療をめぐる財政調整拠出金というふたつの問題を指摘しておきたい。非正規雇用労働者と後期高齢者とはその対象は異なるが，ともに社会保険財源に関わる点で通底する。
　ひとつは，非正規雇用労働者の問題である。
　非正規雇用労働者でもある被扶養者がその典型である。被扶養者は労働時間の調整を通じて，税法上の被扶養者という資格を保持することができる。この被扶養者という資格は職域保険とも連動するから，本人の意思に基づいて被扶養者という資格を取得し，維持し続けることができる。
　また被扶養者としての属性を持たない非正規雇用労働者の場合においても，労働時間による調整が可能であり，被保険者資格を人為的に回避することができる。4分の3ルールの問題といいかえることもできる。しかも，正規従業員の労働時間との関係で資格の有無が決まるため，事業所ごとに資格付与の条件が異なること，周知徹底に欠けていたこと，保険料負担を回避したいという事業主の思惑と結びつくことによって，作為的に職域保険の被保険者資格を届け出ないケースを想定することができる。
　非正規雇用労働者に対してどのように被保険者資格を付与するかという問題は，社会保険の制度運用のあり方にとどまらない問題である。非正規雇用労働者を職域保険から排除することは，低賃金の問題とも連動して，生活保護を加えることによってはじめて最低生活保障を維持しうる年金受給者を増加させることになる。言葉を換えれば，非正規雇用労働者を国民年金の1号被保険者と取り扱うことは，事業主にあっては保険料の負担を免れる一方，場合によっては生活扶助の財源を国民に押しつけることを意味する。このように，非正規雇用労働者をどのように社会保険に組み込むかという問題は，社会保障制度全体の財源負担とも密接に関連する問題である。年金機能強化法により，4分の3ルールは企業規模などの制限のもとで明文化されるに至った。このことは，一方では非正規雇用労働者を職域保険に取り込む一歩として評価することができるものの，他方で，企業規模の違いで被保険者資格を付与されないことを固定化することをも意味する。ここから二つの検討課題

を導き出すことができる。第1の課題は，職域保険における"使用関係"の考察を深めることである。働き方のとらえ直しともいえる。第2は地域保険の存在しない諸外国において，非正規雇用労働者をどのように職域保険に取り込んでいるのかという検討である。

いまひとつは，社会保険の財源構成である。国庫負担金と肩を並べて大きな割合を占める財政調整拠出金，特に後期高齢者医療制度に関する後期高齢者支援金と前期高齢者納付金を中心に検討した。これら2つの財政調整拠出金は，戦後の社会保障政策において最大の失敗とも言うべき"老人医療費の無料化"を軌道修正するための方策ということができる。

これら後期高齢者支援金・前期高齢者納付金については，2つのレベルから批判的な検討を行った。

第1は被保険者レベルからの批判である。ここでは，保険料に関する明確な定義規定が存在していないことにも起因して，行政当局からは負担金という以上の説明を見い出せなかった。保険給付とのけん連性からいえば，後期高齢者支援金については，総報酬割化すること自体，保険給付とのけん連性が認められない。また，前期高齢者交付金についても，それを特定保険料として徴収する根拠に乏しく，租税として徴収すべきものである。

第2は保険者レベルからの疑問である。健康保険組合や全国健康保険協会の場合，これら後期高齢者支援金と前期高齢者納付金の合計額は保険料総額の50％近くを占めるに至っている。この数字は，保険者の存立を脅かすだけでなく，保険料率の決定権限に大きな制約をもたらしている。いまから20年も前ではあるが，社会保険制度は「保険料と税を渾然一体化させながら，これまでそのときそのときの当面の課題をしのいできた折衷的な方法が構造的な限界点に達しようとしている」(広井良典『医療保険改革の構想』日本経済新聞社，1997年，221-222頁）とする指摘がある。20年を経てもなお限界に達していないとの評価も可能である。しかし，保険料としての性格が曖昧な負担を国民に課すことは，租税法律主義の趣旨支配説を採用するとしても許されるものではない。保険者自治のあり方と限界に関する議論とも関連して，社会保険だけでなく社会保障全体に関する財政規整，保険料など収入に関す

る賦課徴収分野と保険給付の支出分野とを俯瞰する財政規整の検討が必要である。

　最後に，以上の2つの問題と密接に関連する保険者の問題について触れておきたい。
　年金保険の保険者は日本年金機構であり，労災保険および雇用保険は政府が保険者である。日本年金機構と政府とはその法的性格を異なるものの，そこでは単一の組織体が保険者となっている。また，介護保険の保険者は市町村である。これに対して，医療保険にあっては，健康保険における全国健康保険協会と健康保険組合，国民健康保険における市町村と国民健康保険組合，そして後期高齢者医療における後期高齢者医療広域連合など多種多様な保険者が存在する。
　このような医療保険における保険者組織の設定の違いをどのように理解することができるのであろうか。
　保険料のけん連性に対する批判として，税金も保険料も給付に対するけん連性は同じであるとの批判がある。たしかに説得力のある批判と思われる。しかし，それでは保険料に代えて税方式を採用するのかという問いには，大きな躊躇を覚える。国家が国民の所得保障なり医療保障の最終的な責任主体であることは否定できない。しかし，社会保障制度における当事者関係は，国家対国民という二当事者関係だけではない。所得保障や医療保障におけるファイナンス（医療保険）のあり方は多様であるべきであり，国家と国民の間を取り結ぶ中間団体としての社会の存在が不可欠であると考える。自助努力の共同化（共助という表現も可能である）を実現する組織としての保険集団，医療保険における多様な保険集団の存在がまさにその徴表であると考える。いわゆる"市町村国保の都道府県化"にむけた法整備が進むなかで，保険者は果たすべき役割を明確化する必要がある。
　他方，これら多様な保険集団の鼎立状態は医療保険に限定されている，との指摘もあり得る。しかし，例えば年金制度を想起すれば明らかであるが，公的年金給付を補うための制度も多様に存在すべきであって，それら補足的なシステムや手段の検討を行うことも社会保障法学の使命となるものを考え

る。

　国および地方公共団体以外の法主体のなかにも「行政（組織）」の一部に属するものがある，という認識のもとで，いかなる理論的必要性をもって，社会保険における保険者を，国および地方公共団体とは一線を画する行政主体と資格づけることができるかが，本書の出発点であった。一定のまとまった成果を得ることはできなかったが，問題を考えるうえでの素材のいくつかを提供することができたのではないかと考える。社会保険とは一体何なのか，それにこだわる意義はどこにあるのか。この問いかけから出発した本書は，再びこの問いかけを起点にすることを確認する試みとなった。

　本書は先学，同世代さらには若い研究者のすぐれた業績に多くを負っている。これらの先行業績が存在したからこそ，本書を書きあげることができた。本書の末尾にその一部を参考文献として掲げた。これらの著・編者の方々に改めてお礼申し上げる。また，日頃から学会や研究会等でご指導いただいている皆様に心より感謝申し上げる。特に，北大社会保障法研究会，労働判例研究会あるいは科学研究費など関連して組織された研究会，さらには社会保障法関係の院生ゼミのメンバー（川村行論・北大大学院法学研究科助教，井上浩平・大学院博士後期課程）などとの日常的な交流・議論から多くの刺激を受けることができた。

　本書の刊行に際しては，神奈川県立保健福祉大学の川久保寛講師には原稿段階から誤字脱字・用語法のレベルから具体的内容に関する疑問点など丹念な指摘を受けることができた。また，大学院博士課程の畢凡君，伊計安泰君には文献や裁判例の確認など面倒な仕事をお願いした。さらには，企画を持ち込んでから長い期間，辛抱強く見守っていただき，厳しい出版事情のなかで本書の出版を引き受けていただいた旬報社の木内洋育社長なくして本書は誕生しなかった。こころから感謝の意を表したい。

　本書は，1985年に最初に赴任した山形大学人文学部，新潟大学法学部そして北海道大学法学部で私の担当した社会保障法演習（ゼミ）に参加してくれた多くの学生に捧げたい。山形大学には留学の2年間を含めて10年弱，新潟大学には1995年から14年在籍し，北大は現時点で6年目である。この間，

多くのゼミ生と語り，飲み遊ぶことができた。一人一人の名前を挙げることはできないが，彼ら彼女らとの出会いが私にとって何よりも得がたい財産である。

　最後にこうした学生との交流や仕事に専念できたのも妻里恵子・父孝太郎のおかげである。心から感謝の意を表したい。

　2015 年 11 月

加藤智章

参考文献

【あ行】

青柳幸一編『融合する法律学下巻』(信山社, 2006年)

阿部泰隆『行政法解釈学Ⅰ』(有斐閣, 2008年)

芦部信喜・高橋和之補訂『憲法』(岩波書店, 2012年)

荒木誠之・桑原洋子編『佐藤進先生追悼社会保障法・福祉と労働法の新展開』(信山社, 2010年)

有泉亨・中野徹雄編『雇用保険法・労災保険法』(日本評論社, 1983年)

有泉亨・中野徹雄編『厚生年金保険法』(日本評論社, 1982年)

池上直己・遠藤久夫編著『講座医療経済・政策学第2巻 医療保険・診療報酬制度』(勁草書房, 2005年)

石崎浩『公的年金制度の再構築』(信山社, 2012年)

石原信雄・二橋正弘『新版地方財政法逐条解説』(ぎょうせい, 2000年)

岩村正彦『社会保障法Ⅰ』(弘文堂, 2001年)

碓井光明『社会保障財政法講義』(信山社, 2009年)

埋橋孝文・連合総合生活開発研究所編『参加と連帯のセーフティネット』(ミネルヴァ書房, 2010年)

江頭憲治郎・碓井光明編『法の再構築[Ⅰ]国家と社会』(東京大学出版会, 2007年)

江口隆裕『社会保障の基本原理を考える』(有斐閣, 1996年)

江口隆裕『変貌する世界と日本の年金』(法律文化社, 2008年)

栄畑潤『医療保険の構造改革』(法研, 2007年)

大隅健一郎等編『判例コンメンタール13下 商法Ⅲ下 保険・海商・有限会社法』(三省堂, 1985年)

大谷孝一編著『保険論』(成文堂, 2008年)

尾形健『福祉国家と憲法構造』(有斐閣, 2011年)

岡光序治編著『老人保健制度解説』(ぎょうせい, 1993年)

雄川一郎・塩野宏・園部逸夫編『現代行政法大系第10巻』(有斐閣, 1984年)

【か行】

金井利之『財政調整の一般理論』(東京大学出版会, 1999年)

金子宏『租税法』(弘文堂, 2012年)

加茂紀久男『裁決例による社会保険法』(民事法研究会, 2007年)

河野正輝・中島誠・西田和弘編『社会保障論』(法律文化社, 2007年)

河野正輝・良永彌太郎・阿部和光・石橋敏郎編『社会保険改革の法理と将来像』(法律文化社, 2010年)

菊池馨実『社会保障法』(有斐閣, 2014年)

菊池馨実編『社会保険の基礎理論』（法律文化社，2012 年）
菊池馨実編『社会保険の法原理』（法律文化社，2012 年）
國武輝久・斉藤忠雄・駒宮史博編著『高齢社会の政策課題』（同文館，1998 年）
倉田聡『社会保険の構造分析』（北海道大学出版会，2009 年）
契約法大系刊行委員会編『契約法大系Ⅴ』（有斐閣，1963 年）
厚生省国民健康保険課編『詳解国民健康保険』（国民健康保険調査会，1960 年）
厚生省年金局年金課等監修『厚生年金保険法解説』（法研，2000 年）
厚生省保険局健康保険課等監修『健康保険法の解釈と運用』（法研，1999 年）
国立社会保障・人口問題研究所編『社会保障財源の制度分析』（東京大学出版会，2009 年）
小塩隆士『社会保障の経済学』（日本評論社，2013 年）
小山進次郎『国民年金法の解説』（時事通信社，1959 年）
小山進次郎『改訂増補生活保護法の解釈と運用』（中央社会福祉協議会，1951 年）
近藤文二『社会保険』（岩波書店，1963 年）

【さ行】
佐藤幸治編『憲法Ⅱ基本的人権』（有斐閣大学講義双書，1988 年）
塩野宏『行政法Ⅲ』（有斐閣，2012 年）
塩野宏『国と地方公共団体』（有斐閣，1990 年）
島崎謙治『日本の医療－制度と政策－』（東京大学出版会，2011 年）
社会局保険部『健康保険法施行経過記録』（1935 年）
社会保険実務研究所『新・国民健康保険基礎講座』（社会保険実務研究所，2010 年）
杉村敏正『行政救済法 2』（有斐閣，1991 年）
菅沼隆監修『日本社会保障基本文献集第Ⅰ期戦時体制における社会保険第 9 巻』（日本図書センター，2006 年）
関英夫『雇用保険法の詳解』（ぎょうせい，1982 年）

【た行】
近見正彦他『現代保険学』（有斐閣アルマ，1998 年）
土佐和男編著『高齢者の医療の確保に関する法律の解説』（法研，2008 年）

【な行】
西村健一郎『社会保障法』（有斐閣，2003 年）
西村健一郎・小島典明・加藤智章・柳田孝安編集代表『新時代の労働契約法理論』（信山社，2003 年）
新田秀樹『国民健康保険の保険者』（信山社，2009 年）
日本社会保障法学会編『講座社会保障法第 1 巻　21 世紀の社会保障法』（法律文化社，2001 年）
日本社会保障法学会編『新・講座社会保障法第 1 巻　これからの医療と年金』（法律文化

社,2012 年)
日本労働法学会編『労働市場の機構とルール』(有斐閣,2000 年)

【は行】
長谷部恭男『憲法(第 3 版)』(新世社,2006 年)
花澤武夫『厚生年金保険法大要』(教学館,1944 年)
花澤武夫『勞働者年金保險實務提要』(新民書房,1942 年)
原田大樹『例解行政法』(東京大学出版会,2013 年)
人見剛『自治総研叢書 16 分権改革と自治体法理』(敬文堂,2005 年)
広井良典『医療保険改革の構想』日本経済新聞社,1997 年
藤田宙靖『行政法の基礎理論』(有斐閣,2005 年)
藤田宙靖『行政法学の思考形式』(木鐸社,1988 年)
堀勝洋『現代社会保障・社会福祉の基本問題』(ミネルヴァ書房,1997 年)
堀勝洋『社会保障・社会福祉の原理・法・政策』(ミネルヴァ書房,2009 年)
堀勝洋『社会保障総論』(東京大学出版会,1994 年)
堀勝洋『社会保障法総論(第 2 版)』(東京大学出版会,2004 年)
堀勝洋『年金保険法(第 3 版)』(法律文化社,2013 年)

【ま行】
前田達明・稲垣喬・手嶋豊執筆代表『医事法』(有斐閣,2000 年)
宮沢俊義『憲法Ⅱ』(有斐閣,1979 年)
椋野美智子,田中耕太郎『はじめての社会保障』(有斐閣,2012 年)
村上雅子『社会保障の経済学』(東洋経済,1999 年)
村上裕章『行政訴訟の基礎理論』(有斐閣,2007 年)
籾井常喜『労働法実務大系 18 社会保障法』(総合労働研究所,1972 年)

【や行】
山下友信・竹濱修・洲崎博史・山本哲生『保険法』(有斐閣,2010 年)
山崎圭『国民年金法のしくみ』(日本国民年金協会,1982 年)
山本隆司『判例から探求する行政法』(有斐閣,2012 年)
吉原健二・和田勝『日本医療保険制度史』(東洋経済新報社,2009 年)
吉原健二編著『老人保健法の解説』(中央法規出版,1973 年)

判例索引

最高裁判所

最判昭 26.12.21 民集 5 巻 13 号 796 頁 ………………………………………… 99
最判昭 27.4.15 民集 6 巻 4 号 913 頁 …………………………………………… 98
最判昭 29.10.20 民集 8 巻 10 号 1907 頁 …………………………………… 99, 100
最大判昭 33.2.12 民集 12 巻 2 号 190 頁（小城町国保事件）………… 19, 33, 34, 170
最判昭 35.3.22 民集 14 巻巻 551 頁 ……………………………………………… 99
最判昭 36.2.24 民集 15 巻 2 号 314 頁 …………………………………………… 39
最大判昭 38.3.27 刑集 17 巻 2 号 121 頁（渋谷区長選挙贈収賄事件）………… 135
最判昭 40.6.18 判時 418 号 35 頁（山本工務店事件）……………………… 40, 75
最判昭 41.4.7 民集 20 巻 4 号 499 頁 ………………………………………… 177
最大判昭 47.11.22 刑集 26 巻 9 号 586 頁（小売商業調整特別措置法違反被告事件）…… 51
最判昭 47.11.30 民集 26 巻 9 号 1746 頁（勤評長野方式違憲訴訟）…………… 44
最判昭 49.5.30 民集 28 巻 4 号 551 頁 ……………………………………… 21, 32
最判昭 49.5.30 民集 28 巻 4 号 594 頁（大阪市〈柳沢〉事件）… 32, 112, 124, 135, 143, 144
最判昭 53.3.30 民集 32 巻 2 号 435 頁（マクリーン事件）………………………… 140
最大判昭 57.7.7 民集 36 巻 7 号 1235 頁（堀木訴訟）…………………………… 137
最大判昭 62.4.22 民集 41 巻 3 号 408 頁（森林法事件）…………………………… 50
最判平元 .3.2 判時 1363 号 68 頁（第 1 次塩見訴訟）…………………………… 178
最大判平 5.3.24 民集 47 巻 4 号 3039 頁 ……………………………………… 177
最判平 8.3.8 民集 50 巻 3 号 469 頁（神戸市高専事件）………………………… 44
最判平 8.3.19 民集 50 刊 3 号 615 頁（南九州税理士会事件）…………………… 44
最判平 8.11.28 労判 714 号 14 頁（横浜南労基署長事件）……………………… 56
最判平 9.8.25 判タ 952 号 184 頁 ……………………………………………… 98
最判平 11.10.22 民集 53 巻 7 号 1211 頁（沖縄医療生協事件）……………… 23, 177
最判平 12.11.14 民集 54 巻 9 号 2683 頁（遺族厚生年金・市議会議員共済給付金事件）
………………………………………………………………………………… 23, 178
最判平 12.11.14 判時 1732 号 83 頁（軍人恩給・特別給付金事件）…………… 23, 178
最判平 12.2.8 刑集 54 巻 2 号 1 頁 ……………………………………………… 50
最判平 13.7.13 訟月 48 巻 8 号 2014 頁 ……………………………………… 144
最大判平 14.2.13 民集 56 巻 2 号 331 頁 ……………………………………… 50
最判平 14.4.25 判タ 1091 号 215 頁（群馬司法書士会事件）…………………… 44
最判平 14.7.9 民集 56 巻 6 号 1134 頁 ……………………………………… 144
最判平 15.6.26 判時 1831 号 94 頁 …………………………………………… 118
最判平 16.1.15 民集 58 巻 1 号 226 頁（横浜市国保不法滞在外国人事件）…… 40, 104, 139
最判平 17.4.26 判時 1898 号 54 頁（農作物共済事件）……………… 40, 45, 46, 50

最判平 17.6.3 民集 59 巻 5 号号 938 頁（関西医科大学〈賃金支払請求〉事件）………… 85
最大判平 18.3.1 民集 60 巻 2 号 587 頁（旭川市国保料事件）………………… 19, 23, 165, 199
最判平 18.3.28 判時 1930 号 83 頁（農業災害補償事件）……………………………………… 133
最判平 18.3.28 判時 1930 号 80 頁（旭川市介護保険条例事件）…………………… 171, 203
最判平 18.3.28 判時 1930 号 83 頁（農業共済組合事件）……………………………… 171, 214
最判平 20.10.3 判時 2026 号 11 頁（住民票転居届不受理処分取消請求事件）… 111, 113, 117
最判平 23.2.18 判タ 1345 号 115 頁 …………………………………………………………… 98
最判平 23.9.22 民集 65 巻 6 号 2756 頁 ……………………………………………………… 173
最判平 23.9.30 集民 237 号 519 頁 …………………………………………………………… 173

高等裁判所

東京高判昭 30.1.27 行集 6 巻 1 号 167 頁 …………………………………………………… 144
福岡高判昭 30.3.28 行集 6 巻 3 号 805 頁 …………………………………………………… 35
名古屋高判昭 32.2.22 下民集 8 巻 2 号 351 頁 ……………………………………………… 87
東京高判昭 35.3.11 行集 11 巻 5 号 1583 頁 ………………………………………………… 39
大阪高判昭 37.10.26 行集 13 巻 10 号 1866 頁（山本工務店事件）……………………… 75
広島高岡山支判昭 38.9.23 行集 16 巻 7 号 514 頁 ………………………………………… 57
大阪高判昭 46.8.2 民集 28 巻 4 号 630 頁（大阪市〈柳沢〉事件）……………………… 145
大阪高判昭 46.11.11 行集 22 巻 11=12 号 1806 頁（大阪市〈上林〉事件）……… 112, 144
東京高判昭 49.4.30 行集 25 巻 4 号 330 頁（浜松市事件）………………………… 32, 173
大阪高判昭 55.11.21 行集 31 巻 11 号 2441 頁 ……………………………………………… 58
東京高判昭 58.10.20 行集 34 巻 10 号 1777 頁（金鉉釣事件）……………………… 73, 178
大阪高判昭 60.6.26 高刑集 38 巻 2 号 112 頁 ……………………………………………… 87
福岡高判昭 61.2.13 判時 1189 号 160 頁 …………………………………………………… 58
仙台高判平 4.12.22 判タ 809 号 175 頁（全金本山事件）………………………………… 78
札幌高判平 11.12.21 判時 1723 号 37 頁（旭川市国保料事件）………………… 166, 170, 185
東京高判平 14.2.6 民集 58 巻 1 号 302 頁（横浜市国保不法滞在外国人事件）… 105, 107, 139
名古屋高金沢支判平 14.3.27LEX/DB：28071883 …………………………………………… 79
名古屋高判平 14.4.19LEX/DB：28071976 …………………………………………………… 118
大阪高判平 14.5.10 労判 836 号 127 頁（関西医科大学研修医〈損害賠償〉事件）…… 58, 85
東京高判平 14.5.15 判タ 1119 号 160 頁 …………………………………………………… 117
大阪高判平 16.5.27 金商 1198 号 48 頁 ……………………………………………………… 18
大阪高判平 16.7.15 労判 879 号 22 頁（関西医科大学〈損害賠償請求〉事件）………… 85
仙台高判平 16.11.24 判時 1901 号 60 頁（麹町社会保険事務所事件）………………… 85
大阪高判平 18.5.11 判例自治 283 号 87 頁 ………………………………………………… 171
大阪高判平 19.1.23 判時 1976 号 34 頁（扇町公園事件）………………………… 114, 117
大阪高決平 19.3.1 賃社 1448 号 58 頁 ……………………………………………………… 113
名古屋高金沢支判平 19.11.28 判時 1997 号 26 頁 ………………………………………… 78

判例索引　231

東京高判平 20.8.20 判タ 1309 号 137 頁 ･･･ 203
東京高判平 20.12.26LEX/DB：25440901 ･･ 171
大阪高判平 23.4.14 賃社 1538 号 17 頁（Y 工業事件）････････････････････････････････ 85
東京高判平 24.9.14 労判 1070 号 160 頁（公認会計士 A 事務所事件）･･･････････････････ 58

地方裁判所

東京地判昭 26.5.11 行集 2 巻 6 号 953 頁 ･･･ 144
佐賀地判昭 29.3.13 行集 5 巻 3 号 640 頁（小城町国保事件）･･････････････････ 35, 38, 159
奈良地判昭 33.12.20 下民集 9 巻 12 号 2512 頁（大阪美術印刷事件）･･････････････････ 86
静岡地判昭 35.11.11 行集 11 巻 11 号 3208 頁 ･･ 58
大阪地判昭 35.12.23 行集 11 巻 12 号 3429 頁（山本工務店事件）･････････････････････ 75
岡山地判昭 37.5.23 行集 13 巻 5 号 943 頁 ･･･ 57
東京地判昭 39.5.28 行集 15 巻 5 号 878 頁（江名町水難救護会事件）･･････････････････ 76
長野地判昭 39.6.2 民集 26 巻 9 号 1766 頁（勤評長野方式違憲訴訟）･･････････････････ 43
大阪地判昭 40.10.30 民集 28 巻 4 号 608 頁（大阪市〈柳沢〉事件）･･････････････ 112, 145
東京地決昭 41.12.13 労民 17 巻 6 号 1361 号（日本ロール製造事件）･･････････････････ 78
大阪地判昭 44.4.19 行集 20 巻 4 号 568 頁（大阪市〈上林〉事件）････････････ 111, 112, 144
静岡地判昭 47.10.27 行集 23 巻 10=11 号 774 頁（浜松市事件）･･････････････････････ 173
東京地判昭 47.12.25 行集 23 巻 12 号 946 頁 ･･･ 97
福岡地小倉支判昭 49.11.28 判時 771 号 89 頁（日之出タクシー事件）･････････････････ 79
大阪地判昭 54.8.27 行集 30 巻 8 号 1424 頁 ･･･ 58
東京地判昭 56.11.26 行集 32 巻 11 号 2105 頁（大阪電気通信大学事件）･･････････････ 74
仙台高秋田支判昭 57.7.23 行集 30 巻 4 号 891 頁（秋田市事件）･････････････････････ 165
東京地判昭 57.9.22 行集 33 巻 9 号 1814 頁 ･･･ 73
東京地判昭 58.1.26 判タ 497 号 139 頁（武蔵野社会保険事務所事件）･････････････････ 86
名古屋地判昭 60.9.4 判時 1176 号 79 頁（壱光堂事件）･･････････････････････････ 37, 40
東京地判昭 60.9.26 労判 465 号 59 頁 ･･･ 90
神戸地尼崎支判昭 61.5.20 判時 1206 号 93 頁 ･･ 68
東京地判昭 63.2.25 訟月 34 巻 10 号 2011 頁 ･･ 73
和歌山地判昭 63.9.28 行集 39 巻 9 号 938 頁 ･･ 99
京都地判元 .6.23 判タ 710 号 140 頁 ･･ 37, 50
大阪地判元 .8.22 労判 546 号 27 頁（山口〈角兵衛寿し〉事件）････････････ 75, 83, 91, 93
横浜地判平 2.11.26 判タ 765 号 185 頁 ･･･ 178
大阪地判平 3.12.10 行集 42 巻 11=12 号 1867 頁（大阪府医師国保組合事件）･･･････････ 111
仙台地判平 4.5.13 判時 1444 号 69 頁（全金本山事件）･･････････････････････････････ 78
東京地判平 5.3.8 労民 44 巻 2 号 300 頁（池袋職安所長事件）･･･････････････････････ 77, 86
東京地判平 7.9.27 行集 46 巻 8=9 号 777 頁 ･････････････････････････････ 103, 105, 139
東京地判平 8.12.20 判時 711 号 52 頁（東京ゼネラル事件）･･････････････････････････ 85

名古屋地判平 9.12.25 判例自治 175 号 37 頁（日進市事件）…………………………… 32, 173
旭川地判平 10.4.21 判時 1621 号 29 頁（旭川市国保料事件）……………………… 23, 26, 166
東京地判平 10.7.16 判時 1649 号 3 頁（武蔵野市事件）…………… 103, 107, 108, 109, 138
大阪地判平 11.7.13 賃社 1264 号 47 頁（エコープランニング事件）…………………… 86
京都地判平 11.9.30 判時 1715 号 51 頁（京都市役所非常勤嘱託員事件）… 37〜38, 60, 76, 85
大阪地判平 11.10.27 判タ 1041 号 79 頁（末野興産事件）………………………………… 86
横浜地判平 13.1.26 民集 58 巻 1 号 268 頁（横浜市国保不法滞在外国人事件）………… 108
大阪地堺支判平 13.8.29 判タ 1087 号 188 頁（関西医科大学研修医〈損害賠償〉事件）
　…………………………………………………………………………………………… 58, 85
静岡地沼津支判平 13.9.19LEX/DB：28071612（三島新聞堂事件）……………………… 70
神戸地判平 13.10.17 判例自治 227 号 71 頁（神戸市保険料賦課決定処分取消請求事件）
　………………………………………………………………………………………… 137, 138
東京地判平 13.11.19 労経速 1786 号 31 頁（オ・エス・ケー事件）……………………… 57
名古屋地判平 13.12.12 判時 1776 号 10 頁……………………………………………… 118
東京地判平 13.12.14 判時 1776 号 13 頁………………………………………………… 117
東京地判平 14.2.12 労経速 1796 号 19（双美交通事件）………………………………… 57
札幌地判平 15.3.28（農作物共済事件）…………………………………………………… 47
神戸地判平 15.6.18LEX/DB：28082649…………………………………………………… 39
東京地判平 15.9.24LEX/DB：28082827………………………………………………… 68, 76
大津地判平 15.10.3LEX/DB：28090191…………………………………………………… 86
水戸地判平 15.10.29 判時 1849 号 106 頁………………………………………………… 18
仙台地判平 16.2.27 判時 1901 号 63 頁（麹町社会保険事務事件）……………………… 85
東京地判平 16.7.15 労判 880 号 100 頁（アンカー工業事件）…………………………… 56
新潟地判平 17.2.15 判例自治 265 号 48 頁（鹿瀬町事件）……………………………… 86
東京地判平 17.2.24LEX/DB：28101209………………………………………………… 89
大阪地判平 17.6.28 判例自治 283 号 96 頁……………………………………………… 171
大阪地決平 18.1.25 判タ 1221 号 229 頁………………………………………………… 113
大阪地判平 18.1.26 労判 912 号 51 頁（大真実業事件）………………………… 38, 40, 87
大阪地判平 18.1.27 判タ 1214 号 160 頁………………………………………………… 113
金沢地判平 18.2.13 判時 1997 号 44 頁…………………………………………………… 78
東京地判平 18.8.30 労判 925 号 80 頁（アンダーソンテクノロジー事件）……………… 57
奈良地判平 18.9.5 労判 925 号 53 頁（豊国工業事件）……………………………… 37, 86
岐阜地判平 18.10.26LEX/DB：28130118………………………………………………… 171
東京地判平 20.3.28LEX/DB：25420946………………………………………………… 171
東京地判平 20.4.17 判時 2008 号 78 頁…………………………………………… 172, 182
神戸地判平 20.7.31 判例自治 320 号 56 頁（神戸市垂水区保険料賦課処分取消請求事件）
　……………………………………………………………………………………………… 137
大阪地判平 21.3.25 判例自治 324 号 10 頁………………………………………… 112, 113

判例索引　233

宮崎地判平 21.9.28 判タ 1320 号 96 頁（宮崎信金事件）……………………………… 78
静岡地下田支判平 21.10.29 判タ 1317 号 149 頁 ……………………………………… 203
大阪地判平 22.10.28 判例自治 346 号 44 頁 …………………………………………… 59
大阪地判平 22.10.29 賃社 1538 号 14 頁（Y 工業事件）……………………………… 85
東京地判平 23.3.30 労判 1027 号 5 頁（公認会計士 A 事務所事件）………………… 58
和歌山地判平 24.5.15LEX/DB：25481779 ……………………………………………… 160
大阪地判平 24.9.14LEX/DB：25482842（西日本旅客鉄道〈雇止め〉事件）………… 79
東京地判平 24.12.14 労判 1067 号 5 頁（ミレジム事件）……………………………… 57
東京地判平 24.12.14 労経速 2168 号 20 頁（サンランドリー事件）………………… 57
東京地判平 26.9.26LEX/DB：25504778（ベルネット事件）…………………………… 86

事項索引

あ行

応益割 180

か行

概算保険料 22
開放的強制加入団体 108
確認 73, 75, 76, 79
　―効果 76
　―義務請求 92
　―請求 75, 91
学生納付特例制度 22
加入者按分方式 208, 214
規則制定権 135, 137, 138
逆選択の防止 33, 37, 38, 39, 77
客観説 98
客観的生活本拠説 113
給付請求権の普遍性 36, 41
給付反対給付均等の原則 18, 20, 24, 26
強制加入 33, 37, 43, 51, 55, 167, 169
　―の原則 87
行政主体論 156
強制性 165, 168
強制徴収 169
共同事業 194
共同事業説 192
協力義務 85
具体的対価性 182, 183
結社の自由 47, 48
健康保険組合代行論 125
限定肯定説 103, 104, 106
けん連性（けん連関係）
　23, 165, 166, 175, 177, 181, 184, 212, 224
後期高齢者医療制度 198
後期高齢者支援金
　191, 198, 199, 200, 201, 202, 203, 204, 206, 207, 213, 214, 215, 216, 218, 219, 223
広義の租税法律主義 169, 182
広義の受益者負担 195
国家責任論 127
国保アプローチ 105, 107, 109
国保法上の住所 101, 112, 115

固有事務 154
固有の利害論 156
雇用保険被保険者資格の届出 70

さ行

財産権 49, 50
財政
　―規整 30, 31, 32, 161
　―均衡期間 25, 26, 30
　―検証 30
　―調整 189, 190, 194
　―調整拠出金 213, 219
　―調整説 193
　―民主主義 216, 218
財政力格差 193
裁定的関与 112, 144, 150, 153, 154
作為としての金銭の負担 44, 51
作為としての労務の提供 43
作用特定的自治（機能的自治） 131
三当事者関係 124, 125, 143
資格取得届 70, 79
資格喪失届 70
時間軸 25
自主行政権 134
自主財政権 134, 135, 217
自主立法権 134, 137
思想および良心の自由 43, 46
思想信条の自由 48
自治事務 160
社会保険料の租税化 205
社会保障制度改革国民会議 214
修学特例 102
収支均等の原則 40
収支相等の原則
　18, 19, 24, 26, 27, 28, 29, 30, 31, 182, 189, 190
趣旨支配説 172, 214
住所 104
　―の届出 119
　―を有する者 103, 104, 109, 139
住所単一説 99
住所地特例（制度） 102, 111
住所複数説 116

235

住民アプローチ	105, 107, 108
住民基本台帳	100, 118
住民基本台帳法	98, 119
——の住所	101, 119
住民たる地位の強制性	99
受益者負担金	197
受益者負担金説	196
趣旨支配説	169, 170, 171, 185, 187, 214, 223
出再保険料説	196
若年者納付猶予制度	22
純保険料	18
使用関係	56, 57, 58
情報の非対称性	41
所得再分配	3
所得割	180
常用的使用関係	60
職域保険	4, 22, 68, 69, 81
職業選択の自由	46
職権による確認	93
スライド制	22
生活の本拠	98, 109, 118
前期高齢者関係事務費拠出金	203
前期高齢者交付金	201, 210
前期高齢者納付金	191, 198, 201, 202, 203, 204, 206, 212, 213, 215, 216, 217, 218, 219, 223
前期高齢者納付金・交付金	202, 210
相扶共済の精神	36
総報酬割	208
総報酬割化	201, 214
租税説	196
租税法律主義	34, 173, 216, 223
——不遡及原則	173
損害算定不能論	90
損害算定論	90

た行

対価性	20, 175, 178, 179, 184, 212
退職者医療給付拠出金	202, 211
大数の法則	18, 40
脱退の自由	45
短時間労働者への社会保険適用等に関する特別部会	63
団体委任事務	153, 158, 160
地域保険	5, 71
地域保険の被保険者資格の届出	71, 72

抽象的対価性	182, 183
直接適用説	172, 173, 185, 187, 214
積立方式	25
手続加入方式	73
等価性	20
当然加入制度	40, 47
当然加入方式	69, 73, 97
特定保険料	212, 213, 217
特定保険料率	203, 207, 213
特別高額医療費共同事業	198
都道府県別保険料率	134
届出義務	75, 81, 85, 86, 87, 91, 94
——の懈怠	81, 85, 89, 95

な行

25条1項2項	
——一体説	130
——分離説	130
二当事者関係	123, 124
任意継続被保険者制度	39

は行

80年内翰	59, 60, 61, 62
被災労働者	56
非正規雇用労働者	55, 59, 222
必要説	27
被扶養者	55, 63, 64, 86
被扶養配偶者	63
被保険者	54
——期間	68, 83, 84, 91, 95
被保険者資格	
——の確認	73, 82
——の取得時期	101
——の喪失	77, 85
——の得喪	58, 67
——の届出	101
——の届出義務	69
被保険者証の交付	79, 82, 83
被用者保険	4
賦課方式	25
複数説	99
負担金	195
不服がある者	147, 149
法律関係基準説	99
報酬比例制	22

保険技術的公平の原則	19	民主的統制論	186
保険者	123		

や行

有限均衡方式	31
緩やかな交換	180, 181
4分の3ルール	59, 61, 64

—解体	128		
—自治	131, 132, 133, 135, 142		
—自治論	216		
保険集団	17, 133, 158, 189, 219		
保険料納付済期間	84		
保険料免除期間	84		

ら行

リスク分散	3
老人医療費拠出金	191, 192, 193, 194, 197, 208
労働者保険	4

ま行

民主的統制	31

事項索引　237

著者紹介
加藤智章（かとう・ともゆき）

北海道大学大学院法学研究科教授。日本社会保障法学会代表理事（第17期）。法学博士（北海道大学）。1979年小樽商科大学卒業。山形大学人文学部助教授，新潟大学法学部教授を経て，2009年から現職。社会保険法を中心に研究。主な著作に，『医療保険と年金保険──フランス社会保障制度における自律と平等』（北海道大学図書刊行会，1995年），『新版社会保障・社会福祉判例大系（全4冊）』（共編，旬報社，2009年），『世界の医療保障』（共編，法律文化社，2013年），『会社でうつになったとき──労働法ができること』（共著，旬報社，2014年），『医療制度改革──ドイツ・フランス・イギリスの比較分析と日本への示唆』（共著，旬報社，2015年）など。

社会保険 核論
2016年3月10日　初版第1刷発行

著者───加藤智章
装丁───佐藤篤司
発行者───木内洋育
発行所───株式会社旬報社
　　　　〒112-0015　東京都文京区目白台2-14-13
　　　　TEL 03-3943-9911　FAX 03-3943-8396
　　　　ホームページ http://www.junposha.com/
印刷・製本─シナノ印刷株式会社

©Tomoyuki Kato 2016, Printed in Japan　ISBN978-4-8451-1433-7